CB070320

SABEDORIA DO FUTURO

SABEDORIA DO FUTURO

Patrick Dixon

as seis faces da mudança global

Tradução
Alice Xavier
Alexandre Rosas
Dora Lima

BestSeller

CIP-BRASIL. CATALOGAÇÃO-NA-FONTE
SINDICATO NACIONAL DOS EDITORES DE LIVROS, RJ.

D651s

Dixon, Patrick
Sabedoria do futuro: as seis faces da mudança global / Patrick Dixon; tradução Alice Xavier, Alexandre Rosas, Dora Lima. - Rio de Janeiro: Best*Seller*, 2007.

Tradução de: Futurewise: the six faces of global change
ISBN 978-85-7684-224-8

1. Século XXI - Previsões. I. Título.

07-2105

CDD: 303.49
CDU: 008.2

Título original inglês
FUTUREWISE: THE SIX FACES OF GLOBAL CHANGE
Copyright © Patrick Dixon, 1998, 2002, 2003, 2004
Publicado inicialmente na Grã-Bretanha por HarperCollins*Publishers* em 1998.
Terceira edição publicada na Grã-Bretanha em 2003 e atualizada em 2004 por Profile Books Ltd.

Capa: Sense Design
Diagramação: ô de casa

Todos os direitos reservados. Proibida a reprodução,
no todo ou em parte, sem autorização prévia por escrito da editora,
sejam quais forem os meios empregados.

Direitos exclusivos de publicação em língua portuguesa para o Brasil
adquiridos pela
EDITORA BEST SELLER LTDA.
Rua Argentina, 171, parte, São Cristóvão
Rio de Janeiro, RJ – 20921-380
que se reserva a propriedade literária desta tradução

Impresso no Brasil

ISBN 978-85-7684-224-8

Este livro foi composto na tipologia Bembo,
em corpo 11/14,3, impresso em papel off-white 80g/m²,
no Sistema Cameron da Divisão Gráfica da Distribuidora Record.

Sumário

A Sheila, minha melhor amiga, íntima conselheira e fonte de infindável estímulo por mais de 30 anos.

Agradecimentos

Agradeço aos milhares de executivos seniores que deram forma à terceira edição inglesa deste livro ao participarem das apresentações de As Seis Faces do Futuro na London Business School e em todo o mundo. O conteúdo desta obra foi moldado pela minha própria experiência. Sou especialmente grato ao professor Prabhu Guptara, diretor de Transformação e Desenvolvimento Organizacional do United Bank of Switzerland, pelo constante encorajamento e pelas perspectivas instigantes. Agradeço também a Simon Walker por refinar minhas idéias sobre diversos temas, inclusive o valor dos acionistas. Agradeço a Jonathan Rice pela ajuda na edição e a Shirley Bray e Martin Roder pelas pesquisas e apoio adicionais.

Também devo agradecimentos a muitos grandes pensadores, debatedores, conferencistas e escritores cujos trabalhos permearam, ao longo dos anos, meu pensamento e influenciaram minha visão de mundo em evolução. Devo muito a Nicolas Negroponte, Charles Handy, Lynda Gratton, John Naisbitt, Rudi Dornbusch, Peter Cochrane, Peter Drucker, Barry Minkin, David Koren e Kenichi Ohmae. David Stanley também contribuiu imensamente para o método de futurização de uma organização, descrito no Apêndice.

Sou grato também a outros que deram forma e influenciaram meus valores: minha mulher, Sheila, meus pais e muitos amigos íntimos, inclusive Gerald Coates e Steve Clifford. Exceto onde houver ressalva, as estatísticas e outros dados importantes provêm de publicações de fontes governamentais e outras fontes oficiais.

patrickdixon@globalchange.com
Site de Web TV do autor:
http://www.globalchange.com
4 milhões de visitantes (atualizado em janeiro de 2004)

Introdução

A vida no terceiro milênio

Você não pode lutar contra o futuro – o tempo está a nosso favor.
W. E. Gladstone (1809-1898)

Ou assumimos o controle do futuro ou o futuro nos controlará.

O terceiro milênio começou com uma grande festança, que rapidamente se transformou numa bruta ressaca, com a quebra do mercado de empresas pontocom, o arrefecimento da economia dos Estados Unidos, os escândalos corporativos, os ataques de 11 de setembro, as guerras do Afeganistão e do Iraque – e tudo o que veio depois. Foi um exemplo vívido da necessidade de ver com urgência o contexto maior, para planejar o desenvolvimento de longo prazo da história futura, ou perder o foco e a direção.

Precisamos estar ligados no futuro. Isso quer dizer planejar para mudar o amanhã, pensar prospectivamente a cada nível, ter uma visão ampliada para levar a melhor sobre a oposição. Ser ligado no futuro é ir além de previsões, é moldar o futuro, fazer história, fazer planos de contingência, estar sempre um passo adiante. Esta é uma época extraordinária de se viver, no começo de um novo milênio. O mundo está sendo transformado diante de nossos olhos, convertendo-se de revolução industrial emergente e sociedade tecnológica de pós-guerra em algo totalmente diferente. Este milênio será testemunha dos maiores desafios à sobrevivência humana registrados na história da humanidade, e muitos deles nos confrontarão nos anos iniciais de seu primeiro século. Também nos trará ciência e tecnologia que ultrapassam as maiores fantasias de nossa imaginação, e a maior mudança de valores para mais de 50 anos.

A terceira edição inglesa de *Ligados no futuro* sofreu poucas alterações no tocante à visão de futuro esboçada inicialmente em 1998. Muitas das coisas que eu esperava, já entraram para a história, e são: a ameaça do tribalismo; os protestos cada vez maiores contra a globalização; o progressivo impacto da tecnologia digital; a instabilidade econômica; o ritmo insustentável das grandes fusões; o aumento dos programas tipo *reality show* na televisão; a fusão de chips com tecido cerebral, progressos espetaculares na clonagem humana, o acordo global sobre comércio de emissões de carbono; os conflitos de rua na França sobre pensões e aposentadorias e as tensões na Europa em seguida à adoção do euro e antes da ampliação da União Européia.

Nenhuma das numerosas expectativas listadas na primeira ou segunda edições inglesas foi removida, senão as que se cumpriram, embora alguns prazos tenham sido corrigidos para menos. Podemos discutir a questão das datas, mas as tendências em que se baseou o livro estão mais manifestas que nunca. Portanto, o que virá em seguida? Embora ninguém possa prever o futuro, estão em curso processos fundamentais que têm muitas conseqüências. A partir deles, podemos projetar expectativas razoáveis – situações que poderiam acontecer e das quais precisamos cogitar, preparando-nos para elas. Este é o desafio para quem está ligado no futuro.

AS SEIS FACES DO FUTURO

O futuro tem seis faces, e no terceiro milênio cada uma delas terá um efeito drástico sobre todos nós. Todas elas são importantes, mas seu grau de relevância dependerá de quem é você e do lugar que ocupa neste globo e na escala social. É impossível manter em vista todas as faces ao mesmo tempo: algumas estão relacionadas, outras, são opostas. Juntas elas formam as faces de um cubo que está rolando constantemente.*

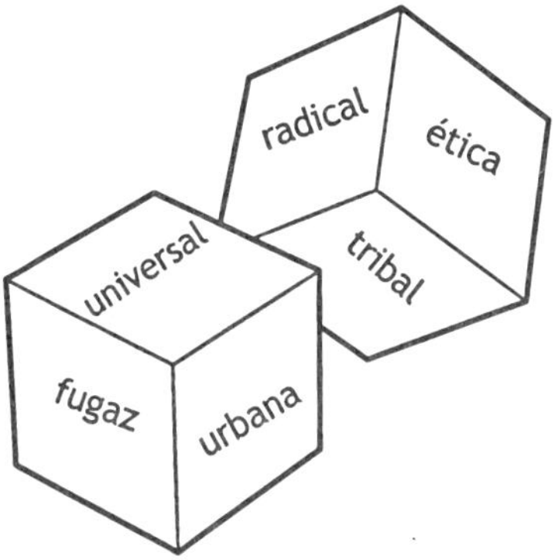

A face fugaz e a face urbana são vistas juntas de um lado, a face radical e a face ética, do outro. No alto se vê a face universal, e embaixo, no extremo oposto, surge a face tribal. A maioria dos executivos passa a vida olhando de cima para o cubo, para um mundo que é rápido, urbano e universal. Entretanto, uma guinada de 180 graus nos apresenta uma visão muito diferente: um mundo que é tribal, radical e ético. Entender a tensão que existe entre duas visões dominantes é essencial para entender a vida no terceiro milênio. Uma reduzida minoria que seja fortemente radical, ética e tribal poderá afetar, profundamente, a todos os demais.

Expectativas, previsões e desafios para o gerenciamento

Dessas seis faces se deriva uma cascata de mais de 500 expectativas, de previsões específicas, como elaboração lógica dessas importantes tendências globais. Estas variam da inevitabilidade à alta probabili-

---

* No texto original o autor utiliza as iniciais das palavras em cada face do dado para formar a palavra "futuro" (em inglês: FUTURE, de Fast + Urban + Tribal + Universal + Radical + Ethical). Em português a correspondência não é possível. (*N. do T.*)

dade, e desta à baixa probabilidade – mesmo assim, significativa o suficiente para exigir planejamento estratégico e preparação pessoal. Há mais de 200 desafios para o nível gerencial – perguntas decisivas que exigem respostas. No nível individual há mais de uma centena de questões referentes ao futuro. Entretanto, existe um único fator preponderante que se mostra decisivo para entender o amanhã: o Fator Milênio.

O FATOR M

Pouca gente até agora despertou para o impacto do milênio. Meus filhos pertencem à geração M. A existência deles como adultos será vivida inteiramente no terceiro milênio. As crianças que nascem hoje não têm lembrança do segundo milênio. O fator M não será instantâneo, porém será profundo, de longo alcance e longa duração. Podemos esperar que o fator M vá afetar todos os aspectos da vida na Terra durante os próximos 150 anos.

Já estamos vendo o fenômeno em muitos países, como uma reavaliação radical de valores. De fato, sempre que converso sobre o futuro, as pessoas me confiam as preocupações que têm em relação a si mesmas, a suas famílias e comunidades e ao mundo todo.

Encontrar explicações em nossa história

O cérebro humano encontra um sentido no passado ao dividi-lo em intervalos: o dia marcado pelo Sol, o mês originalmente marcado pela lua, o ano marcado pelas estações. Depois vêm as décadas e os séculos. Assim, o século XIX se tornou a Era Vitoriana, vista como um período definidor e isolado, com sua própria cultura distinta e suas tradições. Mas, em contraste com os ciclos do Sol e da lua, esses marcos temporais são inteiramente artificiais, instaurados no concreto só pelo calendário da humanidade. São todos produto da necessidade humana de classificar os acontecimentos colocando-os em cronologias definidas. E quatro eventos temporais deviam nos atingir no mesmo instante: um novo ano, uma nova década, um novo século e um novo milênio.

Cada década tem um caráter próprio

Toda década tem seu próprio caráter. Apenas um milessegundo de eternidade separou a década de 1960 da de 1970, e, no entanto, todos reconhecem instantaneamente a música, o estilo e a arquitetura dos anos 60. O mesmo poderia ser dito para cada década dos últimos 100 anos. É totalmente irracional pensar que períodos inteiros da existência humana podem ser nitidamente enquadrados por décadas, séculos ou até milênios, e datados com referência à hipotética data de nascimento de Jesus Cristo, mas eles o são. Todos nós sabemos o que significa dizer que uma edificação é do século XIX. Em 1904 já se reconhecia que o velho século estava morto.

Entre no terceiro milênio

Na segunda metade do século XX, se quisesse insultar seu chefe, você diria que ele, ou ela, ainda estava preso aos anos 70 ou 80 – ou talvez até mesmo ao século XIX. Hoje o insulto mudou: "Você ficou preso numa dobra do tempo do século XX. Caia na real, estamos no terceiro milênio!" Ou: "Isso é a cara do século passado."

Nenhum arquiteto quer projetar um edifício do final do século XX. Em Greenwich, em Londres, foi construído um imenso domo do milênio, projetado por Richard Rogers, para comemorar o ano 2000. Imagine um grupo de turistas japoneses em visita ao lugar em 2050. O que diria o guia?

Só um elogio é capaz de satisfazer aos arquitetos das muitas edificações inauguradas no início dos anos 2000: "Senhoras e senhores, eis aqui um extraordinário exemplo de arquitetura do início do terceiro milênio, expressando as esperanças, aspirações, sonhos, ansiedades e medos do novo milênio."

Podemos esperar ver no mundo inteiro centenas de monumentos ao milênio, todos transformados em curiosidade em 2010, muitos já decadentes e constrangedores em 2025, e todos competindo para ser a imagem definidora de um autêntico edifício do terceiro milênio. Podemos esperar mais torres Eiffel: grandes elefantes brancos, criticados ao surgirem, mas depois amados e defendidos pelo povo.

Podemos esperar moda, vestuário, rádio, tevê, cultura, música, arte e códigos sociais típicos do terceiro milênio. Os verdadeiros vencedores serão os que beberem na fonte dessa grande mudança e ajudarem a defini-la. Que produtor de tevê desejará fazer televisão do segundo milênio? Que estilista de moda ousará arriscar suas coleções anuais caracterizando-as como uma revisita à moda do final do século XX? Todos os talentos criativos estarão concentrados na tentativa de interpretar o significado do terceiro milênio. Podemos esperar ver em 2020 mudanças radicais em todos os aspectos da arte e da cultura, sendo a excentricidade levada aos limites mais extremos, antes de tudo se acomodar num ritmo de vida do terceiro milênio.

As mudanças podem ser drásticas. Pensem nas diferenças ocorridas nos costumes sociais e na forma de vestir entre o século XVIII e o século XIX, e daí para o século XX. Você realmente acredita que o terno escuro com gravata, de aceitação mundial, ainda será o uniforme padrão em 2050? Esperem não só grandes alterações na moda, mas também novos tecidos revolucionários.

Assim, como será a vida no terceiro milênio? Mais rápida, mais dominada pela tecnologia e obcecada por dados, porém mais intuitiva, sensível e consciente da questão ambiental.

Se você é um pré-milenarista...

Pré-milenaristas tendem a ver o período entre 2000 e 2010 como só mais uma década. As tendências dos anos 80 e 90 se mantêm, são uma continuação do período anterior. Os pós-milenaristas são muito diferentes. Eles são o produto do terceiro milênio e vivem nessa época. São gente do século XXI, uma nova era. Podemos esperar ver um dos maiores abismos de gerações da história recente, separando os pré dos pós-milenaristas. O problema das tendências é sempre olharmos para adiante. Olhamos para trás em busca da linha da curva, mas nossa perspectiva está bloqueada pelos padrões do passado. Olhar para adiante é progredir.

No entanto a lição da história mostra que o pêndulo sempre oscila. Ele nunca pára, a não ser por um milissegundo, quando atinge o limite extremo de cada ciclo. É verdade que nas extremidades o pêndulo se move com relativa lentidão, dificultando prever a direção em que está indo. Ele nunca balança muito, mas sempre se volta para algum novo rumo.

Tendências e seus contrários

Para cada tendência existe uma tendência contrária, razão pela qual os gurus da mídia são capazes de descrever de imediato, por exemplo, tendências ao maior liberalismo ou conservadorismo. Ambas são verdadeiras, para tribos diferentes da mesma sociedade. Assim, os movimentos pelos direitos dos homossexuais continuam a avançar, ao mesmo tempo em que os Estados Unidos estão sendo tomados pelo conservadorismo cultural, e conceitos como casamento, religião e sociedade civil estão sendo vistos como a solução para o futuro.

O uso de drogas se generaliza, com crescente pressão pela descriminalização, ao mesmo tempo em que um movimento neoproibicionista procura tornar praticamente impossível fumar um cigarro num local público. Podemos esperar ver choques culturais do milênio entre tendências opostas, um mundo cada vez mais de extremos, com tendências à intolerância, à medida que grupos lutam por dominar o futuro. No entanto, não sendo dirigidas apenas pelos choques *culturais*, as forças preponderantes serão as geradas por choques de *consciência*, influenciados pelas convicções religiosas ou pela ausência delas.

Que tendências serão dominantes?

A grande dúvida será: se coexistem a tendência e sua contrária, qual delas dominará o novo milênio? A verdade é que, numa sociedade pluralista, diversificada, muitos pêndulos estão em operação. A dominância importa menos com a formação de microcomunidades, micromercados em que o principal é a capacidade de atingir cada tendência com um pacote de produtos e serviços. Podemos esperar ver indústrias inteiras construídas em torno de técnicas de micromarketing, micropublicidade, microrredes de distribuição, grupos de microafinidade.

Deu "zebra" nas tendências

Podemos esperar pelo aparecimento de tendências inesperadamente vitoriosas durante os próximos 20 anos, e prepare-se para elas com uma capacidade de reação rápida e uma tomada de decisão mais fluida. Grandes acontecimentos imprevisíveis como o bioterrorismo ou ataques com bombas sujas, guerras, acidentes nucleares ou lançamento acidental de armas atômicas, grandes erupções vulcânicas, epidemias ou até mesmo uma colisão com um cometa de enorme poder destrutivo.

Na mente de um pós-milenarista

A palavra-chave para entender o pós-milenarista é sustentabilidade. A razão é simples: as tendências atuais são ou aparentam ser insustentáveis. Nunca tivemos antes os meios de ver um século inteiro, e o efeito é extraordinário. Cem anos de filmes – estáticos e móveis – mapearam praticamente todos os detalhes de nossas vidas. Começamos com cavalos e carroças e terminamos com gente vivendo no espaço. Começamos com livros em papel e cartão e terminamos com a ciberrealidade. Podemos sobreviver a mais 100 anos de crescente e rápida mudança? E a mais mil anos? Será este o derradeiro milênio?

O crescimento econômico está no centro da estratégia de todos os governos; no entanto, no terceiro milênio ele será cada vez mais questionado como objetivo. O crescimento implica mais bens, maior riqueza – mas significa maior felicidade? Se ter qualidade de vida é ser feliz e realizado, qual o segredo para isso? Já que os multibilionários mostram pouco ou nenhum indício de estarem mais felizes que o comum dos mortais, essa é uma questão fundamental.

Devemos esperar uma mudança nas atitudes. Elas devem mudar, já que é tão frágil e irracional a premissa que fundamenta todo esse edifício.

Michael Svennevig, diretor de pesquisa do Centre for Future Communications, na Leeds University, identificou quatro novos grupos sociais.

- Apegados – Gente não muito diferente dos yuppies dos anos 80, vivem em imensos apartamentos antigos com os últimos brinquedinhos, televisão com surround-sound e computadores, que eles vêem como indícios de sucesso. Têm baixa consciência social.
- Pragmáticos – Preocupam-se com a comunidade e passam menos tempo vendo televisão como forma de relaxamento. Aprovam a tecnologia pelos benefícios trazidos à humanidade.
- Reativos – Mais de um terço da população; sentem-se como se a vida os estivesse deixando para trás. Insulares, homofóbicos, pouco caridosos, fumantes inveterados.
- Tradicionalistas – Um sétimo da população. Ficam pouco à vontade com a tecnologia. Felizes e autoconfiantes.

Cada um desses grupos é um setor de mercado. Cada um tem seu próprio conjunto de pêndulos. Cada um vai reagir de forma diferente aos acontecimentos descritos neste livro.

Podemos ser otimistas ou pessimistas. O futuro é incerto e muitas possibilidades são assustadoras, mas eu sou um otimista: convicto do potencial da ciência, da medicina e da tecnologia, assim como da capacidade do ser humano para construir um mundo melhor. Porém o caminho à frente não será fácil, estará cheio de desafios morais, de instabilidade econômica e geopolítica, além da limitação de recursos.

Tela de radar e mapa rodoviário

Assim, aqui estão um radar e um mapa. A tela de radar é uma grade que você pode colocar sobre qualquer organização, uma estrutura para a reflexão sobre o futuro. Vai ajudar você a esquadrinhar seu próprio mundo em busca de tendências emergentes.

A maior parte do tempo no trabalho é despendida na administração de acontecimentos altamente prováveis e de baixo impacto, geralmente extensões da atividade inerente ao negócio. Mas as áreas realmente interessantes são os pequenos pontos na periferia da tela do radar, alguns dos quais se movem rapidamente. Esses acontecimentos pouco prováveis e de alto impacto aparecem de repente e transformam seu mundo. É fácil descartá-los como improváveis, logo, insignificantes. No entanto, são muito numerosos, e daí o risco de seu próprio negócio ser atingido por um desses imprevistos pouco prováveis e de alto impacto é muito maior do que você pode imaginar.

O mapa? Neste livro você vai encontrar não só uma forma de entender os novos pontos na tela do radar, mas também um guia de como eles poderão se comportar no quadro geral do futuro.

CAPÍTULO 1

Fugaz

A velocidade será tudo

O futuro é algo que todo mundo alcança a uma velocidade de 60 minutos por hora, faça o que fizer, seja quem for.

C. S. Lewis

Na cultura acelerada de nossos dias, as crianças, assoberbadas por uma sobrecarga sensorial, estão expostas a estímulos que superam a compreensão daqueles que viveram há um século.

US Juvenile Court Attorney, agosto de 1997

A HISTÓRIA ESTÁ SE ACELERANDO

A primeira face do futuro é fugaz: a velocidade será tudo. Nunca antes o futuro se tornou passado tão depressa. A história está se acelerando, quer você analise as tendências na economia, nos acontecimentos globais, na indústria, nos fatores sociais ou políticos ou na ascensão e queda das empresas pontocom.

Se o século XIX foi a época das grandes máquinas (máquinas a vapor, máquinas de tecelagem, grandes fábricas), então o século XX foi a dos motores a combustível derivado de petróleo e da tecnologia da informação. Falamos da rápida mudança dos dias de hoje, mas nos esquecemos da velocidade da mudança nas gerações anteriores. Em todos os séculos, o advento da guerra levou a mudanças sociais e econômicas avassaladoras, já que as rotas comerciais foram bloqueadas, ou populações se deslocaram para evitar os conflitos ou viram seus lares e propriedades subitamente destruídos.

Veja o que aconteceu aos automóveis. Henry Ford criou sua empresa em 1903, ano em que vendeu o primeiro carro. Era um passatempo para os ricos: lento, pouco confiável e dispendioso. Dentro de 10 anos, a primeira linha de montagem estava em operação, uma completa revolução nos processos industriais. Em janeiro de 1927 havia 9 milhões de carros nos Estados Unidos – um crescimento de 8 milhões desde 1924, que havia sido o ponto de partida. Até 1924 os carros eram brinquedos caros; no final de 1936 eles eram uma necessidade.

As viagens aéreas também se desenvolveram mais rápido do que muitos imaginam.

Desenvolvimento das viagens aéreas

- 1903: Primeiro vôo – a distância percorrida foi menor que a envergadura das asas de um Boeing 747.
- 1919: Primeiro vôo transatlântico sem escala.
- 1931: Primeiro serviço de carga aérea da TWA (Trans World Airlines).
- 1954: Primeiro quadrimotor Boeing 707.
- 1959: Vôos duas vezes mais velozes que o som.

O que começou como um perigoso passatempo para malucos, deixando 100 mortos até o final de 1911 – uma taxa alta, considerando-se que havia poucos pilotos –, logo se tornou o fator determinante numa guerra mundial, que dependia de quem dominava os céus.

Tormentas políticas afetam continentes inteiros

Note a velocidade do colapso da União Soviética em 1990. Quando a Cortina de Ferro caiu, julgou-se que a reunificação da Alemanha levaria cinco anos. Ela ocorreu em cinco meses – ainda que deixando imensos problemas no longo prazo. São esperados outros realinhamentos rápidos, sendo a lista encabeçada pela Coréia do Norte como último baluarte do stalinismo, um país falido e faminto após três décadas de planejamento central incompetente, além de intensamente desconfiado de todos os países vizinhos. A Coréia do Norte pode quebrar a qualquer momento, despejando na China, na Coréia do Sul e no Japão milhares de refugiados famintos. Podemos esperar, também, sinais crescentes de instabilidade regional na China.

Lembrem-se ainda da rápida criação de uma aliança global contra o terrorismo, formada em menos de um mês em 2001, quando houve cooperação e consenso internacional nunca vistos; Rússia e Estados Unidos ficaram ombro a ombro em entusiástica solidariedade – até a Guerra do Iraque.

As tendências estão cada vez mais imprevisíveis

Consideremos a crise mexicana em 1995, apelidada de primeira crise financeira do século XXI. Ela se precipitou com velocidade espantosa, com a fuga de investidores globais por causa da queda livre do peso mexicano. A seguir a Tailândia viu, em 1997, uma desvalorização acima de 23% na esteira de consideráveis flutuações nas taxas de câmbio, que alguns especulam terem sido agravadas pelos fluxos de divisas da lavagem de dinheiro do narcotráfico. As autoridades tailandesas desperdiçaram 19 bilhões de libras escorando instituições financeiras abaladas por empréstimos malfeitos, decidindo por fim fechar 42 empresas. O Banco da Tailândia emprestou 10% do Produto Interno Bruto do país a 91 instituições financeiras. Então, em 2001, viu-se o súbito colapso das moedas das Filipinas, da Coréia do Sul e da Malásia, assim como desvalorizações de 70% na Indonésia e de 50% na Turquia. Podemos esperar outras corridas aos bancos nas economias emergentes, e uma disparada para formar alianças protetoras que também serão atropeladas pelas forças de mercado, provocando inflação e deflação em diferentes setores.

Os tigres se tornam filhotes de leão

Os ditos "tigres da economia" do Sudeste da Ásia tiveram um rápido crescimento apoiado na mão-de-obra barata e na exportação de produtos de baixo preço, mas agora têm a China inteira com que competir, ao mesmo tempo em que aumentaram as expectativas de sua força de trabalho.

Novas medidas de contingência, com a cooperação do FMI ou entre bancos, investidores mais informados e melhor comunicação governamental não serão suficientes para evitar outros ataques especulativos a uma ou outra moeda. Os fluxos de divisas são grandes demais para serem controlados. Até mesmo o Banco da Inglaterra foi vencido pelo mercado, quando descartou o Mecanismo de Taxas Cambiais (MTC), apregoado na época como o próximo passo seguro para a integração européia.

O colapso do MTC foi associado, nas mentes ignorantes, a especuladores como George Soros, que fez uma fortuna naquela semana. Soros e outros foram também considerados culpados por políticos mais maduros como o dr. Mohathir Mohammed, o primeiro-ministro da Malásia, que os chamou de "especuladores trapaceiros" desejosos de destruir moedas fracas. O ministro declarou que os especuladores "deveriam ser fuzilados" e lamentou que "a maior parte do trabalho que fizemos" nos últimos 30 ou 40 anos para desenvolver a Malásia tenha sido desfeita "num período de duas ou três semanas". Esses comentários acompanharam uma desvalorização superior a 10%.

Podemos esperar um aumento na tensão Norte-Sul, quando as economias emergentes perceberem que abolir todas as restrições comerciais e cambiais na corrida pelo crescimento também as deixa à mercê de boatos, de palpites e da opinião do mercado. Podemos esperar uma reação ainda maior contra a globalização, com algumas nações reduzidas à "escravidão econômica" por fluxos monetários gigantescos e desestabilizadores. Podemos esperar que instituições poderosas continuem a ganhar (e perder) imensas fortunas tentando prever o comportamento dos mercados voláteis desses países. Podemos esperar que países se unam para ajudar a estabilizar as moedas uns dos outros, como foi visto na Tailândia, onde a China, o Japão, a Austrália, Cingapura e a Malásia foram alguns dos que acorreram com empréstimos emergenciais. Podemos esperar que um número muito maior de países testemunhe conflitos nas ruas, quando trabalhadores, estudantes, intelectuais abastados e aposentados se unam para manifestar sua raiva e frustração contra governantes, instituições globais, nações ricas e "arrogantes", e também contra minorias étnicas.

No futuro, os mercados mundiais serão vistos mais pelo que já são: um grande cassino global, no qual se usam as habilidades necessárias a apostas de turfe: palpite, intuição, análise detalhada, informação privilegiada, uma quantidade de outros fatores – e uma boa dose de sorte.

Instabilidade das *commodities* básicas

Os preços das *commodities* básicas continuarão a flutuar loucamente em alguns momentos. Tomemos como exemplo o zinco, cujo preço caiu 18% no intervalo de uma hora, no dia 29 de julho de 1997, puxando o tapete dos produtores chineses que haviam vendido antecipadamente o que não possuíam. Podemos esperar pelo desenvolvimento de instrumentos de investimento cada vez mais complexos, de tal forma que o preço de um produto primário às vezes suba ou caia drasticamente, após uma significativa intervenção no mercado, associada a uma ocorrência totalmente diversa e sem aparente relação. Podemos esperar crescente preocupação com esses derivativos.

Os gurus da administração são os sumos sacerdotes da confusão

A cada dia surgem mais livros sobre administração. Cada um deles freqüentemente contradiz o que foi afirmado anteriormente, na tentativa de encontrar uma perspectiva nova. Os executivos inseguros continuam a devorar o último modismo, deixando de lado o bom senso e a própria experiência. Os gerentes preparados e seguros de si continuarão, como antes, a desprezar os modismos em favor da própria intuição e inteligência, criando as próprias soluções, adaptando e tomando emprestado, à medida que avançam, elementos de fontes variadas.

Contudo, a velocidade da mudança garantirá uma provisão quase permanente de executivos semineuróticos, constantemente à procura de uma solução nova e abrangente para seus problemas do dia-a-dia. Mas onde estão as provas concretas? Relatos exemplares, estudos de um caso único, opiniões pessoais não bastam para se conduzir um negócio e não substituem uma análise rigorosa.

A teoria da administração ainda é uma semiciência imatura, inexata e sem comprovação. Podemos esperar que isso mude nas próximas duas décadas, nas quais serão criadas rigorosas ferramentas estatísticas e analíticas para provar ou desabonar os fatores vitais de sucesso nos métodos gerenciais.

Podemos esperar ver em grande demanda os "historiadores da administração", que analisem os sucessos e fracassos industriais durante a prévia Revolução Industrial e na virada do século XX.

Melhorias nos "sistemas de alerta prévio"

O intervalo entre os primeiros sinais e a maturidade de uma nova tendência está menor do que nunca, o que torna mais difícil fazer previsões de longo alcance. Quanto mais restrito o campo, maior a dificuldade. Assim, embora ninguém conteste, por exemplo, a tendência no sentido da interconexão global, ninguém sabe o ano exato em que o comércio eletrônico de títulos começará realmente a prejudicar a lucratividade dos corretores tradicionais.

Isso significa que as corporações precisam contar com sistemas de alerta muito mais sofisticados, capazes de distinguir num gráfico a diferença entre "ruído de fundo" (alterações pouco significativas) e o primeiro sinal de uma nova tendência relevante. O problema é que em sua maioria os que tomam as decisões tendem a ser encapsulados por membros da mesma indústria ou até da mesma empresa. A miopia corporativa e a miopia da indústria são perigos reais. As novas tendências mais importantes podem ser muito óbvias para os especialistas externos à operação e à cultura da instituição. Um exemplo é o Internet Banking, para o que os bancos sabiamente recorreram a consultorias de empresas de alta tecnologia, em vez de se limitarem aos especialistas em serviços financeiros.

Estar voltado para o futuro significa pensar lateralmente, adotando a visão mais ampla, levando em conta as "zebras".

O problema das instituições de grande porte é o tempo decorrido entre uma decisão da diretoria e a mobilização da empresa como um todo numa nova direção. Só a elaboração de planos para aprovação pode levar meses, mas o mundo de hoje exige uma abordagem diferente.

É necessário um planejamento que considere múltiplos cenários, com planos traçados para diversas opções e com algum investimento em cada uma. O custo extra é compensado pela lucratividade adicional trazida pelo fato de conseguir se mover mais depressa que os demais.

O futuro não vai ser uma dose maior da mesma coisa

A tecnologia de hoje é o dinossauro de amanhã. O problema é que a maior parte das empresas insiste em levar até o limite a tecnologia aceitada, quando a maior ameaça de longo prazo, provavelmente, virá de uma tecnologia nova e diferente – tão diferente que pouquíssimos conseguem levá-la a sério no presente. Ao mesmo tempo, a maioria dos indivíduos se esforça por dominar a tecnologia de que já dispõe, sendo incapaz de compreender o pleno impacto do futuro. As pessoas vão aos trancos e barrancos de uma nova aplicação ou ferramenta para a seguinte: um novo sistema de correio eletrônico, uma atualização do editor de textos, uma nova central telefônica, um novo processo industrial. O sucesso significa se integrar rapidamente às tecnologias de hoje e se preparar agora para a próxima geração de ferramentas de amanhã.

A lição da história é que as empresas, geralmente, não conseguem cruzar a ponte entre o antigo e o novo: elas se limitam a definhar e morrer, conduzidas por gente que é cega para o futuro. A Harvard Business School descreveu as "descontinuidades" que ocorrem quando uma nova tecnologia elimina todos os atores de uma indústria.

Um exemplo de um século atrás são os navios. O barco a vela dominou o comércio internacional. Quando surgiu, o barco a vapor foi considerado uma piada em termos de mover grandes navios oceânicos. Era demasiado pequeno e dispendioso. Os armadores estabelecidos ignoraram a tecnologia, ao passo que as novas empresas tomaram a iniciativa. Quando o barco a vapor foi aperfeiçoado, as velhas empresas tentaram recuperar o terreno perdido, porém, tarde demais. Nenhum estaleiro dos Estados Unidos conseguiu fazer a transição.

As descontinuidades deixam empresas para trás

O mesmo ocorreu com a fabricação de discos rígidos para computadores. Os grandes discos originais eram rápidos e baratos. Surge um novo formato, menor, mais lento e menos confiável. Os usuários, conhecendo o que já possuíam, não conseguiram ver lógica na fabricação dos novos discos. Os fabricantes das unidades de disco convencionais ironizaram e ignoraram a nova tecnologia. Mas funcionários daquelas empresas saíram para fundar novas empresas, que posteriormente devoraram uma grande fatia do mercado. Quando os antigos fabricantes perceberam o que estava acontecendo, já estavam muito atrasados. O desempenho das antigas unidades de disco continuou a melhorar – porém, mais depressa do que os usuários precisavam ou desejavam. Enquanto isso, a nova tecnologia tinha alcançado a antiga – e era mais barata.

Não acredite nas pesquisas de mercado

O comércio tende a ver o mundo através das lentes do que acha que pode vender, mas os consumidores só conhecem aquilo a que se habituaram. A eles falta compreensão e espírito visionário para imaginar o que virão talvez, no futuro, a desejar de uma tecnologia totalmente desconhecida. A pesquisa de mercado se limita a indicar o modo de pensar e sentir do cliente, hoje. Ela revela pouco sobre o futuro além do dia de amanhã.

Se em 1995 um banco tivesse perguntado aos clientes se gostariam de passar horas em casa encarando uma tela de computador, administrando as próprias contas bancárias e comprando livros, alimentos ou CD-ROMs, a maioria teria respondido "Não". Na verdade, teria ficado chocada com a pergunta. Então, surgiu a nova Internet, melhorada, graficamente rica e provendo acesso global instantâneo. Em poucos anos, milhões de pessoas estavam encontrando formas antes impensadas de como queriam utilizar a tecnologia, inclusive para comprar ações e títulos e gerenciar as próprias contas bancárias. Alguns especialistas previram que isso ocorreria, mas não o cliente comum, ao preencher um questionário.

Outro fiasco da pesquisa de mercado foi o protocolo WAP, a versão resumida da Internet para telefones celulares. Os entrevistados disseram aos pesquisadores que a idéia era ótima – mas a recuperação de informação era muito reduzida porque as telas eram pequenas demais, os teclados muito delicados, a apresentação dos dados muito lenta, e boas páginas WAP eram escassas. A pesquisa de mercado também não foi capaz de prever o imenso crescimento das mensagens de texto curtas (SMG, de *short text messages*), ou torpedos, que no final de 2001 alcançaram a marca de 1 bilhão por mês.

Podemos esperar que as pesquisas de consumo e mercado sejam superadas por perfis de consumidor baseados em futurologia. As pesquisas de mercado só mostram o que as pessoas desejam hoje. Para que serve isso quando se está planejando uma nova linha de produtos para o amanhã? Pesquisa de mercado não é informação restrita.

Qualquer um pode fazer as mesmas perguntas, portanto, onde está a real vantagem competitiva? Todos precisam delas para obter um retorno do que está acontecendo hoje, porém, quanto mais depressa o mundo se altera, menos relevantes se tornam as pesquisas de mercado para o planejamento (ver também as páginas 245-247).

A REVOLUÇÃO DA TELEFONIA

Em 1977, a tecnologia mais avançada permitia transmitir 24 conversações telefônicas com quatro fios de cobre, pelo uso de multiplexação. No entanto, em 1997, cerca de 70 milhões de conversações podiam ser transmitidas por meio de apenas duas fibras óticas, cada uma delas pouco mais espessa que um fio de cabelo humano. A telefonia tinha se tornado quase gratuita. Os custos de investimento são altos, mas, uma vez instaladas as fibras óticas, a luz é barata e rápida. E isso foi antes da Internet. E a próxima década?

Podemos esperar ver uma disponibilidade total de telefonemas globais por um preço fixo, não importa a que distância. Uma das razões para tanto é que medir a duração de cada chamada sai muito caro em comparação com o custo total da chamada, que está caindo fragorosamente. Podemos esperar que a maioria dos lares nas nações ricas terá vários números de telefone por volta de 2006. Podemos esperar que os números concretos de linhas telefônicas deixem de ser significativos em 2010, já que a multiplexação permite que entre dois e 100 fluxos de dados sejam transmitidos por um par de fios de cobre, ou dezenas de milhares de fluxos por um só cabo coaxial. Isso quer dizer que a maioria dos executivos terá acesso a mais linhas telefônicas em casa, para uso pessoal, do que as instaladas hoje a seu dispor no local de trabalho. E as chamadas a preço fixo para o outro lado do mundo darão um grande impulso ao trabalho virtual em casa. Ao mesmo tempo, a televisão interativa multicanal de alta qualidade, os videolinks e a transmissão de dados irão alterar o comportamento social e os relacionamentos das famílias. Coisa que já está acontecendo: quando viajo, freqüentemente conecto meu quarto de hotel à minha casa durante dias seguidos – com som e vídeo –, utilizando uma conexão de banda larga. Virtualmente, me sento em meu escritório doméstico. Meus filhos podem, virtualmente, entrar em meu quarto de hotel. As taxas cobradas pelos hotéis variam de zero a 10 dólares por dia.

Os telefones móveis substituem as linhas telefônicas fixas

Em 1984 os especialistas previram que por volta de 2000 haveria mais de 900 mil usuários de telefones celulares apenas nos Estados Unidos. No entanto, em 1997 já havia 40 milhões. A telefonia móvel também está se tornando independente. Na Grã-Bretanha, a população começou a usar o celular das formas mais estranhas, agora que se pode usá-lo pelo tempo desejado, e em certos momentos até gratuitamente. Uma empresa ofereceu chamadas locais ilimitadas de telefonia móvel (aos 6 milhões de habitantes de Londres). Alguns começaram a utilizar o celular como babá.

Um casal está se preparando para sair à noite e ir a um bar no final da rua. Antes de sair de casa, disca o próprio número pelo celular e coloca junto ao berço do bebê o aparelho chamado. Com o celular no ouvido, dá um adeus e tranca a porta da casa. Andando pela rua, é capaz de ouvir qualquer som. Os dois entram no bar e de vez em quando ouvem pelo telefone o que se passa em casa. A chamada não custou nada. É irresponsável, sem dúvida, mas é o que acontece quando a ligação de celular não custa nada.

Podemos esperar que em 2005 os pós-milenaristas entusiasmados abandonem completamente a telefonia fixa em favor dos celulares em quase todas as circunstâncias. Que muitas mesas telefônicas de escritórios utilizem qualquer linha fixa ou móvel como ramal, criando virtuais estações telefônicas globais. Que todos os celulares, com exceção dos descartáveis, tenham câmeras e visores coloridos. Podemos esperar a crescente preocupação com o risco de saúde representado pela radiação dos celulares – e muitas ações judiciais, embora o risco para o usuário individual pareça muito pequeno.

As economias emergentes ignoram as tecnologias superadas

Os países em desenvolvimento ignoraram as redes de telefonia fixa instalando a telefonia móvel de último tipo. Basta ver o número de pessoas com celulares em Delhi, Calcutá, Pequim ou Moscou. A telefonia móvel permite que uma cidade em desenvolvimento instale instantaneamente redes 3G (de terceira geração), com apenas meia dúzia de antenas em edifícios. Em lugares como a África do Sul, a tecnologia de microondas e outras substituíram o cabeamento convencional – são mais confiáveis em lugares onde grandes quadrilhas roubam por encomenda os cabos de cobre.

Podemos esperar um aumento contínuo na tecnologia sem fio em todas as economias emergentes. Podemos esperar que em muitas nações africanas ocorra um colapso nos monopólios governamentais das telecomunicações, cujo poder será quebrado pelos milhões de usuários de telefones por satélite. Podemos esperar que os governos nacionais fiquem menos nervosos diante do controle estrangeiro sobre as empresas de telecomunicação.

O telefone ideal

O telefone ideal tem peso quase nulo, baterias que nunca precisam ser carregadas (células miniaturizadas abastecidas com metanol), aceita comandos de voz e funciona em qualquer lugar – mesmo dentro de um túnel de 30 quilômetros. Ele está chegando. A próxima década vai ver o uso universal em nossos bolsos de celulares que quando necessário se ligam em redes de telefonia fixa, de telefonia por satélite ou em redes locais sem fio.

Podemos esperar que os telefones se tornem mais amplos e menores. Mais amplos para aqueles que desejam uma integração completa com seus organizadores pessoais, com videostreaming e com navegação na Internet. Menores para os habitantes do mundo sem fio e ativado por voz. Podemos esperar ver os fabricantes tropeçarem em muita gente desnorteada porque os celulares portáteis são varridos para fora de cena por dispositivos micro e macro, assim como por cartões de tecnologia PCMIA para laptops, e por uma série de aplicações "cruzadas", muitas com capacidade programada para localização global.

Os call-centers são os centros de trabalhos forçados da atualidade

Podemos esperar por um novo avanço nas televendas, com a explosão do telemarketing substituindo as vendas presenciais no varejo. Os operadores podem estar localizados em qualquer lugar do mundo. Você vale pela forma como soa: o sotaque é a chave. A Escócia e o País de Gales são os locais preferenciais para os centros de telemarketing da Grã-Bretanha, porque pesquisas mostram que os ingleses confiam nos dialetos dessas regiões. Se você chamar a British Airways em Londres, será atendido por um operador em Newcastle. Chame a American Airlines em Paris e será atendido em Nova York. Se chamar a Prefeitura local no Sudeste da Inglaterra, será atendido na Escócia.

É um trabalho de alta pressão, em instalações que parecem pombais, onde os empregados despendem 90% do tempo atendendo a chamadas, amontoados em pequenos boxes, diante da tela do computador. Podemos esperar o telemarketing amadurecer como uma profissão reconhecida por si própria. Podemos esperar novas legislações na Europa e nos Estados Unidos regulamentarem o ambiente de trabalho desses seres humanos que trabalham em condições próprias de galinhas de granja. Podemos esperar por uma furiosa competição por parte da força de trabalho de call-centers estabelecidos em países emergentes como a Índia, onde os custos da mão-de-obra por chamada são 80% menores e o custo das chamadas quase idêntico.

Podemos esperar uma forte reação contra empresas que insistem em forçar o cliente a apertar botões em resposta a uma infinidade de opções. Podemos esperar voltar a encontrar um ser humano do outro lado da linha. Em um mundo virtual, as pessoas precisam de mais contato, não do contrário. Podemos esperar que o reconhecimento de voz permita, a compreensão de palavras-chave dentro de uma conversa quase contínua, independentemente do sotaque, em 2005.

Podemos esperar pela implementação quase universal da resposta inteligente a chamadas, com todas as linhas de entrada comutadas automaticamente para a pessoa ou departamento que trocou por último chamadas com aquele número de telefone. E podemos esperar que todos os operadores tenham em sua tela dados completos sobre o cliente, segundos após atenderem a uma chamada, além de disporem de sugestões geradas por computador sobre produtos para venda cruzada.

A venda cruzada garante o lucro

Podemos esperar por um grande volume de operações de venda cruzada em todos os negócios de grande porte, com os campeões do prejuízo sendo utilizados para vender produtos de maior lucratividade. Podemos esperar que a venda cruzada se diversifique. Por exemplo, o orçamento de um seguro será seguido de uma oferta de 50% de desconto em pacotes turísticos de fim de semana e de 10% de desconto nos preços de venda de automóveis.

No futuro você descobrirá que as empresas têm uma habilidade sobrenatural para identificar exatamente o que você quer, minutos antes de você perceber que precisa do artigo. Isso já começou a acontecer na Internet, onde pulam da tela comerciais ativados por seus interesses e solicitações de páginas recentes. Não haverá mais propaganda de massa "desperdiçada" – somente o posicionamento de informação precisa.

A REVOLUÇÃO DA COMPUTAÇÃO

Mais microprocessadores que indivíduos

Vivemos hoje num planeta com mais microprocessadores que gente. Há muitos anos a capacidade dos computadores pessoais vem dobrando a cada 18 meses. Teremos, em 2004, máquinas com processadores milhares de vezes mais poderosos que o chip mais rápido que conhecemos hoje. Em 20 anos podemos esperar desenvolvimentos na nanotecnologia que farão os chips encolherem drasticamente para níveis microscópicos. Podemos esperar que o processamento distribuído permita às empresas construírem poderosos programas de cálculo capazes de utilizar a capacidade ociosa de milhares de computadores pessoais.

A morte dos tubos de raios catódicos será adiada

As gerações futuras ficarão extremamente surpresas ao ver as telas dos monitores atuais. Apesar dos grandes avanços na tecnologia, no início do terceiro milênio quase todos os computadores mundo afora ainda utilizavam monitores grandes e pesados, com telas compostas de válvulas imensas, utilizando voltagens extremamente altas, consumindo grande quantidade de energia, caracterizadas por visibilidade sofrível, baixa resolução e tamanho limitado. A lentidão no progresso da tecnologia de telas de vídeo continuará a conter o avanço da revolução digital além de 2005.

Os dispositivos do futuro serão de quatro tipos, a maioria com telas planas.

- Displays miniaturizados que podem ser ampliados, por exemplo, em telefones, relógios, óculos.
- Telas planas sobre paredes, mesas ou qualquer outra superfície, com até 3m x 2m, também para uso em carros e aviões. Podemos esperar por telas da espessura de uma folha de papel. por volta de 2005.
- Imagens projetadas sobre áreas extensas.
- Projeções a laser de baixa energia diretamente sobre a retina.

Podemos esperar por novos dispositivos com artifícios para convencer os olhos de estarem vendo imagens diferentes. Essa será a chave para a geração em larga escala de imagens tridimensionais. Podemos esperar por óculos digitais, não apenas para corrigir miopia ou astigmatismo, mas também para prover uma grande tela virtual de computador, tridimensional e translúcida, à frente do observador. Será semelhante aos displays utilizados nos aviões de combate.

A morte das antigas indústrias fotográfica e cinematográfica

O século XX foi a era da fotografia, começando com uma explosão nas fotografias artísticas, seguida pelos filmes. Foi encerrado com a morte iminente de todos os compostos químicos e papéis fotossensíveis, dos líquidos reveladores e da impressão de fotos.

Podemos esperar grandes desenvolvimentos na resolução das telas de dados, dos projetores e das câmeras, que em 2010 estarão disputando com a fotografia de alta resolução. Podemos esperar que as câmeras digitais substituam as filmadoras de 35mm no uso doméstico em 2010. Podemos esperar que em 2005 as câmeras de tevê de alta definição (HDTV) substituam o filme na maioria das situações, excetuando-se os filmes para o cinema e as imagens publicitárias de qualidade mais alta. Contudo, mesmo na indústria cinematográfica, as câmeras digitais serão cada vez mais usadas, alteradas para produzir imagem de alta resolução quando necessário, em filmes para o cinema, empregando a mesma tecnologia hoje utilizada na geração de efeitos especiais. Considerando que as imagens geradas por computador serão fundamentais na criação dos filmes de amanhã, faz sentido começar por imagens digitais.

Podemos esperar por milhares de cortes de pessoal nas indústrias de fotografia e cinema. O haleto de prata sobre papel ou celulóide está com os dias contados.

O software sempre estará infestado de erros

Os atuais computadores de mesa são tão potentes que, mesmo com a estagnação da tecnologia, seriam necessários todos os programadores do planeta, em pelo menos 20 anos, para explorar completamente sua capacidade. O problema é que esses profissionais dispõem de menos que 20 meses – porque esse é o tempo em que surgirá uma nova geração de máquinas: mais memória, estrutura diferente e outro sistema operacional. Certamente, tudo é sempre projetado para ser compatível com a geração anterior, mas a compatibilidade é um mito. Veja o caso dos PCs Pentium, projetados para processar em paralelo diversas instruções simultâneas. No momento em que eles surgiram, mataram todos os programas escritos para os processadores anteriores, que eram lentos e não valia a pena aperfeiçoar.

Portanto, um código inteiramente novo foi escrito para os processadores Pentium. Os erros das versões antigas nunca foram corrigidos, e pelo mesmo motivo também não o foram os das novas versões. Eis por que o sistema operacional Windows básico, produzido pela Microsoft, estava cheio de erros e cada nova versão continuou infestada de erros.

O sistema operacional era malfeito e não foi suficientemente documentado. Os manuais mais completos disponíveis eram inadequados e confusos – apesar de grandes esforços. O futuro será ainda mais complicado. Isso é preocupante, se pensarmos o quanto a indústria mundial se apóia em redes dessas máquinas, para sua sobrevivência diária.

A situação é agravada pelo sucesso da Microsoft e pela cultura vigente da indústria. Os fabricantes de automóveis nunca teriam sucesso se lançassem carros que no dia do lançamento fossem notoriamente não confiáveis, entrando em pane a cada poucos quilômetros. No entanto, essa é uma prática normal em toda a indústria de computadores, e continuará durante os próximos 10 anos, até os programas se tornarem totalmente capazes de autocorreção. Contudo, podemos esperar mais problemas.

Os ataques de vírus continuarão a aumentar, disseminados rapidamente via Internet. Por volta de 2012, todas as empresas de grande porte nos Estados Unidos terão sofrido ataques diários. Podemos esperar o surgimento de muitos outros vírus perigosos e um rápido aumento em gastos com programas antivírus, com atualizações semanais para todos os sistemas valiosos e vulneráveis. Podemos esperar (não há provas) que por volta de 2005 haja suspeita de que alguns desses vírus estejam sendo criados deliberadamente pelas empresas que vendem produtos antivírus, para manter vivo esse mercado multimilionário.

E ainda existe o lixo eletrônico. Alguns dólares compram 100 milhões de endereços, gerando bilhões em propaganda por mês, toda ela enviada a custo zero. Desse lixo, 30% são material de pornografia – parte contendo imagens obscenas ilegais em muitos países. No entanto, crianças com endereço eletrônico também são visadas. O lixo eletrônico desperdiça tempo, agride valores pessoais e corrompe inocentes. Podemos esperar por uma legislação de controle muito em breve.

Um mundo excessivamente dependente de PCs – com problemas

Atualmente, quase todos os computadores são fornecidos com drives contendo mais de 15 bilhões de bytes de dados, porém com dispositivos de backup capazes de guardar menos de 2 *milhões* de bytes por disquete ou menos de 600 milhões de bytes por CD gravável. Essa é uma política suicida, quase criminosa. Todo usuário está correndo sério risco de catástrofe. É essencial que se faça uma cópia de segurança completa de todo o conteúdo do disco rígido, de preferência diariamente, de modo que na eventualidade de falha no disco, de problemas de software ou de roubo, seja possível restaurar completamente o sistema. Mas como fazer uma cópia de segurança em 15 mil disquetes, ou 25 CDs? Como sobreviver ao roubo de sua máquina? O que fazer se os ladrões levarem também seus discos ou fitas de backup? Nossa sociedade globalizada mergulhou de cabeça e quase sem preparação na era da computação.

Até os próprios programas podem destruir em segundos uma máquina.

A recuperação em caso de sinistro será uma grande dor de cabeça

A venda de computadores cresceu exponencialmente, logo a maioria das máquinas é relativamente nova. Portanto, a maior parte das grandes panes ainda está por acontecer, e elas irão atingir mais intensamente as empresas de pequeno a médio porte, que constituem a maior parte da economia. Essa é uma grande bomba-relógio pronta para explodir. Ao mesmo tempo, o grau de dependência das empresas em relação ao computador também está crescendo exponencialmente, como vemos, por exemplo, no completo abandono dos registros em papel pelos sistemas de contabilidade diária. No entanto, muitas empresas de pequeno e médio porte não contam com profissionais próprios nem com qualquer suporte, além do fornecedor local dos computadores.

Depois de uma grande perda de dados, metade das empresas é fechada. Podemos esperar a recuperação de PCs em caso de sinistro se tornar uma questão crucial, com muitos processos na justiça contra empresas que vendem sistemas de cópia de segurança incapazes de cumprir o prometido, ou seja, restaurar um sistema e deixá-lo operacional ao toque de um botão.

Se as empresas são vulneráveis, então muitos executivos que fazem teletrabalho desde casa via computador estão correndo um risco ainda maior. Quantos fazem diariamente cópias de todas as alterações importantes? Quantos seriam capazes de sobreviver a um roubo ou incêndio? Um professor universitário certa vez esqueceu seu laptop no trem – perdendo vários anos de dados de pesquisa, porque seu único backup estava num disquete dentro da própria máquina. Quem trabalha em casa utilizando o computador precisa levar a sério cópias de segurança, erros, quedas do sistema e vírus. Podemos esperar toda uma nova indústria de apoio aos teletrabalhadores, incluindo suporte por telefone, configuração remota do PC, correção de programas utilizando recursos de rede e (raramente) atendimento em domicílio no mesmo dia. Podemos esperar ver os profissionais que trabalham em casa gravarem cópias de seus dados em computadores de outras cidades, como suprema medida de segurança.

A SOCIEDADE EM REDE

> *A economia digital é, principalmente, a competição pelo futuro, a capacidade de criar novos produtos ou serviços e o poder de transformar negócios em novas entidades que ontem não poderiam sequer ser imaginadas e que poderão estar obsoletas depois de amanhã.*
>
> Don Tapscott, *The Digital Economy*

Em 2003, as redes ainda estavam na infância, apesar de toda a celeuma em torno delas em 1999 e da quebra entre 2000 e 2001. Esses são os dias inaugurais, equivalentes aos últimos dias do século XIX quando se faziam experiências com a luz elétrica, os motores a eletricidade e os motores de combustão interna. Depois de desacreditadas pelos especialistas em futuro, essas tecnologias dominaram a vida no século XX. A Internet está na mesma situação.

A Internet, inicialmente projetada como uma criação do Pentágono para permitir às forças armadas dos Estados Unidos a sobrevivência ao holocausto nuclear, contava no início de 2003 com 400 milhões de membros e mais de 4 bilhões de documentos públicos. A velocidade da evolução da rede pode ser discutida, mas é claro que em 2010 mais de 1 bilhão de pessoas estarão conectadas ou terão algum tipo de acesso ao futuro substituto da velha Internet. O poder da Internet implica em acesso total em casa, no hotel, no carro, nos trens, no parque, na praia ou em viagem aérea – talvez até mesmo durante o sono.

A Rede combina os poderes da telefonia e da computação, uma interação tão devastadora que irá, passo a passo, transformar todos os aspectos da vida em cidades e áreas rurais. Nenhuma metrópole, cidade ou vila permanecerá intocada. Em muitos países desenvolvidos todas as casas estarão ligadas em rede com a inteligência global, via televisão digital interativa. Os grupos de menor renda também verão a Rede entrar pela porta da frente de suas casas por meio de cada telefone, gravador de vídeo ou outros aparelhos.

Quando foi criada, a Rede era primitiva, e ainda o é. Serão necessários pelo menos mais 20 anos de tecnologia ultra-rápida para que ela comece a fornecer algumas de suas funções de maior impacto. Esqueçam a mentalidade de rede. A Rede propriamente dita foi uma idéia do século passado. A vida além da Rede é um mundo onde tudo, em todos os lugares, está totalmente conectado todo o tempo, sem fios. A passagem do e-mail para o chat, das chamadas de voz para texto e vídeo antecipam uma existência sempre conectada.

A ameaça da rede à arrecadação de renda e à soberania nacional

Mas como taxar esse mundo cibernético? Onde taxá-lo? À jurisdição de que país está sujeita uma loja de software que vende jogos para serem baixados de páginas hospedadas em cinco países diferentes? Se a legislação fiscal for aplicada no país de localização do servidor, então podemos esperar ver em poucas semanas uma fuga maciça de dados, que migrarão dos países tributadores para outros, isentos de taxas sobre a Rede. Se a cobrança de impostos for determinada pela localização da própria empresa vendedora de programas, então esperem ver imediata mudança de domicílio.

Decidi incluir em minha página da Internet uma livraria oferecendo 1,5 milhões de títulos para venda. Precisei de menos de 30 minutos para criar essa filial de uma loja virtual já existente, passando a ganhar 8% de comissão em cada venda. Minha empresa fica no Reino Unido, o servidor de rede nos Estados Unidos e a loja virtual é propriedade de uma empresa americana. Portanto, onde serão cobrados os impostos desse negócio?

À medida que a legislação internacional ficar mais rígida, podemos esperar ver a emergência de alguns países como paraísos fiscais cibernéticos, com deliberada política de não cooperação com os acordos internacionais sobre a Rede. Podemos esperar que outros países criem zonas francas ou semi-Estados, áreas geográficas onde companhias possam se instalar como aldeias de empreendimentos de alta tecnologia da Rede, imunes aos impostos normais. Podemos esperar ver muitas nações retaliarem, tentando punir os fornecedores de serviços de informação que manipulam conteúdos a partir desses locais isentos de regulamentação.

As empresas se mudarão não só para evitar impostos, mas também para fugir às leis da decência. Em 2003, as vendas de material pornográfico responderam por algo em torno de 10 a 15% de toda a receita de vendas na Internet. Podemos esperar a indústria do sexo se tornar, nos próximos 30 anos, uma força motriz significativa no comércio pela Internet, empurrando as fronteiras de novas tecnologias como o videofone, a tevê interativa e realidade virtual.

A Internet tem o poder de quebrar economias nacionais, controlar políticas governamentais e redesenhar fronteiras de países. A Rede vai causar o fim do imposto de renda nos moldes atuais. Já é possível movimentar quantidades ilimitadas de dinheiro via Internet sem deixar vestígios, assim como enviar dinheiro virtual em arquivos anexados. As tecnologias de cartão inteligente podem trazer problemas ainda maiores para os investigadores.

Imagine o seguinte enredo: uma empregada me procura para receber o salário. Ela me entrega seu cartão inteligente que contém um chip. Em 2003, 200 milhões de pessoas já possuíam esses cartões, controlando suas contas bancárias e armazenando dinheiro ou uma quantidade de outras informações. Após inserir o cartão numa entrada de meu computador eu transfiro instantaneamente de minha conta uma quantia que ela poderá utilizar em qualquer lugar do mundo. Todas as transações são codificadas. As transferências do meu banco para o meu computador e deste para o cartão dela são todas em forma secreta, de modo que os melhores detetives do mundo não poderão, dentro de meses ou anos, saber quanto eu paguei a ela – ou se paguei. Má notícia para os bancos.

Outro dia dei um susto no CEO de um dos maiores bancos do mundo ao lhe entregar um disquete dotado de uma entrada na qual pode ser inserido um cartão inteligente. Qualquer computador pessoal no mundo pode se transformar em caixa eletrônico, substituindo bilhões de dólares de investimento em máquinas de automação bancária. Valores podem ser armazenados em computadores, cartões ou ainda em telefones celulares, sendo guardados ou transferidos sem a menor necessidade de se usar um banco.

Dessa forma, os únicos a pagar imposto de renda no futuro talvez sejam os pobres e os miseráveis, porque todos os demais terão o poder de sonegar a renda. Mas o que acontece a um Estado soberano quando a renda não pode mais ser localizada e tributada de forma confiável? Podemos esperar que na altura de 2020 o imposto de renda se transforme em impostos sobre a propriedade e o consumo, mais difíceis de evitar numa era virtual – exceto os bens transmitidos on-line, como os programas de computador.

Todos os aparelhos elétricos de alto valor estarão conectados

A rede Nando's, na África do Sul, possui uma cadeia mundial de lojas de hambúrgueres de frango. No próprio país, a empresa é a uma ameaça ao McDonald's. Tem centenas de restaurantes pelo mundo afora e muita visão. O negócio é mantido em rede. De sua mesa em Joanesburgo o presidente pode ver quantos hambúrgueres estão sendo preparados em Londres. Ele sabe a temperatura do forno (muito alta/muito baixa), o número de refeições preparadas, quanto dinheiro entrou, o tempo transcorrido entre o pedido e a entrega e, o principal, a mais recente limpeza dos fornos. Cada loja está conectada via modem. Robôs em Joanesburgo podem processar e filtrar a informação, de modo que ele veja apenas as tendências e os resultados da intervenção desses robôs.

Os lares do futuro são inteligentes e econômicos

Podemos esperar que a máquina de lavar chame um técnico quando começar a superaquecer, que as portas da garagem se abram quando você se aproximar, que as luzes se acendam e a cafeteira comece a preparar um café novo, à sua espera na cozinha.

Hoje vemos com naturalidade a paralisante robotização do mundo em que vivemos. Quando entro no banheiro do aeroporto de Zurique, o mictório sabe que estou ali e sabe quando terminei. O mesmo acontece com o secador de mãos e a porta de saída. Ligue esses sensores a outros, e a aparelhos, e teremos o começo de um ambiente inteligente.

Em 2010 podemos esperar que todas as residências de países ocidentais sejam inteligentes. Podemos esperar o uso generalizado de chips de baixíssimo custo que usem a rede elétrica para falar com quaisquer outros aparelhos na casa ligados na tomada. Com isso, poderemos criar em qualquer edificação do mundo – assim como na minha casa – uma rede de baixo custo na qual um aparelho estará conectado assim que a tomada for ligada. O cérebro desse sistema pode ser qualquer PC na casa, ou um console dedicado que também controle o alarme anti-roubo. As casas inteligentes, dotadas de controles sensíveis à presença humana para regular a temperatura de todos os cômodos, acender as lâmpadas e ligar outros dispositivos, poderão poupar 15 a 20% de energia. Por meio dos cabos de força convencionais, a Internet e os telefones já podem transmitir diretamente para dentro das casas, permitindo um grande fluxo de dados com a utilização de qualquer parte da rede de distribuição nacional. Qualquer aparelho que tenha uma tomada elétrica pode ser conectado. Nada mais de cabos ou fios de telefonia espalhados pela casa. Contudo, podemos esperar muitas construtoras sofrerem grandes perdas em tecnologias de "casas inteligentes" – pouca gente quer ter geladeiras com painéis sensíveis ao toque para enviar e-mails ou portas que mostrem páginas da Internet.

Podemos esperar ver em muitas casas sistemas inteligentes acoplados à geração de energia local, produzida por bateria solar de alta eficiência e pelo vento em áreas rurais. Podemos esperar um número crescente de casas nas zonas rurais e nos condomínios urbanos dotadas de estações locais de tratamento de esgoto, com recuperação de gás metano para utilização no aquecimento e na cozinha, e ainda a reciclagem, para uso no jardim, da "água cinza" da chuva, do banho e das máquinas de lavar.

Outro dia convidei meu filho de 11 anos a ir comigo fazer compras no hipermercado perto de casa (ele vai com freqüência, e enche o carrinho com as comidas que lhe agradam).

"Nem pensar", reagiu, "mas pode deixar que eu faço as compras pela Internet."

Ele está habituado a ver nossas compras semanais de supermercado chegarem de van, depois de um pedido pela Internet. Podemos esperar um expressivo crescimento nas vendas on-line.

É o fim das compras de alimentos – até mesmo pela Internet

Mas não precisaremos fazer nenhum pedido: um pequeno scanner que custa algumas libras é colocado na cozinha, junto à lixeira. Sempre que acabamos de usar um produto, jogamos a embalagem na cesta de lixo. Se desejarmos, o scanner lê o código de barras na lateral da embalagem e automaticamente acrescenta o produto à lista de compras para o pedido semanal. No fim da semana, diversas caixas são entregues, contendo todos os artigos em falta – e também, evidentemente, todos os outros incluídos à mão. Essa família nunca mais vai precisar sair para comprar alimentos – a menos que seja algo especial, por exemplo, para o jantar daquela noite.

Podemos esperar que sejam comprados pela Internet os artigos de consumo regular, como o leite e o pão, mas que a ida às compras se transforme num importante lazer, numa experiência. No mundo digital, os centros comerciais têm muito futuro (ver página 64).

O mundo de amanhã será dominado pelos donos das maiores redes de comunicações

Depois de 2005, quem será o dono das redes de comunicações do planeta? As telecoms (empresas de telecomunicações) exigem muita economia de escala para sobreviver e dominar o mundo. Portanto, esperem fusões mais rápidas e novas alianças, à medida que as grandes empresas se unirem numa disputa frenética para dividir o mundo em fatias. Será uma luta de morte, com muitas empresas pequenas sendo tragadas pela especulação ou pela aquisição por novas corporações. Podemos esperar que a preocupação geral com o poder dos monopólios seja superada pela rápida redução nos preços das telecoms, e pela falta de qualquer mecanismo regulador eficaz contra os predadores globais. Podemos esperar muita preocupação com os custos operacionais das redes digitais de terceira geração, as 3G – com caóticas políticas de preço –, mas será imenso o impacto da 3G, da 4G e da 5G.

O impacto da banda larga/3G

O que acontece, quando a fiação velha dos telefones ou os celulares de terceira geração estão sempre em operação e transmitindo dados a até dois megabits por segundo? Uma revolução. O tráfego/disponibilidade da banda larga será vital para a competitividade futura de uma nação.

- Baixar um livro 0,25 segundos.
- Enviar 20 mil e-mails 120 segundos.
- Duas horas de videolink 7.200 segundos.

Duas horas de videoconferência equivalem a

- 12 milhões de e-mails com arquivos anexados.

Conclusões: Com as telecoms cobrando pela quantidade de dados transmitidos, em vez de pelo tempo de conexão, o mercado será pressionado a usar vídeo como única forma de maximizar o emprego da banda larga e de arrecadação. Os videofones mudarão a maneira como as pessoas vivem. Esqueça as chamadas de pessoa a pessoa. Como mostraram as reportagens sobre a guerra no Iraque, a transmissão em vídeo significa entrar no mundo alheio e vivenciá-lo, mostrando a eles o que está acontecendo.

As fusões das telecoms

Já não sei mais quando estou usando um telefone, uma televisão, um computador ou algum híbrido de todos eles. Em breve, será impossível comprar um computador pessoal sem um telefone embutido, ou uma televisão sem pleno acesso à Internet. Todo telefone – e não só o celular – terá uma tela e uma câmera. Já estão disponíveis em todo o mundo telefones públicos com acesso à Internet.

A Internet substitui os telefones?

A Internet oferece aos usuários chamadas internacionais com voz e imagem. Por vezes, a qualidade é ruim, mas o que esperar dos primeiros "dias" de uma nova revolução? Ela está melhorando. Nossos computadores estão conectados dentro de casa a uma rede sem fio e ligados ao mundo exterior por meio de uma linha telefônica com 50 anos de idade, mas que fornece uma capacidade de transmissão de dois megabits para acesso contínuo, com custo zero por chamada. Atualmente, esse acesso custa em torno de 150 dólares por mês. Podemos esperar ver esse valor cair para menos de 20 dólares. Esse sistema ADSL nos dá chamadas telefônicas globais ilimitadas, além de videoconferência ilimitada – todo dia, toda hora.

Assim, posso ligar dos Estados Unidos para um parente ou amigo na Austrália e a chamada não vai custar absolutamente nada. Além disso, durante a chamada ambos podemos ver e editar os mesmos documentos em nossas telas. Se os dois ligarmos nossas câmeras de vídeo, poderemos nos ver mutuamente enquanto falamos. A imagem é tão boa que faço entrevistas via satélite. Isso é revolucionário, superando os mais fantásticos sonhos da maioria, mesmo os do final dos anos 80. Quando temos a realidade virtual, a vida é curta demais para perdermos tempo em viagens.

Para empresas de comunicação, o pesadelo é se manter em dia com o progresso. Podemos esperar problemas de dívidas, incorporações e falências de empresas. A renovação da vasta rede de telefonia da British Telecom (BT), com substituição de estações, troca da fiação de cobre por fibra ótica e reprogramação do software vai custar mais de 27,2 bilhões de libras (46 bilhões de dólares). Comparado ao custo do desenvolvimento de uma rede 3G de telefonia móvel, isso não é nada.

Podemos esperar que por volta de 2010 todas as telecoms usem recursos para chamada de voz no estilo da Internet, com envio de dados em pacotes por diferentes rotas, para obter o máximo da capacidade de chamadas em cada milissegundo, com uso mínimo das "redes de capacidade de pico" fornecidas pelos competidores. Podemos esperar as companhias de eletricidade usarem, na maioria, suas próprias grades de distribuição para transmissão de dados, com os cabos de alta voltagem conduzindo o tráfego pesado.

Um importante desafio serão as rápidas mudanças no comportamento do consumidor, como já observamos no assombroso crescimento dos "torpedos" em telefonia, que superaram as chamadas de voz, paralelamente à total rejeição do acesso WAP à Internet no celular, por parte do consumidor.

Meu celular é um computador

Há mais de seis anos meu único celular é um completo PC de bolso compatível com a Internet e dotado de processador de texto, e-mail, fax, agenda de endereços e tudo mais. Isso significa que posso navegar pela Internet dentro de um trem, num túnel, sob as montanhas da Suíça, além de ler minhas mensagens de correio eletrônico. Meu celular pode ser programado remotamente, portanto o programa de navegação foi configurado em segundos, de um centro a muitos quilômetros de distância. Tendo pago 1.500 dólares por ele no final de 1996, previ na época que as grandes corporações e instituições financeiras logo estariam presenteando os clientes importantes com o aparelho, equipado com software proprietário. Um ano depois, o preço de compra tinha caído para 300 dólares. Os telefones vão ficar maiores (do tamanho de uma agenda de bolso, para usar multimídia) e menores (do tamanho de um fone de ouvido, para usar só com chamadas de voz e ativação por voz). Podemos esperar que todas as agendas eletrônicas carreguem cartões inteligentes, façam conexão com bancos e contenham pequenas câmeras e telas coloridas, além de fazerem chamadas de voz.

Displays virtuais sobre a retina, que utilizam raios laser de baixa energia enviados do telefone para o globo ocular, também podem fornecer uma projeção total de imagens superpostas, de tudo o que vemos. Isso significa que você pode caminhar pela rua vendo diante dos olhos uma imagem espectral de mapa rodoviário. Tudo conectado a tudo, em toda parte, o tempo todo.

O *apartheid* da informação

O mundo vai se dividir entre os que têm informação e os que não têm. A maioria privilegiada vai acelerar, deixando muito para trás uma subclasse digital. Porém, alguns habitantes das nações mais ricas irão rejeitar totalmente o mundo digital – recusando-se tanto quanto possível a usar celulares ou e-mails. Todos os países terão as duas comunidades e a prosperidade futura do país será determinada pela proporção entre os que têm e os que não têm informação, a qual mudará rapidamente em muitas das nações mais pobres, por volta de 2010.

Manter a informação em segurança será uma enorme dor de cabeça, já que programas como o Gnutella dão acesso global e irrestrito a bilhões de arquivos em computadores pessoais. O sistema centralizado do Napster, para compartilhamento de arquivos de música no formato MD3 (Metadata3), vai dar origem a milhares de maneiras de compartilhamento P2P de fazer coisas similares. A propriedade intelectual e as patentes serão cada vez mais difíceis de proteger.

O fim dos livros?

Os livros de não-ficção funcionam bem na tela, mas a ficção pede uma leitura longa e linear e o papel deve manter a popularidade por muitas décadas.

No meio editorial, os aspectos estéticos serão importantes: o cheiro, a textura, o peso e a encadernação de um "livro de verdade", a qualidade do papel e o tipo de tinta. Podemos esperar que as editoras continuem a se integrar com outras empresas de mídia para formar corporações completas de informação. Podemos esperar ver o crescente comércio de obras de referência multimídia, apresentadas em CD-ROM e outros meios eletrônicos, ceder espaço para as referências on-line. Podemos esperar ver competição na Internet pelas obras de referência de não-ficção, com os usuários pagando uma fração de centavo por página, e com muitos domicílios e a maioria dos escritórios dispondo de impressoras de fotos. Podemos esperar por livros digitais com mais de 100 páginas eletrônicas duplas, finas como papel. Basta carregar o texto desejado, sentar-se confortavelmente e desfrutar. Mas os livros "de verdade" continuarão populares, em parte graças à paranóia dos editores ante o roubo digital.

A INTERNET E A TEVÊ

Já tenho acesso a 50 mil canais de televisão

Nesse meio tempo, a Internet está virando televisão. Por exemplo, no computador de casa, em Londres, posso assistir ao canal Fox (tevê a cabo dos Estados Unidos), por uma conexão telefônica com a Rede (grátis). Meu filho mais velho só vê webtevê pela Internet.

Muita gente acha o máximo que a televisão digital ofereça 500 canais novos, alta definição e tela plana. Mas para isso são necessários aparelhos especiais ou decodificadores. Eu já tenho acesso a mais de 500 mil canais, o número de sites da Internet que exibem vídeos por demanda, a maioria clipes curtos promocionais. Há quem afirme não precisar de tantos canais, mas isso é falta de visão. Não dedico muito tempo a ver televisão – nunca passei –, mas gostaria de uma Rede com pelo menos 1 milhão de canais. Desse modo, tudo o que eu quisesse saber eu poderia ler ou ouvir a respeito, ou me recostar e ver na tela. Pode ser uma página de texto sobre novos modelos de automóveis, com um vídeo mostrando o último modelo sendo exibido silenciosamente no canto superior direito da tela, ou pode ser uma versão doméstica do programa *Big Brother.*

Criei meu próprio canal de televisão – na Internet. Preciso de menos de cinco minutos para gravar um comentário sobre as notícias do dia, convertê-lo em um site de tevê numa página da Internet e publicá-lo num servidor do outro lado do mundo. Meu site recebe mais de 10 milhões de visitas por ano. Neste momento, a tevê por Internet recebida pela maioria é de baixa qualidade – são necessários 30 minutos para a BBC descarregar um minuto de transmissão de alta qualidade, mas imagens de televisão altamente compactadas e menores podem ser vistas ao vivo, e a banda larga melhora muito a recepção da televisão. A tevê pela Internet continuará a atrair dinheiro de publicidade. Centenas de companhias estão desenvolvendo câmeras, microfones e fones de ouvido para quem quer fazer a própria Internet televisão.

O rádio pela Web é muito mais avançado

Milhares de novas estações de rádio na Internet foram lançadas somente nos últimos três anos. E existem muitas opções – a Capital Radio's Cafe, em Londres, é uma delas. Seu programa quase ao vivo está alcançando uma nova audiência nos Estados Unidos. Podemos esperar dezenas de milhares de estações de "rádio" na rede até 2010, inclusive milhares de Igrejas maiores transmitindo cultos religiosos ao vivo, e centenas de instituições acadêmicas, parlamentos e tribunais jogando sobre quem entrar em seus sites uma mistura de sons ao vivo ou pré-gravados.

Podemos esperar dezenas de milhares de disc-jóqueis amadores, ativistas de uma causa só, excêntricos e desajustados transmitindo de dentro de garagens ou quartos de dormir para platéias que variam de algumas dezenas a algumas centenas, sem qualquer outro equipamento além de um toca-discos, um PC, um modem e um microfone, e talvez uma câmera de vídeo ou videofone móvel.

A tevê aberta perde audiência

Uma coisa é certa: as empresas de televisão tradicionais vão levar uma surra feia. Em 1998, já era fato que nos Estados Unidos menos da metade dos telespectadores do horário nobre estavam vendo os canais ABC, CBS e NBC. Muitos estavam passeando pelas centenas de pequenos canais especializados da tevê a cabo, mas todo ano, um em 20 espectadores do horário nobre estava simplesmente desligando a televisão. A ABC perdeu 2 milhões de espectadores entre setembro de 1996 e maio de 1997.

Em 1998, já havia nos Estados Unidos mais de 200 canais de tevê a cabo "não pesquisados" cujo público era demasiado pequeno e transitório para permitir à emissora arcar com o custo de uma análise de audiência. As estações de televisão tradicionais estão reagindo com a reapresentação de sitcoms, programas de jogos e reprises de filmes, mas nada disso vai reverter a tendência descendente, que continuou nos dois primeiros anos do século XXI.

Programas de televisão moldados pela reação imediata do público

Os programas de televisão ao vivo serão muito influenciados por um conceito inteiramente novo de transmissão: a avaliação da platéia ou análise instantânea da reação dos espectadores. Os programas de auditório tradicionais contam no estúdio com uma platéia que lhes dá um retorno por meio de risos, atenção concentrada ou sinais de tédio. Mas as platéias de estúdio são totalmente atípicas. Os espectadores optaram por estar ali, portanto, provavelmente, gostam do programa, e, além de não poderem ir embora, também desfrutam de todos os benefícios de uma apresentação ao vivo. Não representam em nada o que está acontecendo na sala de estar, seja na cidade ou no campo. Podemos esperar os programas ao vivo e interativos, e os reality shows deixarem de ser o sucesso das grandes emissoras tradicionais e migrarem para nichos semipermanentes em canais menores.

Podemos esperar as empresas de televisão conseguirem ver o que está acontecendo e passarem a utilizar a Internet e a tevê interativa. Em intervalos de segundos um dial mostrará a eles se a última piada fez a audiência subir ou cair 2%. As quedas rápidas de audiência ocorrem quando o público fica mudando de canal, e acontecem dois ou três segundos após os espectadores terem se sentido medianamente entediados ou ofendidos, ao passo que a audiência aumenta significativamente se um percentual de espectadores é persuadido a continuar por alguns minutos no mesmo canal antes de mudar para outro ou desligar a televisão. A audiência é construída quando se captura e mantém espectadores que passaram pelo programa, incorporando novos ouvintes regulares e fiéis. A luta desesperada por audiência vai criar comportamentos estranhos, quando apresentadores puderem, literalmente, observar milhões de pessoas irem embora ou permanecerem grudadas à poltrona. No curto prazo (de 15 segundos a 15 minutos), o sensacionalismo é muito eficaz; porém, o que pode fazer no longo prazo? Não vai impedir o declínio geral. Os programas de boa qualidade conseguirão ganhar audiência em segundos, quando os espectadores alertarem seus amigos por meio de mensagens de texto. Isso já está acontecendo.

Emissoras de tevê desesperadas compram espectadores

Tão desesperada está a situação que a rede ABC anunciou que vai pagar aos espectadores para assistirem a seus programas, oferecendo milhagem aérea em troca do preenchimento de questionários comprobatórios de terem assistido a certos programas. Embora esteja ameaçada a receita gerada por publicidade, os custos de produções de televisão de qualidade continuam a aumentar. O artifício mais recente é tentar afirmar que embora a estação tenha poucos espectadores, esses são do tipo certo para o seu produto. Os canais individuais no futuro não terão público nem verba suficientes para fazer programas de alta qualidade e alto custo.

A publicidade vai mudar, abandonando os clipes rápidos dirigidos a quem não quer vê-los, em favor de propaganda interativa para gente que busca informação, associada a merchandising ambiental – tal como a colocação de um produto numa prateleira, à vista da câmera, durante um programa. Os intervalos comerciais serão menos eficazes, já que milhões mudam instantaneamente de canal, ou robôs os eliminam para eles. Os anúncios de tevê só funcionarão se forem divertidos ou contiverem informação.

A geração-tevê está crescendo e perdendo o interesse no veículo. O padrão anterior de observação passiva está sendo substituído por uma busca muito mais criativa por coisas para ver. É aí que a Internet-televisão obterá os melhores resultados: ela oferece escolha total. Acesso instantâneo a 100 mil filmes, começando neste exato momento, com o apertar de um botão. Trezentos mil episódios de programas populares à disposição, após uma espera de menos de 20 segundos e com qualidade de tevê digital.

Podemos esperar que televisão, filmes, música, palavras e softwares sejam pirateados numa escala sem precedentes, apesar dos esforços dos detentores dos direitos de reprodução. Isso afetará receitas e lucros.

Podemos esperar a escalada da prática de ver clipes de tevê no celular – seja o último gol, um boletim de notícias ou uma mensagem dos amigos. Podemos esperar que os canais de notícias utilizem imagens ao vivo instantâneas de notícias geradas com videofones móveis por usuários que estavam no lugar certo, na hora certa – e que são pagos pelo jornalismo amador.

MEDICINA CIBERNÉTICA

Como sou médico, a medicina cibernética me fascina. Cirurgiões da Califórnia executaram uma série de operações simples utilizando a telemedicina: uma tela em 3D, luvas metálicas de controle e robôs. Ao mesmo tempo, na Grã-Bretanha, especialistas do hospital Queen Charlotte usavam ultra-som virtual para diagnosticar tumores em pacientes a centenas de quilômetros de distância. No entanto, o equipamento ainda é caro para ser usado em cirurgias, cerca de 50 mil libras por vez.

A telemedicina funciona

A telemedicina corta custos e salva vidas. Para quê comparecer ao consultório de um especialista se você pode ser instantaneamente entrevistado por ele em sua própria casa? Um estudo recente pela empresa de consultoria Arthur D. Little estimou que, se amplamente utilizada, a telemedicina pode poupar 36 bilhões de dólares por ano, trazendo os seguintes benefícios, entre muitos outros:

- Monitoração em casa, após o nascimento, de bebês em situação de alto risco.
- Aconselhamento remoto por especialistas a pacientes em casa ou no hospital.
- Acesso imediato aos prontuários dos pacientes nas internações de emergência.
- Redução do tempo de permanência no hospital.
- Menor gasto com ambulâncias.

Virtualmente dentro dos corações e pulmões

Nos anos 70, a tomografia axial computadorizada (CAT) foi o maior avanço em exames de imagem desde os simples raios X, descobertos mais de meio século antes. A imensa máquina tinha um anel que girava em torno da cabeça ou do corpo do paciente, obtendo uma nova imagem a cada intervalo de segundos. O que o médico via era idêntico ao que veria se uma serra elétrica tivesse fatiado o corpo do paciente. Entretanto, cada corte levava alguns minutos, e uma varredura completa da cabeça levava uma hora. Crianças muito pequenas precisavam ser sedadas ou imobilizadas, já que qualquer movimento reduzia a nitidez da imagem.

Hoje as máquinas da geração seguinte fazem centenas de imagens no mesmo intervalo de tempo, juntando-as num estágio mais avançado, para construir um mundo virtual da vida dentro do paciente. Um cirurgião pode "viajar" por um vaso sangüíneo ou traquéia abaixo até os pulmões. E o que é melhor, pode praticar técnicas cirúrgicas complexas utilizando um modelo em 3D.

Podemos esperar grandes avanços nos exames de imagem nos próximos cinco anos. Porque as máquinas são caras e produzem dados de computador, podemos esperar um maior estímulo à telemedicina quando os maiores especialistas do mundo fizerem conferências globais para tomar decisões sobre o tratamento em casos raros e complicados, convocando então um cirurgião a distância, auxiliado por uma equipe local, para supervisionar o procedimento cirúrgico.

Deixem os robôs tratarem os doentes

No futuro, mais que saber falar sobre tratamentos, os estudantes de medicina precisarão saber falar com os pacientes. Para que encher a cabeça de informação quando a cada 10 anos 50% de todo o conhecimento médico ficam obsoletos? Quando os planos de tratamento são formulados por robôs, a atenção pessoal é mais importante do que nunca: o toque, a apalpação, a empatia e a compreensão de seres humanos reais, selecionados por sua capacidade de entender.

O diagnóstico assistido por computador vem sendo usado há algum tempo. Em 1979 ajudei a criar um programa simples para diagnóstico de dor de cabeça, projetado para distinguir a dor tensional da enxaqueca, de tumores cerebrais e de muitas outras causas. Depois de alimentado o programa com uma série de respostas do tipo sim/não, a máquina devolvia um percentual de risco para cada um dos possíveis diagnósticos. Era primitivo e impreciso, mas já um começo. No entanto, hoje dispomos dos dados para criar tais algoritmos para uma série de quadros clínicos e tratamentos.

Em 2010 será prática universal em alguns países, antes de começar uma série de tratamentos, consultar o computador, sendo os médicos obrigados a usá-lo não por força de lei, mas pelas seguradoras. Se o paciente morrer por determinadas causas, a primeira pergunta a ser feita no tribunal será se o médico consultou o sistema e seguiu a indicação dada. A rede de computadores, por conter o conjunto das experiências de dezenas de milhares de médicos, sempre estará muito mais atualizada e completa do que qualquer médico pode esperar estar. Deus proteja o médico que diante de um tribunal, tendo seu paciente falecido em circunstâncias infelizes, insistir em que seu julgamento é superior ao do computador.

Os primeiros sistemas universais de diagnóstico já existem – na Internet. O Capsule é um programa projetado para orientar os médicos nas prescrições. Foi desenvolvido pelo Imperial Cancer Research Fund e logo estará em uso nos consultórios britânicos. É um "sistema especialista" que utiliza uma base de dados de conhecimento médico para fazer recomendações sobre todas as doenças. Em pesquisas, os médicos usuários do sistema foram 70% mais precisos nas decisões tomadas.

O uso do diagnóstico por computador e das redes nunca substituirá o julgamento do clínico, e o tratamento ainda será fortemente influenciado pelos relatos do próprio paciente. O diagnóstico por computador vai permitir aos médicos continuarem a exercer a profissão de forma segura várias décadas após se formarem, com cursos de atualização adicionais em multimídia, videolinks de cirurgia e testes de desempenho eletrônicos.

Cirurgiões avaliados pelo número de óbitos em cirurgias

Os cirurgiões do futuro serão avaliados pelo número de pacientes que morrem em suas operações, pelas taxas de complicações pós-operatórias e, possivelmente, pelo tempo de permanência no hospital. Podemos esperar por uma reavaliação. Essas medições grosseiras encorajam práticas perniciosas – por exemplo, a alta precoce, que mesmo segura causa estresse, dor e mal-estar ao paciente. Um médico talvez se recuse a operar um paciente com alto risco de vida durante a operação, mesmo que o doente queira assumir isso. Durante o próximo século, a prática da medicina estará dominada por dilemas como esses – racionamento, risco, benefícios individuais e comunitários.

Em 10 anos teremos também dominado a arte de fundir microchips com células vivas. Peter Cochrane, o ex-chefe de pesquisas da BT, criou um nome para uma nova espécie: o "homo cyberneticus", um ser humano equipado com mecanismos diversos, todos movidos pelo calor do corpo. Músculos movimentados por computadores implantados serão fato corriqueiro, juntamente com outros experimentos para os mais ousados, tais como visão para cegos, pelo emprego de técnicas de implante cibernético no cérebro – dispositivos elétricos implantados dentro da cabeça geram padrões nervosos. Já se conseguiu fazer células cerebrais de ratos crescerem na superfície de chips. Os olhos de uma pessoa podem se tornar a câmera para outra que esteja a seu lado. Por volta de 2015 podemos esperar a realização, em cérebros de cobaias de laboratório, dos primeiros implantes de dispositivos cibernéticos nos quais dados digitais podem ser diretamente acessados e armazenados. Implantes de cóclea já estão restaurando a audição de surdos, e chips implantados na retina já estão melhorando a visão.

O CAMPUS VIRTUAL – EDUCAÇÃO A DISTÂNCIA

Os campi virtuais estão brotando por toda parte. Milhares de pessoas já freqüentam a universidade pela Internet, com palestras, notas e orientação on-line. Muitos executivos já estão se recusando a participar pessoalmente de atividades de treinamento, insistindo sempre que possível no ensino a distância. Isso é, em parte, uma reação à "sobrecarga de informação", num mundo em rápida mutação, em que toda a base de conhecimentos do indivíduo se torna obsoleta em cinco anos. No futuro os estudantes pagarão por cursos em módulos, pelo número de horas on-line. Muitos campi fornecerão gratuitamente anotações de aula e cobrarão apenas pelo "contato ao vivo", pelas respostas por e-mails ou pela correção de trabalhos de curso. O Massachusetts Institute of Technology já decidiu colocar à disposição na Internet todo o material de leitura.

Já existe a tecnologia necessária para fornecer on-line 300 mil palestras gravadas, todas prontas para exibição 10 ou 20 segundos após a solicitação. E ainda há as transmissões de tevê ao vivo, na Internet, de dentro das salas de aula. Seu seminário pode ser assistido por qualquer um do meio bilhão de pessoas, com 25 mil participantes, ou mais, e com respostas aos palestrantes por e-mail ou chat, voicelink ou mesmo videolink (alguns a cada vez). Os palestrantes terão retorno instantâneo, com as perguntas chegando de todas as partes do mundo.

A educação nunca pára

A única forma de lidar com um mundo em mutação é continuar aprendendo. Podemos esperar que educação e treinamento continuem a ser uma atividade nacional de base em todos os níveis da sociedade. Podemos esperar que os indivíduos façam várias graduações ou pós-graduações durante a vida. Contudo, na tendência contrária, podemos esperar uma reação contra as qualificações só no papel, quando os empregadores perceberem que liderança, energia, dinamismo, iniciativa e habilidades organizacionais não são criadas por estudo livresco ou comparecimento a palestras. Podemos esperar uma reavaliação do conteúdo dos cursos de MBA, com ênfase muito maior em liderança e análise, assim como em excelência nas habilidades de comunicação e argumentação.

Podemos esperar que os governos estabeleçam metas cada vez mais ambiciosas para a taxa de alfabetização, de capacidade matemática de adultos e de conhecimentos de informática, e que as escolas enfrentem cobranças cada vez maiores pelo mau desempenho, não só da parte dos pais, mas também dos ex-alunos. Podemos esperar muitos processos na justiça, movidos por ex-alunos que consideram toda a sua vida adulta prejudicada por um ensino deficiente, ou pela incapacidade de identificar necessidades especiais, de intervir em casos de agressão ou abuso sexual, ou, ainda, pela incapacidade de levar alunos inteligentes ao pleno desenvolvimento de seu potencial.

Podemos esperar por um retorno às escolas femininas e masculinas em muitas áreas em que escolas mistas resultaram na evasão de dezenas de milhares de meninos. Podemos esperar argumentos convincentes de que para ambos os sexos as escolas separadas por gênero permitem maior concentração e menos distrações ou exibicionismo, principalmente se considerarmos que a idade púbere das meninas está caindo para oito anos (ver página 138).

Podemos esperar uma completa revisão das idéias sobre punição e disciplina, com o reconhecimento de que não está funcionando a política de não-intervenção. Por volta de 2005 haverá uma crescente intolerância pela cultura que considera natural as ameaças, as surras e as armas brancas em pátios de recreio, com um apelo pelo direito dos professores de ensinar sem temer ser atacados por alunos ou pais de alunos. Podemos esperar que as mudanças venham em etapas, na esteira de ocorrências particularmente medonhas e muito divulgadas, como a morte de mais um professor, ou a morte de um aluno em conseqüência de assédio violento.

Podemos esperar novas e severas sanções, inclusive uma nova liberdade de suspender ou expulsar alunos por comportamento anti-social.

Podemos esperar um crescente investimento em escolas especiais para alunos de comportamento excepcionalmente perturbador da ordem. No momento em que a ênfase é a obtenção de resultados, as escolas para a maioria não poderão correr o risco de manter alunos desordeiros.

Podemos esperar que as escolas continuem a se transformar em guetos, com os alunos optando por uma escola e decidindo depois onde precisam morar. Podemos esperar pelo colapso final das tentativas artificiais de integrar alunos brancos e negros, inclusive por meio de transporte escolar, nas cidades dos Estados Unidos.

Bibliotecas universitárias viram fósseis

O que acontece às bibliotecas universitárias? Elas começam por informatizar os catálogos, mas qual é a vida útil e real de um livro? A maioria dos livros de ciência ou atualidades se desatualiza bem depressa. Recentemente, fiz uma visita ao departamento de física de uma universidade americana muito conhecida. As paredes estavam cobertas por milhares de revistas científicas. Recomendei ao docente que as jogasse fora: são parte de um mundo extinto, de interesse apenas para os estudantes de história da ciência; não têm valor e ocupam espaço valioso. Entristecido, ele concordou.

Quando o conhecimento científico dobra de volume a cada 10 anos ou menos, grandes dúvidas surgem com relação à aprendizagem. A maior parte do aprendido logo se torna história, interessante, mas quase inútil, a não ser para permitir uma compreensão geral. As universidades ainda querem que os estudantes aprendam fatos, mas no futuro a habilidade que realmente valerá dinheiro será a de pesquisar e analisar o conteúdo de bases de dados.

A localização de dados e a análise rápida são ferramentas de sobrevivência

Em um mundo em que há sobrecarga de informações, algumas habilidades básicas serão necessárias para os estudantes do terceiro milênio. Nenhuma delas é difícil de adquirir. A maior habilidade é a capacidade de esquadrinhar o texto, coisa muito distinta da leitura convencional, e que não requer qualquer tecnologia.

A mais rápida entrada de dados no cérebro humano

- Som por meio dos ouvidos: 112kbps.
- Luz por meio dos olhos: 3 milhões de kbps.
- Lição: Para absorver dados, ler é mais rápido que ouvir. Uma imagem = mil palavras; um videoclipe = 10 mil palavras. Na obtenção de informação, telefonemas são muito mais lentos de assimilar que e-mails.

A maioria dos executivos sênior consegue varrer 5 mil palavras por minuto. Ao telefone eles entendem 100 palavras por minuto.

Varredura de texto: uma habilidade do terceiro milênio

- Habilidade de ler uma página de texto de formato A4 a cada 5 a 15 segundos e de sublinhar com um marcador de texto 90% dos dados relevantes.
- Habilidade de varrer todo um livro de 250 páginas e sublinhar 50 sentenças-chave em menos de 20 minutos.
- Habilidade de escrever em menos de 30 minutos, em dois parágrafos, um business plan resumido, de alta qualidade, sobre uma empresa ou produto sobre o qual nunca se ouviu falar, usando grande variedade de bases de dados informatizadas.

No passado, um dos principais consultores científicos de um gigante da petroquímica poderia receber um telefonema solicitando informações sobre o novo produto que o competidor acabara de lançar. Esperava-se que o consultor fosse capaz de fornecer essa informação de memória. O mundo atual está mudando tão depressa que a resposta a uma consulta nunca será segura sem uma pesquisa de ponta; ademais, o produto pode ser tão novo que muitos na empresa lançadora talvez nunca tenham ouvido falar dele. A memória humana está se tornando irrelevante.

Grandes empresas lançam produtos novos várias vezes por semana

O United Bank of Switzerland (UBS) é um dos principais entre os maiores bancos do mundo. Embora extremamente suíço em matéria de cultura e de liderança da cúpula, o banco é totalmente globalizado, sendo uma operação muito complexa com forte presença comercial na Suíça nas áreas de banco privado, investimentos, vendas por atacado e uma série de outras dimensões, inclusive novas parcerias com a indústria seguradora. Praticamente todo dia novos produtos são anunciados a grupos específicos de clientes em algum lugar do mundo.

O conhecimento empresarial é um fator crítico. Comunicação rápida, dirigida àqueles que precisam receber a informação, é a chave. O antigo UBS, anterior à incorporação, foi um dos primeiros bancos a introduzir um sistema integrado de correio eletrônico capaz de tratar mensagens internas e externas de forma segura e confidencial. O e-mail não foi a única resposta, mas ajudou. Quando foi instalado, o sistema de correio deu ao banco grande vantagem sobre muitos concorrentes, vantagem que teria rapidamente desaparecido se não tivesse havido um agressivo investimento adicional em tecnologias de nova geração. Podemos esperar que as maiores empresas do mundo invistam pesadamente em sistemas de gestão do conhecimento. Um dos maiores desafios no século XXI será fazer tais sistemas trabalharem de forma a dar uma vantagem competitiva.

As Intranets são a chave do conhecimento corporativo universal, dando amplo acesso aos bancos de dados interdepartamentais e a centenas de outras fontes internas de informação.

Este será o maior desafio competitivo nos primeiros anos do século XXI: a organização é capaz de aprender, ou continua ignorante enquanto o conhecimento de cada empregado permanece dentro do cérebro deste, situação agravada pela renovação do corpo funcional? A perda da memória corporativa foi um tema crucial quando nos anos 90, e novamente em 2001 e 2002, a redução no tamanho das empresas estava no auge. A gestão do conhecimento teria evitado parte do problema. Ela será uma questão básica nas duas décadas seguintes para a sobrevivência de todas as grandes organizações, ao lado de uma redução da rotatividade de pessoal.

No futuro, o treinamento será multidimensional

Como futurólogo, faço palestras sobre tendências globais para o alto escalão das maiores corporações do planeta, para membros de diretoria, diretores e outros. O meio é a mensagem. Três grandes telas bombardeiam os sentidos com centenas de imagens, sons, vídeo, realidade virtual, videoconferência e animação. Tudo isso somado revela uma imagem do futuro. A tecnologia nos leva por uma frenética viagem global por continentes, indústrias e temas, e que nos atinge de frente com realidades inevitáveis e desafios gerenciais para os cinco ou 10 anos vindouros.

A apresentação completa está compactada em um computador portátil ultra-rápido, que processa filmes, imagens tridimensionais, a Internet e videolinks. Mas essa é a tecnologia de hoje. Os executivos esperarão muito mais. Os palestrantes serão avaliados não somente pelo conteúdo, mas pela tecnologia e a forma de utilizá-la. O público tem necessidade de provar do futuro, tocá-lo com as mãos. A experiência muito explícita vale por centenas de horas de estudo solitário.

Podemos esperar uma grande ênfase nos recursos de multimídia nas apresentações corporativas, com uso rotineiro de ricos formatos de multimídia em apresentações executivas portáteis a serem feitas aos clientes. Podemos esperar computadores portáteis com telas planas ainda maiores e boa qualidade de som, projetados para se ajustar a apresentações vistas por até 10 pessoas à luz do dia, sem uso de projetor. O projeto dessas novas formas de arte será fruto de uma indústria completamente nova, baseada na experiência adquirida na elaboração de vídeos corporativos.

Podemos esperar uma reação contrária da parte de "excêntricos" que fazem questão de não usar nenhuma tecnologia de apresentação, confiando inteiramente na interação interpessoal.

Estou só de passagem – a 8 mil quilômetros de casa

Eu estava em Zurique, preparando um workshop de três horas de duração para 30 executivos de várias parte do mundo. Eram 7h50 da manhã e os primeiros participantes estavam chegando. Meu computador estava ocupado despejando numa grande tela às minhas costas uma mistura acelerada de vídeo, som e seqüências lógicas – e eu também estava navegando na Internet. Estava a ponto de voltar para o primeiro slide quando ouvi alguém dizer "Alô" atrás de mim. Ao me voltar, vi sobre a parede um rosto sorridente.

– Alô, você aí – disse ele.

– Alô – respondi –, de onde você acaba de surgir?

– De Durban – foi a resposta. – Eu estava só rodando um pouco pra ver quem estava no pedaço.

A essa altura, muitos outros estavam se reunindo em torno do computador dele. Minha própria câmera, do tamanho de uma bola de golfe, lhe dava uma visão completa de tudo.

Expliquei que estávamos em Zurique e convidei-o a participar do nosso workshop. Ele o fez, sentando-se sem ser observado pela primeira meia hora, como um participante a distância, até que eu o joguei de novo na tela, para que cumprimentasse todo mundo e participasse das discussões. Sua chegada espontânea diz mais sobre o futuro que qualquer grau de planejamento prévio. É claro que ele só pôde entrar porque eu instruí meu computador a ser polido e amigável com qualquer visitante cibernético – pelo menos a atender à porta para que eu pudesse cumprimentá-lo.

Essa situação é o equivalente digital a um transeunte passar por um edifício, botar a cabeça na porta e perguntar para que servem todos aqueles displays de alta tecnologia. A única diferença é que a Internet criou aquela mesma proximidade informal com alguém a mais de 8 mil quilômetros de distância. Apenas aconteceu: é a aldeia global.

Por volta de 2005 os videofones móveis estarão em todo lugar que quisermos e seu uso custará um pouco mais do que um telefonema comum dos dias de hoje. Você vai ligar para alguém e lhe perguntar por que está com a câmera desligada. O que está tentando esconder? Quando aparecer, o telefone holográfico será interessante, criando imediatamente à nossa frente imagens tridimensionais do interlocutor. O uso de materiais óticos inteligentes nos dois extremos da comunicação telefônica implica precisar de menos capacidade computacional e de banda larga.

REALIDADE VIRTUAL

A realidade virtual faz querer mais

A realidade virtual será uma indústria de sucesso, principalmente nas vendas a varejo. Podemos esperar que ela seja usada nas vitrines para atrair a atenção; dentro da loja, para mostrar produtos; e também em casa, para pedidos eletrônicos interativos. Podemos esperar ver nas maiores lojas completos espetáculos multimídia surgindo dos carrinhos de supermercado, disparados por produtos que você selecionou antes, e pelo setor da loja que está percorrendo. Podemos esperar que as compras freqüentes de artigos de primeira necessidade (pão, selos) sejam feitas de casa e que as demais sejam uma diversão ou experiência de lazer, levando os centros comerciais a repensar sua função, o que os tornará mais semelhantes a parques temáticos de vendas com atrações para todas as idades.

Podemos esperar o varejo seguir, por um lado, no rumo da venda de produtos de baixo custo com um mínimo de suporte e, por outro lado, na direção das vendas altamente personalizadas, em que o preço não é importante e pacotes de apoio para pessoas cansadas de perder tempo tentando resolver os problemas dos artigos que acabaram de comprar.

Podemos esperar que até 2005 os varejistas continuem a falir, com o desaparecimento de milhões de pequenas lojas, substituídas por lojas de rede que terão, nas vendas de suas próprias marcas, um aumento em torno de 15 a 20% em 2000, e de 30% até 2010. No entanto, muitas lojas de bairro sobreviverão, principalmente porque as restrições ao uso de automóveis começarão a aumentar e muita gente ficará mais consciente da questão ambiental.

Podemos esperar mais produtos personalizados para atender à crescente variedade de estilos de vida. O benchmarking continuará a ser popular, mas levará à convergência e, por fim, a uma competição baseada apenas em preço. Um exemplo é a venda de alimentos no varejo. O benchmarking de novos serviços significa apenas que todas as cadeias de supermercado, provavelmente, oferecerão cartões de fidelidade e de serviços financeiros, mas, nesse caso, onde estará a vantagem competitiva? Onde estará o valor para o consumidor? Onde encontrar a verdadeira lealdade? Podemos esperar nova ênfase em fatores que permanecerão atraentes para os consumidores – não só preço e eficiência corporativa, pois ambos podem ser facilmente copiados e nenhum deles produz valor duradouro para os acionistas.

A realidade virtual dominará a indústria do lazer

Podemos esperar filmes e televisão de RV, com novos artifícios para convencer cada um dos olhos do espectador a achar que está recebendo uma imagem diferente – sem uso de visores. Podemos esperar a realidade virtual dominar os jogos eletrônicos e parques temáticos até 2010, com mundos, vestes e visores maiores e amplos cinemas de realidade virtual.

A realidade virtual na manufatura

Podemos esperar ver todos os protótipos serem modelados com realidade virtual em 2005. Podemos esperar mais casos como o da Land Rover, que graças à realidade virtual detectou diversas deficiências graves em seus projetos para um novo processo produtivo. A RV mostra se um motor cabe em determinado espaço ou se é possível para determinada máquina ter acesso à caixa de câmbio.

Podemos esperar grandes avanços na prototipação rápida, com a produção rotineira de componentes com base em imagens de RV. Computadores controlarão feixes de raios laser para esculpir estruturas sólidas por meio da técnica de sinterização seletiva. Essas estruturas, então, podem ser montadas como peças de uma máquina, brinquedo ou veículo, antes de serem revestidas de plástico, cerâmica, metal ou outros materiais.

Já existem mundos primitivos em RV

Um dia desses, no ciberespaço, andei por uma rua e entrei numa galeria de arte. Lá encontrei o responsável pela construção do espaço e conversei com ele sobre sua arte. Ele podia me ver e eu podia vê-lo. O surpreendente é que estávamos em países diferentes, assim como todos os outros que participaram de nossa conversa. Também entrei numa agência de um banco virtual e observei um cliente conversar com o caixa e fazer um empréstimo. Cada um de nós tinha um corpo gerado por computador, e o corpo era capaz de andar, se curvar, acenar, saltar e muito mais. No futuro, essas imagens tridimensionais serão criadas diretamente com base em câmeras de tevê ligadas ao computador. Os únicos recursos tecnológicos necessários foram um PC e uma ligação telefônica comum – e todo o software foi gratuito.

Podemos esperar que as pessoas entrem nos mundos globais online de jogos em realidade virtual, com personagens tridimensionais criados segundo fotografias de suas "verdadeiras" pessoas. Posso garantir que a sensação é estranha.

As nações, as regiões, as comunidades e as cidades se apressarão em se tornar sociedades digitais. Essas serão áreas ou cidades cujos governos se comprometeram a fazer investimentos maciços não em eletricidade, água ou estradas, mas sim em equipamentos eletrônicos comunitários. Algum dia vou comprar um pedaço de terra num cibermundo e construir uma casa e um escritório, e talvez uma sala de conferências, além de uma sala de reunião.

Reações contra o contato com robôs

Podemos esperar uma reação contra as tecnologias primitivas de substituição dos seres humanos, tais como as unidades telefônicas de resposta audível (URA). Vamos esclarecer uma coisa: quando entramos em contato com uma grande empresa, com muitos departamentos e possibilidades, nada se compara a ser atendido por um ser humano eficiente e preparado. Passar 60 segundos escutando uma lista de opções, seguida de outra lista e mais uma lista, pode poupar o tempo da empresa, mas meu tempo vale dinheiro.

Com certeza, isso poupa uma fortuna para eles. De acordo com a Mentis Corporation, o custo de uma transação bancária por telefone é 1,75 dólar, enquanto o custo da mesma transação na agência é 4 dólares. Entretanto, o custo cai para 25 centavos de dólar por transação quando a operação é realizada por meio de um auxílio URA. Se eu quisesse fazer uma doação para cobrir os custos operacionais da mesa telefônica da empresa, isso seria bom, mas eu não quero. Telefonei buscando um serviço e aqui estou eu fazendo um favor a eles. Que fim levou o atendimento ao consumidor?

Reconhecimento de voz mais rápido que o pensamento

Este livro foi parcialmente ditado, e não escrito, e meu computador portátil converteu o ditado contínuo num texto razoavelmente preciso, a uma taxa de até 140 palavras por minuto, utilizando um vocabulário de 200 mil palavras. Essa velocidade equivale a até 8 mil palavras por hora, ou a escrever um livro inteiro num intervalo de 12 a 25 horas – mais rápido do que qualquer escritor consegue pensar.

Talvez seja um pouco lento para quem deseja 160 palavras por minuto em fala contínua, além de ter uma precisão de apenas 90 a 95%, mas, por outro lado, com que exatidão você consegue digitar 3 mil palavras por hora, durante oito horas por dia? Isso é apenas o início de uma nova era de reconhecimento de voz. Os custos médicos e jurídicos decorrentes de lesão por esforços repetitivos podem levar as seguradoras a insistir que os funcionários falem, em vez de digitarem.

Podemos esperar que cada um dos principais fabricantes de processadores se apresse em produzir chips de reconhecimento de voz que se tornarão componentes de uma vasta linha de produtos, desde lavadoras de roupa até máquinas de venda automática. Os melhores produtos, seja de hardware ou software, conquistarão depois de 2005 uma grande fatia de um mercado de muitos bilhões de dólares, com as empresas disputando aumentos de 1% ou 0,5% em termos de exatidão, a toda velocidade. Há uma grande diferença entre ter que corrigir uma palavra em 10 e corrigir uma palavra em 50.

E o impacto cai sobre a voz

E, então, irão surgir as lesões por esforço vocal repetitivo, à medida que se for descobrindo que a disciplina necessária para falar com clareza e exatidão força a laringe. Mas isso é a tecnologia atual. Em 10 anos, para muitos que nunca se preocuparam em dominar o teclado, será prática corriqueira falar em vez de digitar. Olhe ao seu redor, no escritório – mesmo com programas de 2003, quem você pegar digitando grandes quantidades de texto provavelmente estará jogando fora seu dinheiro. Podemos esperar as economias mudarem firmemente em direção ao reconhecimento de voz, aí por 2006, com as decorrentes pressões para a reestruturação das áreas abertas do escritório. O texto ditado geralmente exige privacidade.

INTELIGÊNCIA ARTIFICIAL

Alguns puristas da inteligência artificial afirmam que a verdadeira inteligência artificial não existe e, provavelmente, jamais existirá. Eles estão certos e também errados. Certos porque, no presente, não sabemos como fazer os computadores pensarem sozinhos de forma sofisticada; e errados porque os seres humanos podem ser convencidos a pensar e sentir que os computadores podem fazê-lo.

Em 1978, eu estava envolvido num projeto de pesquisa de inteligência artificial implementado no National Physical Laboratory em West London. Nosso objetivo era desenvolver sistemas de entrevistas para pacientes do hospital Charing Cross, em Londres, que não pudessem ser diferenciados de um médico. Em uma famosa experiência com um sistema anterior, um paciente foi ligado por meio de um computador e uma tela a um psiquiatra na sala contígua. Eles se comunicavam digitando mensagens um para o outro. Então, a conexão foi interrompida e substituída pelo próprio computador. O paciente não foi capaz de distinguir em que ocasiões o interlocutor que ouvia e respondia de forma tão inteligente era um computador e quando era um ser humano. Desde aquela época a inteligência artificial já avançou muito.

Robôs masculinos e femininos

Podemos esperar ver drásticas melhorias que irão afetar tudo, desde o reconhecimento da fala contínua (compreensão do contexto e da gramática) até a busca de agentes para a Internet.

Podemos esperar escutar robôs masculinos e femininos do outro lado da linha telefônica, e que a reação contra eles seja similar à atual resistência contra as primitivas Unidades de Reconhecimento de Voz. Em um mundo dividido, caótico e acelerado, as pessoas estarão dispostas a pagar um preço pelo contato humano. Para um solteiro que vive só e trabalha em casa, um ser humano de verdade do outro lado da linha pode ser o único contato de qualquer modalidade que ele terá no dia.

Podemos esperar ser cobrado um preço especial quando desejarmos tocar a vida de outro indivíduo, quando quisermos saber que outro ser humano vai executar uma ação em resposta ao que nós acabamos de dizer. No setor bancário, já estamos vendo esses preços diferenciados, pois alguns bancos cobram uma taxa toda vez que os clientes utilizam um ser humano pessoalmente para depositar ou sacar dinheiro.

Reconhecimento de escrita manual

Assim sendo, qual a vantagem de aprender a digitar? Aqueles que não suportam usar teclados adoram suas unidades portáteis de escrita, que convertem em texto as palavras manuscritas com ajuda de um estilete. O problema é que escrever à mão sempre será mais lento e menos preciso do que digitar rapidamente. Para que se incomodar?

Podemos esperar ver centenas de produtos com sistema de reconhecimento de escrita, para uma geração que ainda vai gostar de rabiscar. Podemos esperar que esses equipamentos deixem de ser procurados dentro de 10 anos, varridos do cenário pelo reconhecimento de voz e por outras tecnologias novas.

A digitação sempre será importante

A capacidade de digitar continuará a ser importante – principalmente porque qualquer tipo de ditado exige um local razoavelmente tranqüilo, em que não se possa ser perturbado ou distraído, e os assuntos confidenciais não possam ser escutados. A ação de tomar notas em reuniões também continuará a exigir um método de registro completamente silencioso e discreto. Além disso, fora do Parlamento, ou de um tribunal, quem precisa de uma transcrição completa e literal, gerada por computador, de cada palavra pronunciada? Podemos esperar que as tecnologias de fala alcancem em 2030 um ponto em que sejam capazes de ler fala silenciosa, pelo movimento dos lábios e pela monitoração dos movimentos da laringe.

AMEAÇA DA INTERNET À INDÚSTRIA FINANCEIRA

A indústria financeira está sendo tremendamente impactada pela velocidade da mudança tecnológica. Todo mundo usa dinheiro todo dia. Por isso, a revolução dos serviços financeiros terá um profundo impacto na vida de todos nós.

A Internet poderia destruir as operações bancárias tradicionais

Depois do enorme realinhamento pós-milenar os bancos serão pouco mais que atacadistas de serviços financeiros. Seu negócio a varejo já está sendo devorado por varejistas do setor alimentício, companhias de seguro, lojas de vestuário – todo e qualquer um que esteja disposto a migrar para a venda de cartões de crédito, empréstimos, hipotecas, contas correntes.

Na Grã-Bretanha, a rede de alimentícios Sainsbury's abriu quase 300 bancos, e em seguida vieram a Tesco e outras. Cada cadeia importante de lojas que nos venha à mente está pronta a devorar fatias de mercado dos serviços financeiros. Pensões e batatas, hipotecas e leite.

Os bancos cometeram o erro de dar ouvidos aos clientes. Os bancos disseram: dificilmente alguém vai querer a tecnologia da Internet, que não atende a nenhuma necessidade real do mercado. Então, muitos bancos começaram a entrar em pânico, ao verem um novo mundo cibernético sendo construído bem diante dos olhos deles. A história indica que poucos bancos convencionais serão capazes de acelerar sua entrada no mundo cibernético com rapidez suficiente para causar um forte impacto. Apesar da quebra das empresas pontocom em 2000/2001, o uso da Internet para transações financeiras subiu como um foguete. A história irá registrar a morte delas por desgaste, fusões e aquisições, seguidas da canibalização do negócio.

Os bancos dão muitos nomes ao novo desafio, tais como home-banking – isto é, eles querem transferir serviços bancários tradicionais para um novo canal de distribuição. Mas o público não desejará sequer usar o dinheiro da mesma forma, nem precisará dele da mesma forma.

Serviços bancários na forma atual jamais sobreviverão

A computação em rede irá destruir a base de poder dos grandes bancos tradicionais. Alguns serviços bancários tradicionais vão sobreviver, a certo custo, para os que estiverem dispostos a pagar ou que não têm acesso à tecnologia. E muitos consumidores vão se agarrar aos métodos antigos, ainda por algum tempo.

Mas os serviços bancários tradicionais não irão sobreviver. Os bancos fizeram seus lucros pela captação e guarda de dinheiro, e por emprestar a juros. Mas quando o próprio dinheiro deixa de existir, o que se faz? Numa sociedade eletrônica não existe nada físico para captar ou distribuir. O serviço bancário se torna um conceito sem sentido, usado para descrever uma indústria defunta que não faz comércio com dinheiro, mas sim com pulsos eletrônicos.

Fatos sobre os serviços bancários digitais (EUA)

- Mais de 5 mil bancos, agências de poupança e de crédito tinham websites em 2000.
- 1.556 eram totalmente capacitados a fazer transações em 2001.
- 44% tinham pouco desenvolvida a gestão de segurança/riscos on-line.
- 10 milhões de clientes usavam serviços bancários digitais em 2000, número que possivelmente passará de 40 milhões em 2005.

Dinheiro virtual para um mundo virtual

Numa era eletrônica e virtual o dinheiro se transforma em bits de dados. Mas quem precisa de um banco para isso? Caixas-fortes e cofres desaparecem, como também desaparecem grades de segurança e carros-fortes. Os negócios são realizados em qualquer computador. A permuta de bits pode acontecer em qualquer lugar da face da Terra, a qualquer momento.

Qualquer produto, qualquer canal

Esqueçam os bancos – no futuro você irá comprar qualquer produto através de qualquer canal, proveniente de qualquer origem que se possa imaginar.

Para os clientes individuais, isso significará acesso instantâneo à própria conta em qualquer lugar do mundo, atualização automática completa de seus próprios pacotes contábeis guardados em casa, decisões instantâneas sobre empréstimos e hipotecas e melhores taxas de juros. Podemos esperar ver muitos bancos na Internet caracterizarem como benefício adicional do cliente a redução de custos. As parcerias e alianças serão primordiais.

Serviços bancários on-line

- Agências bancárias – pagar pelo privilégio de lidar com seres humanos.
- Caixas eletrônicos – máquinas para sacar dinheiro e cartões eletrônicos.
- Compras por telefone.
- Quiosques com videolink para especialistas.
- Serviço bancário informatizado com Quicken/Microsoft Money e outros.
- Serviços bancários e compras pela Internet.
- Serviços bancários comerciais on-line.
- Televisão interativa.

A maioria dos grandes banqueiros com quem converso reconhece que é apenas questão de tempo uma hipoteca ser trocada de um emprestador para outro por um agente autorizado, mediante um simples clique do mouse. Uma vez estabelecida a legalidade, podemos esperar ver esse tipo de empréstimo trocar de mãos diversas vezes por dia pelos corretores-robôs que ficarão constantemente procurando negócios melhores em termos idênticos. Será a morte para as relações tradicionais de emprestador-tomador.

Quando forem gravados os discos da história...

No final do século XXI, quando os discos de história forem gravados, eles irão registrar que 1997 foi o ano do banco pela Internet. No começo do ano, poucos bancos ofereciam transações on-line, mas no começo de 1998 mais de 60% dos bancos europeus e uma proporção semelhante em outras partes tinham se recriado como bancos virtuais no ciberespaço. Eles eram motivados pelo medo diante dos planos da concorrência, e pelo sonho fugidio de que as transações na Internet poderiam custar a eles só 1% do custo das tradicionais. Infelizmente para esses bancos não havia economia real a ser feita sem dispensar funcionários ou fechar agências. Mas isso leva tempo, e as agências são difíceis de desativar.

Quatro erros fatais do e-business

- 1996: "A Internet é irrelevante – não gaste nada."
- 1999: "Nós estamos atrasados! – Gaste tudo!"
- 2001: "A Internet não é importante – gaste o mínimo possível."
- 2003-5: "A Internet é só um canal de distribuição bem-sucedido."

Cada um desses erros apanhou desprevenidas as empresas e levou diretamente à próxima reação excessiva. O próximo erro é não conseguir entender o poder da web de transformar totalmente cada parte da cadeia de suprimentos e a organização interna. Muita gente considera a Internet um conjunto de websites e catálogos de vendas.

A regulamentação será difícil. Do jeito que as coisas estão, qualquer banco no mundo pode permitir a abertura de contas e sua operação por alguém nos Estados Unidos, sem qualquer dos controles dos Estados Unidos, desde que os depósitos não sejam sacados no país. O dinheiro pode ser distribuído com o uso de cartões de crédito ou de débito em máquinas, mas os depósitos devem ser feitos no exterior ou por ordem postal. Na prática, existem mais controles, mas só porque alguns bancos internacionais desejam se arriscar à impopularidade junto ao governo dos Estados Unidos. Podemos esperar golpes de fraudes. Um banco no exterior já apareceu e desapareceu depois de receber depósitos substanciais.

O boom do investimento digital

A venda de ações nunca mais será a mesma. No começo de 1997 já havia 1,5 milhão de investidores negociando suas próprias ações na Internet, número a que mensalmente se acrescentam mais de 100 mil. As comissões de vendas despencaram, ameaçando as corretoras de valores. Uma corretora de descontos, a E*Trade, tinha 5,5 bilhões de dólares administrados e 182 mil contas ativas em meados de 1997. A quebra das empresas pontocom não fez o tempo andar para trás. Acabo de usar minha linha digital comutada para obter uma cotação da venda de 1 milhão de ações a 7 dólares cada. As comissões das corretoras tradicionais teriam sido alguma coisa da ordem dos 3.500 dólares, mas minha linha digital comutada obteve para mim pechinchas de 20 dólares de preço fixo.

Então, o que acontecerá às corretoras? Elas estão expostas a sérios problemas, mas só algumas despertaram para o fato. Os grandes mercados de ações em Nova York, Londres e Tóquio estão em absoluta negação. Se a orientação é gratuita e você paga pelo negócio realizado, o que me impede de telefonar a minha corretora pedindo orientação e depois fazer negócio pela Internet? Quanto tempo ela vai levar para perceber? Recentemente estive conversando com um grupo de banqueiros particulares. O conselho que lhes dei foi começarem a analisar os telefonemas e compartilhar volumes. Muita gente vai lidar com as corretoras só para manter amena a relação – um negócio hoje, outro amanhã –, enquanto recorre mais às transações por computador.

Agora as comissões estão tão baixas que as pessoas estão entrando e saindo do mercado durante o intervalo do café – e obtendo lucros. Mesmo o menor movimento no preço das ações faz valer a pena especular, quando as operações são basicamente gratuitas. Uma vez que de 12 dólares ou menos os preços por transação caíram a preços fixos, para os grandes bancos o montante se torna demasiadamente pequeno para compensar recolhê-lo. Transforme a operação em completamente gratuita para o cliente, mesmo perdendo dinheiro, e procure atraí-lo a voltar em busca de outros serviços pelos quais você irá cobrar, como uma abrangente administração de carteira de ações ou empréstimos comerciais. Depois da quebra das empresas pontocom em 2000/2001, alguns banqueiros se sentaram e relaxaram, na ilusão de que a ameaça, de certa forma, se dissiparia – mas ela está crescendo a cada dia.

A morte das Bolsas de Valores nacionais

Os dias das Bolsas de Valores nacionais estão chegando ao fim. As empresas não gostam das Bolsas porque os negócios globais que realizam ultrapassam a capacidade de uma Bolsa isolada. Os investidores não querem as Bolsas – eles querem negociar on-line 24 horas por dia. A tecnologia não precisa delas – porque um simples servidor num edifício consegue lidar com todos os cliques de mouse. Podemos esperar dezenas de novos mercados virtuais de 24 horas, dos quais um ou dois irão adquirir rápida influência global. Nesse meio tempo, esperem 30 Bolsas de Valores tradicionais da Europa reagirem com vários graus de apatia ou de alarme, e com uma série de novas alianças e parcerias. Podemos esperar não mais de 10 sobreviventes em 10 anos. As Bolsas de Valores virtuais vão cortar em mais de 85% os custos de operação, encorajando o risco, o crescimento dos volumes e uma enorme liquidez – que será o mais importante fator de sucesso.

A morte das Bolsas de Valores – negócios on-line

- 12 dólares por um volume ilimitado de ações.
- Pequenos investidores recebem no terminal as cotações atuais.
- Compra/venda no local de trabalho durante o intervalo do café.
- Negócios com zero de comissão serão comuns.
- Faça seu próprio cibermercado.
- As empresas vão começar a vender suas próprias ações pela Internet.
- As Bolsas de Valores nacionais começam a morrer.
- Uma Bolsa de Valores global – virtual.

As corretoras tradicionais estão enfiando a cabeça na areia. Elas imaginam que o fator "confiança" vai salvá-las, que as pessoas vão ficar demasiado apavoradas de fazer grandes negócios no computador. Isso pode ter sido verdade em 2003, mas não será no futuro. De toda forma, quando as comissões são baixas ou nulas, um cliente pode diluir o risco entre um grande número de negócios menores.

O fato é que a tecnologia significa que os investidores não permitirão que lhes sejam cobrados milhares de dólares anuais para algum corretor clicar o mouse para eles num computador em um escritório em algum lugar. Tem gente que alega que altos executivos ricos e ocupados simplesmente não têm o tempo ou a energia de ficar brincando no computador para comprar e vender ações. Talvez seja verdade para muitos, mas todos eles têm secretárias, estagiários ou filhos adolescentes para fazer isso em seu lugar. Portanto, o futuro dos corretores se encontra naquilo em que são peritos: em dar orientação especializada, que permita entender todos os dados. Mas os clientes estarão dispostos a pagar por um telefonema o preço necessário? Poucos irão pagar por uma consulta telefônica o que teriam pagado anteriormente, sob forma de comissão, por um negócio lucrativo. Podemos esperar ver muitas corretoras de valores de porte médio e menores cortarem custos operacionais e lutarem para se diversificar.

Finanças por atacado, administração de riscos, todas as áreas serão afetadas em grau maior ou menor pelo ciberespaço. Até aqueles clientes que insistem em fazer todos os seus negócios de forma convencional estarão contando com o acesso instantâneo a relatórios e análises, via Internet. E a pressão pelo desempenho está crescendo – dificilmente uma empresa de investimentos consegue superar os fundos que acompanham um índice representativo do mercado, depois de deduzidas as despesas administrativas. Tudo depende de quem faz parte da equipe – e esta fica mudando o tempo todo, pois seus integrantes migram para a concorrência.

Serviço é o nome do jogo

Como em qualquer outra indústria, o nome do jogo é prestação de serviço. Não pode haver nenhum outro caminho para o sucesso em longo prazo, a não ser que você esteja competindo só nos preços, coisa que se tornará cada vez mais difícil. Quando o público deixa de usar os bancos para operações bancárias ou os corretores para operações de corretagem, o que ele vai querer? Quando um executivo médio de uma grande empresa tem acesso instantâneo aos dados mundiais em volumes assustadores, pode-se garantir quase por definição que estará mais atualizado que seu orientador, em termos do assunto sobre o qual deseja falar.

Portanto, serviço de valor agregado é uma visão de mundo bem elaborada, e coloca todos os novos acontecimentos num quadro global que tem lógica – para todo mundo. Isto é o futuro. Clientes assoberbados pelo ruído de fundo dos fluxos de dados desejam informação valiosa, e não somente dados. Quanto mais dados, maior a confusão.

Investimentos pesados em tecnologia

Nenhum sobrevivente pós-milenar vai sobreviver em boa forma sem um investimento pesado e contínuo em tecnologia. O problema é que a maior parte das diretorias de empresas não tem conhecimentos de tecnologia da informação, ou seus integrantes são tão idosos que estão desconectados e desatualizados. Como poderia uma empresa continuar competitiva se pessoas assim são sua principal fonte de visão sobre as novas tecnologias? Logo, parte do investimento em tecnologia é a aquisição de uma visão tecnológica: comunicadores de alto impacto que têm visão de longa distância; gente capaz de nos ajudar a enxergar para além das ferramentas que temos hoje.

A tecnologia está mudando tão depressa que o simples fato de planejar com as ferramentas de hoje e os novos modelos do ano que vem, ou até mesmo do ano seguinte, deixará as empresas muito defasadas.

Quem acertar com freqüência fará fortuna

A previsão de tendências no futuro está muito distante do que foi nos anos 70 ou 80, quando havia muito menos incerteza. Num mercado globalizado existe uma quantidade de variáveis grande demais para permitir que funcionem de forma confiável os retrospectos e prognósticos. Os que visualizaram o ciberespaço antes que este nascesse foram visionários radicais, pesquisadores que brincavam com modems primitivos, linhas telefônicas ruidosas e conexões perdidas, hackers excêntricos que sonhavam o impossível porque seria divertido. Eles eram gente a quem não tolhia a obrigação de lucrar.

Tal é a razão de os economistas não serem bons futurologistas no tocante a novas tecnologias, e a razão de tantas diretorias de grandes empresas enfrentarem tamanha dificuldade quando se trata de dar um salto quântico em mentalidade.

A mentalidade do segundo milênio nunca nos levará aonde precisamos ir. Somente produzirá versões aperfeiçoadas de produtos do segundo milênio, para uma espécie moribunda de pessoas idosas do segundo milênio. Esperem ver algumas empresas inesperadamente arrancando os cabelos em desespero e abandonando por completo a corrida do terceiro milênio. A lógica será a de que eles resolveram aceitar a inevitabilidade de um negócio moribundo, com os volumes em declínio, mas continuando lucrativa pelo tempo possível com produtos selecionados e marketing de nicho. Certas instituições vão preferir a morte à mudança.

Um idoso membro do conselho diretor de um das mil empresas da revista *Fortune* me confessou recentemente: "Ainda bem que estou me aposentando, para não me ver obrigado a enfrentar essas decisões." O problema é que ele não se aposentou, não tomou a decisão e está impedindo que outros o façam.

"O que podemos fazer?", pergunta outro executivo de alto escalão. "Sabemos que nossa indústria está morrendo."

Podemos esperar ver muitos outros comentários fatalistas: conselhos diretores inteiros que tentam convencer os acionistas de que a maior lucratividade será desescalar cada vez mais e depois vender a empresa, em vez de assumir riscos enormes em áreas desconhecidas ao lado da feroz competição.

Mais opções mantidas em aberto

O monitoramento paralelo dilui o risco. Pense numa companhia de seguros que até hoje tem estado relaxada e cética, observando a concorrência "desperdiçar muito dinheiro" construindo vendas pela Internet. Se essa empresa mudar de idéia amanhã de manhã e decidir que, afinal de contas, precisa mesmo começar a usar a rede como um grande veículo de vendas, o problema é que depois daquele começo do zero provavelmente serão necessários até dois anos para alcançar o ponto onde se encontra hoje a concorrência.

Uma empresa inteligente de monitoramento paralelo estabeleceu um site que colocou no ar como um piloto de custo relativamente baixo, com muitos artigos e inovações, além de um vasto leque de funcionalidades, entre as quais encomendas, interações das equipes e, talvez, até videolink e telefonemas internacionais via Internet.

Segurança na Internet

A indústria de segurança na Internet está florescente, com centenas de produtos e empresas. As fraudes na rede custaram 1,6 bilhão de dólares em 2000, e espera-se alcançarem entre 15 e 30 bilhões de dólares em 2010. A segurança é uma questão vital para qualquer indivíduo e empresa que utilize a rede. Será que alguém consegue interceptar minhas mensagens eletrônicas? Os detalhes de meu cartão de crédito estão em segurança? Entretanto, quando se trata de segurança on-line, só importam três questões:

- Confidencialidade – A linha está a salvo de ouvintes?
- Autenticação – O computador realmente faz parte de um banco? O outro comprador realmente pertence ao cliente?
- Identificação – O usuário do computador do cliente é realmente o cliente?

Mas também precisamos perguntar o grau de segurança de outros sistemas, antes de exigir uma solução excessivamente cara e inconveniente para os sistemas on-line. Os sistemas disponíveis hoje oferecem à segurança muitos fatores maiores que os obtidos com instruções normais de telefone, fax ou e-mail. Uma pesquisa feita nos Estados Unidos mostra que à maioria das pessoas se preocupam mais os detalhes pessoais se tornarem públicos que fraudes concretas. O fato é que, todo mês, milhões de pessoas a mais dão o salto, ao fazerem sua primeira compra pela Internet, ou ao transmitir por e-mail informação altamente confidencial. Este é um canal no qual podemos confiar, desde que seja usado com sensatez, por exemplo, criptografando mensagens quando necessário, usando tecnologia que as tornas praticamente indecifráveis, exceto pelos supercomputadores do governo após semanas ou meses de trabalho.

O BIG BROTHER ESTÁ DE OLHO

O livro *1984*, de George Orwell, apresenta uma visão assustadora de como um ditador pode utilizar a tecnologia para controlar milhões de pessoas. Mas as ferramentas disponíveis em nossos dias já são muito mais avançadas do que as previstas por Orwell.

Com a tecnologia atual, seria barato e prático colocar uma câmera minúscula e um microfone em cada cômodo de cada casa, conectar esses aparelhos na Internet, permitindo ao Big Brother ligar e interrogar os moradores. O aumento de custo da construção dos novos edifícios seria desprezível.

A privacidade já morreu há muito tempo. Recentemente, fiz uma demonstração dos mais novos dispositivos de espionagem aos executivos de uma empresa porque eles, desconhecendo o problema, ficavam ingenuamente vulneráveis a ataques. Câmeras coloridas de alta qualidade, ocultas no cabo de uma pequena chave Philips, canetas que transmitem um som perfeito a uma distância de até 500 metros, microfones mínimos ocultos em tomadas que permitem a escuta do outro lado do mundo, por meio da Internet, aparelhos capazes de decodificar até chamadas digitais de celular – considerados seguros.

Durante a leitura, coloquei uma escuta num dos participantes sem que ele percebesse. Entreguei então o receptor a cada um dos outros participantes. O som era tão perfeito que eles nem sequer puderam perceber quem estava carregando a escuta. Ficaram horrorizados quando revelei que o aparelho, de tão difícil detecção, poderia ser levado pelo portador diretamente para o hotel e que, sentado naquela sala, a 500 metros de distância, eu seria capaz de ouvir cada palavra dita por ele e até mesmo saber os programas de televisão assistidos. Ele começou a procurar na pasta, mas estava circulando com o aparelho no próprio corpo, e mesmo com ajuda foi incapaz de encontrá-lo.

Por um preço relativamente baixo, é possível comprar um aparelho de escuta a laser, capaz de transmitir conversas de dentro do escritório para uma distância de até 500 metros, lançando pela janela um feixe de raios laser. A vibração da janela altera os sinais luminosos recebidos.

Portanto, você vai ouvir muito mais sobre leis de proteção à privacidade, sobre vigilância, criptografia e outros temas relacionados. Contudo, as leis não conseguirão impedir invasões por indivíduos decididos a roubar os segredos mais bem guardados da sua empresa. Informação que influencia o mercado de ações vale dezenas de milhões de dólares. Uma única frase que se escute já basta.

Escutas são difíceis de localizar por meio de aparelhos. Elas podem ser ligadas e desligadas por meio de sinais de rádio enviados de um ponto de observação do outro lado do mundo. Cinco minutos depois da hora de início de uma reunião a escuta é ligada – durante alguns segundos. Se a sala estiver silenciosa, a escuta é desligada novamente. Se quem estiver na escuta atacar durante a reunião, começará a monitorar. Ao final da reunião, o grampo é de novo desligado. Um transmissor desse tipo nunca será detectado por uma busca realizada antes ou depois da reunião, senão mediante uma análise muito cara e sofisticada, que tente localizar ecos de freqüência que poderiam vir de um microfone. A varredura pode levar boa parte do dia e, teoricamente, deve ser repetida toda vez que a sala de reuniões for utilizada. A maioria das escutas é instalada por funcionários; portanto, não basta vistoriar os visitantes. Além disso, é impossível revistar os visitantes em busca de escutas sem deixá-los nus – ou em situação mais embaraçosa.

Seu próprio pessoal é a maior ameaça à segurança

Poucos membros de diretorias entenderam as implicações disso tudo. Eles, ingenuamente, confiam em guardas e fechaduras eletrônicas. Faxineiros, secretárias, empregados do primeiro ao último escalão podem ser tentados por somas consideráveis de dinheiro. E você jamais saberá com que freqüência isso acontece, pois dificilmente os concorrentes dirão quantas vezes atacaram, mesmo presumindo que o saibam. Quando se trata do mercado, as variações nos preços das ações podem levantar suspeitas, mas outras formas de espionagem são muito mais difíceis de detectar.

Podemos esperar por medidas novas e agressivas de contra-espionagem, um outro nome para o ato de espionar seu próprio pessoal. Escutas em escritórios, câmeras ocultas, ligações telefônicas secretamente gravadas, correspondência interceptada, e-mails e mensagens de fax duplicadas, redes que rotineiramente analisam cada byte de cada disco rígido. A espionagem dos empregados na própria residência e a vigilância clandestina deixarão os grupos de direitos civis de cabelo em pé. Muitos outros dilemas éticos serão suscitados quando as equipes de vigilância descobrirem mais do que estão procurando, como, por exemplo, indícios de outros crimes graves ou de envolvimento com atividades terroristas.

Em muitos países não é delito escutar secretamente conversas no próprio telefone ou na própria sala. Portanto, é perfeitamente legal a colocação de "grampo" no escritório de uma empresa, se autorizada por seus dirigentes. Espionar os empregados nas próprias casas é ilegal. Gravar conversações telefônicas de equipes de televendas, contudo, é uma prática completamente aceita "para controle de qualidade". Esperem isso se estender à aceitação de que uma empresa que paga salário a um empregado tem todo o direito de observar o comportamento dele no trabalho, para lhe monitorar o desempenho, esteja o empregado consciente disso ou não.

Em 1996 o Congresso finalmente considerou criminosa a espionagem econômica, quando uma corporação ou instituição rouba informação de outra. Com o fim da Guerra Fria, as agências de espionagem estrangeira, inclusive (no passado) a CIA, estão se voltando cada vez mais para a espionagem econômica. A própria CIA declara que cerca de 20 países estão tentando roubar tecnologia uns dos outros, ou segredos industriais dos Estados Unidos.

Segurança biométrica

No futuro, bancos, empresas de aviação, agentes de imigração ou ditadores saberão exatamente quem você é, pela configuração dos vasos sangüíneos em seu fundo de olho, quando você olhar fixo para uma tela – característica tão exclusiva quanto uma impressão digital (as impressões digitais também podem ser escaneadas). Movimentos quase imperceptíveis da íris provam que se trata de um ser vivo e não de uma fotografia de alta resolução. É claro que sempre haverá muita gente oferecendo maneiras de driblar esses aparelhos. Podemos esperar a continuação da escalada frenética de medidas de segurança e ataques, com alegações e contra-alegações da parte dos especialistas da indústria e das hordas de hackers anarquistas.

Podemos esperar por uma nova supergeração de malucos da tecnologia que dedicam seus dias a furar sistemas de segurança eletrônica. Alguns serão terroristas, outros apenas ex-estudantes entediados; porém, alguns estarão recebendo imensas quantias de grandes empresas, que os recrutarão para atacar os sistemas de segurança da própria empresa, com o intuito de testá-los. Outros serão agentes autônomos, movendo-se num mundo nebuloso onde suas descobertas são vendidas por dinheiro fácil.

O banco A recebe um telefonema do anarquista B, que afirma poder provar a transferência, na noite anterior, de 45 mil dólares da conta pessoal de um cliente para a de outro, e de novo à conta original. Ele ameaça que se não for recompensado pelo esforço feito para "testar a segurança do banco" (de graça), contará o episódio à agência de notícias Reuters. O banco paga, em vez de se arriscar a passar vexame.

Pouquíssima gente é processada por quebra de segurança bancária. Na maioria dos casos o culpado é um funcionário, que é demitido e recebe excelentes referências para se empregar em outro banco. O caso inteiro é abafado. A polícia não é notificada. Seis meses depois a história se repete. Esse padrão é comum.

Quando falo sobre o futuro, o público me confia os valores e preocupações que tem. Aonde nos levará tudo isso? Que espécie de mundo estamos criando? Encontraremos as respostas no capítulo final.

OUTRAS CONSEQÜÊNCIAS DA SOCIEDADE EM REDE

O vício da Internet

Então, o que é real? A realidade cibernética é tão real quanto o é a vida ao telefone, no caso de uma interação com um grupo de indivíduos que estejam assumindo as próprias identidades em diferentes partes do mundo. Mas, e as identidades falsas? Será que as pessoas podem ficar tão presas ao ciberespaço que para elas toda a vida terrestre cesse de ter significado? Para uma minoria, a resposta é sim, de acordo com um recente congresso da American Psychological Association sobre o vício da Internet.

Esse vício está se tornando um problema médico catalogado: a Internet é o que há de mais importante na vida. É desejar estar constantemente on-line, sentir-se estimulado pelo uso, necessitar passar cada vez mais tempo navegando, ter síndrome de abstinência, passar por conflitos com o trabalho e a família. Um novo grupo de apoio chamado Caught in the Net (Preso na rede) foi criado para ajudar nesses casos.

Mas, por outro lado, a telenovela também causa dependência e foi considerada a principal razão de as famílias deixarem de fazer as refeições juntas. Elas foram acusadas de promover uma nação de "ruminantes e comedores de bobagens" com milhões comendo em silêncio diante da tevê.

A tecnologia impulsionando a todos

Os carros de amanhã serão controlados por computadores, com reguladores automáticos de velocidade, sensores de estrada, radares e câmeras para detectar os veículos à frente ou atrás. Os carros estarão totalmente conectados, podendo receber avisos sobre mudanças do clima enviados pela ativação do limpador de pára-brisa dos carros à frente, fazer pagamento antecipado de pedágios, reservar quartos de hotel, fazer ligações por videolink para casa ou para o escritório e enviar automaticamente informações sobre o progresso da viagem a quem precise saber onde você está, e quando vai chegar.

Veremos comboios nas estradas, inúmeros automóveis ligados por cambão eletrônico. Os estudos mostram que podem ser aumentados os volumes de tráfego e as velocidades. Aqueles que saírem da pista poderão ser identificados eletronicamente e multados antes mesmo de chegarem em casa. Entretanto, hackers podem tumultuar tudo isso: um simples toque numa tecla pode criar o caos na rede viária do país.

O grande debate será sobre cobertura de seguro e aceitabilidade. Já existe tecnologia para tudo isso, mas os fabricantes de automóveis temem que um único engavetamento na estrada tenha o mesmo efeito de um incêndio no Eurotunel, com a decorrente perda de confiança e quedas nas vendas.

Biochips e seres biônicos

Os salmões já estão sendo marcados com chips implantados sob a pele, e o mesmo está acontecendo aos animais domésticos. Nos peixes, quando viajam rios acima ou abaixo, os marcadores lhes transmitem a identidade para estações de monitoração. Os chips não precisam de uma fonte interna de energia, sendo ativados por campos magnéticos externos e internos, além de durarem para sempre.

Podemos esperar por uma marcação generalizada de seres humanos para fins de identificação e controle em 2010. O primeiro passo já aconteceu, com os relógios Swatch informando a outras máquinas quem você é, quando você se aproxima delas. Tenho um relógio que me permite ser cumprimentado pelo nome, ao me aproximar de um computador, e a minha conta de correio eletrônico ser aberta automaticamente. O próximo passo é tirar o chip do relógio e colocá-lo sob a pele. Ativado pelos campos magnéticos a meu redor, ele não precisará de baterias.

Podemos esperar os agentes de liberdade condicional e outros grupos de "controle" utilizarem essa tecnologia para fazer a vigilância eletrônica dos movimentos de indivíduos, como alternativa consensual à prisão.

A biologia pode impulsionar os computadores de amanhã. O laboratório de ciência da computação do Massachusetts Institute of Technology (MIT) está pesquisando computadores de DNA, fazendo uso da incrível miniaturização das células, em cujo núcleo está compactada a planta para a criação de um ser humano completo. Isso, provavelmente, está a 20 ou 30 anos de distância – talvez menos.

A inteligência artificial de amanhã será representada por robôs autodidatas, capazes de formar pensamentos novos e de fazer novas sugestões, de pensar criativamente – pelo menos darão essa impressão a quem interagir com eles. O MIT espera que em 2020 o Cyc, uma nova criação, seja capaz de dirigir seu próprio laboratório de pesquisas, projetando experiências originais para descobrir novos conhecimentos.

A Sony acredita que um dia estaremos carregando pequenos dispositivos de bolso, com carinhas sorridentes com as quais possamos conversar e interagir, pessoas que criaremos para que nos façam companhia e nos forneçam contato. Enquanto isso, milhões de crianças já terão crescido na companhia de animais de estimação virtuais, de bolso, que exigem (por um sinal sonoro) atenção durante a noite ou na escola, necessitando "comer", "beber água", "tomar banho" e "fazer exercício" para não sofrerem morte prematura.

A rede da BT já está desenvolvendo sua própria inteligência, constantemente mandando "formigas" eletrônicas para testar a velocidade de diferentes rotas, e comutando quase instantaneamente o tráfego em percursos que costumavam necessitar de alguns minutos.

Informática

Vamos ouvir muito mais sobre a informática, que combina ciência da computação com inteligência artificial e ciências cognitivas – construindo robôs para limpar corredores de hospitais, cortar a grama, limpar tapetes ou trabalhar no campo. Os resultados até agora foram primitivos. O robô-faxineiro do hospital Northwick Park, em Harrow, na Inglaterra, teve que ser aposentado depois de problemas com pessoas e outros obstáculos.

Outro exemplo são os analisadores de texto que condensam documentos de 50 mil palavras num resumo de dois parágrafos – automaticamente – apresentado em perfeito inglês. Eles trabalham analisando frases e idéias comuns.

Portanto, para onde quer que olhemos, o mundo está ficando mais rápido, impulsionado pela tecnologia e pelas comunicações. Precisamos de uma estratégia prática para sobreviver aos desafios da administração – e para sobreviver como indivíduos.

DESAFIOS ADMINISTRATIVOS

Qual o grau de flexibilidade de sua empresa?

- Sua empresa consegue se adaptar bem e mudar na velocidade necessária para sobreviver?
- De que estratégias você dispõe para acelerar a adoção de mudanças?
- Você está usando treinamento, seminários, workshops e conferências em quantidade suficiente para estabelecer a nova cultura na empresa inteira?

- Você está usando visionários e motivadores, comunicadores de alto nível capazes de dizer algumas das mais duras verdades difíceis de dizer ao pessoal interno?

Planejamento paralelo

- Como o planejamento leva mais tempo do que os acontecimentos, você investiu tempo suficiente para planejar em paralelo?
- Você sabe o que fazer, e quando, se uma situação mudar de repente?
- Esses resultados estarão concretizados na velocidade necessária ou é preciso fazer agora mais investimento paralelo?

Telecomunicações

- Você está obtendo o máximo rendimento do dinheiro investido em telecomunicações?
- Considerando-se a guerra de preços, com a situação mudando a cada mês e a facilidade de transferir os mesmos números de telefone de uma operadora para outra, qual foi a última vez que você reviu suas vantagens na compra por atacado?
- Qual é a política de sua empresa para celulares?
- Qual é a política da sua empresa para telefones via satélite?
- Você cogitou de equipar gratuitamente todo o corpo funcional e os clientes importantes com videofones móveis de bolso que também são computadores?
- Você cogitou de colocar no orçamento, sob o título "comunicações", as despesas de telecomunicação e de passagens aéreas, para estimular a conversão de viagens aéreas dispendiosas em ciberlinks de alta tecnologia e outros recursos tecnológicos de comunicação?

Terceirização de call-centers

- Que parcela de seu tráfego telefônico de entrada poderia ser tratado por terceirizar um call-center altamente qualificado e dedicado?

Venda cruzada

- Você tem os recursos adequados para fazer venda cruzada inteligente, combinando dados de produtos com perfis de consumidores, disponíveis no momento de qualquer contato?

Acesso e uso da Internet

- Todos os seus empregados têm acesso a um sistema de correio eletrônico eficiente e seguro, interno e externo? Todos eles têm acesso à Internet?
- Você monitora abertamente atividades e visitas a sites da Internet, com o fim de desencorajar abuso?
- Você está aproveitando as vantagens dos dados on-line gratuitos ou de baixo custo, tais como as cotações do mercado de ações gratuitas e em tempo real?

O valor de um website

- Você tem tanto orgulho de seu site (seu QG virtual) quanto do seu QG real?
- Ele, efetivamente, promove a sua empresa?
- Como ele se comporta em comparação com seus principais concorrentes?
- O que é necessário para que ele se torne uma vantagem significativa sobre a concorrência?
- Qual é sua estratégia qüinqüenal para a Internet? Você está mantendo opções suficientes em aberto?

- Você explorou adequadamente novas sociedades e parcerias para se manter na tendência dominante e bloquear os outros?
- Aqueles que tomam as decisões conseguem perceber inteiramente a urgência com que o mercado global está sendo dominado?
- Seu website ainda poderá ser encontrado depois que a Microsoft e outros começarem a desenvolver o canal com tecnologias avançadas?
- Como você está promovendo seu site?
- Como você está monitorando a atividade em seu site?
- Você sabe quais são as páginas mais populares e por quê? Sabe por onde as pessoas entram e onde perdem o interesse ou se cansam?

Criptografia e segurança

- Você está usando chaves criptográficas suficientemente longas?
- Você está usando criptografia em todos os lugares que deveria?

Futurologia

- Em sua empresa, quem são os visionários e os motivadores capazes de dar direção e propósito à revolução?
- Eles têm perfil e plataforma suficientes?
- Quem está enxergando além dos simples melhoramentos na tecnologia atual, para lhe ajudar a se preparar para as tecnologias da próxima geração, das quais poderá depender o futuro de toda a sua operação?

Gestão do conhecimento corporativo

- Como está sendo gerido o capital intelectual e o conhecimento de toda a sua organização?

- Você está utilizando o poder da Internet de forma adequada para se manter à frente?

Evitando a sobrecarga

- Quem está resumindo tendências e dados?
- Eles entendem suas prioridades?
- Você dispõe de uma publicação ou sumário decisivo que o mantenha em dia com as mudanças mais importantes?
- Seu elenco-chave é treinado em leitura dinâmica/varredura de texto?
- Você está se mantendo em dia com a velocidade das novas tecnologias – você precisa de ajuda?

Investimento em multimídia

- Sua empresa está se saindo bem numa era de multimídia – tanto em reuniões com acionistas quanto em apresentações individuais?
- Você tem a tecnologia certa nos lugares certos? Por exemplo, tem projetores de dados com resolução suficiente e recursos de som adequados?
- Seu pessoal sabe criar apresentações de alto nível em multimídia?
- De que tipo de suporte próprio sua empresa dispõe?

Realidade virtual

- Você avaliou o potencial da realidade virtual – desenvolvimento de produtos, promoção de produtos?

Reação contra robôs

- Você está preparado para a crescente reação contra os sistemas de resposta automática com seleções ativadas por apertos de botões ou por voz? E contra o correio de voz?

Reconhecimento de voz

- O reconhecimento de fala contínua é uma das mais importantes ferramentas de escritório a emergir. Quem está avaliando tais sistemas para sua empresa e como serão alterados conseqüentemente os métodos de trabalho?

A revolução dos serviços financeiros

- Sua empresa está preparada para a completa mudança de paradigma em todas as áreas relacionadas com as finanças e a gerência financeira?

Escutas e vigilância

- Qual foi a última vez que sua empresa realizou o exame médico corporativo com vistas à espionagem comercial?
- Qual é o grau de vulnerabilidade do seu negócio caso a concorrência escute as reuniões de diretoria e outras conversas?
- Seu alto escalão tem consciência da facilidade com que pode ser comprometida a própria confidencialidade?

DESAFIOS PESSOAIS

Como você administra as mudanças rápidas e constantes?

- Se você acha estressante a mudança contínua, considere criar já áreas de estabilidade em sua vida e investir nelas. Então, verá que as áreas mais mutáveis se tornam menos problemáticas. Os amigos, a família, uma coleção de livros favoritos, seu jardim, um jogo regular de golfe – crie sua própria área de mudanças lentas. Quanto maior sua estabilidade pessoal, mais depressa você conseguirá integrar mudanças sem sofrer sobrecarga de estresse.

Acompanhando tendências

- Como você se mantém em dia com as novas tendências?
- Quais jornais você lê?
- Você está fazendo uma leitura rápida do conteúdo das suas "revistas do ramo"? Elas quase sempre avisarão as mudanças com antecedência.
- Você se inscreveu para receber as últimas notícias – um e-mail a cada dia ou hora, contendo somente itens que contemplem seus interesses? Num mundo de rápidas mudanças, receber informação vital um dia antes dos demais pode ser a diferença entre sucesso e mera sobrevivência.

Continue aprendendo

- Quando foi a última vez que você aprendeu alguma coisa nova e não relacionada ao que você "faz"? Faça um alongamento de seu cérebro, renove-se, faça ginástica mental, seja interessante. Quanto mais amplos seus horizontes, maior será sua visão de futuro.
- Você está passando tempo com gente que o estimula a pensar de forma mais abrangente?
- Quando foi a última vez que você reservou tempo para pensar lateralmente, fora dos padrões, fora do escritório, com gente externa a sua própria área de conhecimento e de trabalho?

Faça seus computadores trabalharem mais

- Os computadores o deixam apavorado ou estimulado? Essa área é tudo ou nada para o seu sucesso futuro; portanto, esteja onde estiver, vá mais fundo. Aprenda com os outros, em vez de batalhar isolado. Assegure-se de que o seu conhecimento de computação está pelo menos dobrando a cada ano, para se manter em dia com o crescente poderio dos computadores.
- Você consegue digitar? Nos próximos 10 anos será importante saber usar o teclado, então procure ficar mais rápido com um programa-tutor de digitação.
- Você está usando os mais modernos sistemas de reconhecimento de voz?
- Você dedicou tempo ao ajuste de seu padrão de fala para obter mais precisão?

Evite o esgotamento

- Como você está evitando o esgotamento?
- Quantos feriados de qualidade você faz? Faça todos que puder. Quanto mais depressa você corre, mais precisa de tempo de recuperação. É nesses intervalos que surgem as melhores idéias.
- O que você faz para relaxar? Lembre-se de que está planejando para o longo prazo.

Duvide dos últimos modismos

- Você é muito dependente das novas teorias gerenciais?
- Qual é a *sua* teoria gerencial – ela funciona?

Liberte-se do escritório

- Por que você ainda está dependente da atividade de escritório?

- Ela realmente melhora seu desempenho diário?
- Quanto tempo você economizaria se trabalhasse em casa pelo menos um dia por semana?
- Você realmente precisa de uma mesa só para si?
- Sua casa tem linhas telefônicas suficientes para facilitar o teletrabalho? Você tem um fax em casa com linha dedicada?
- Você está a par das facilidades oferecidas por seu telefone celular – e ele é atualizado, tem os últimos recursos de comunicação?
- Você já pensou em ter um telefone móvel via satélite para localizações remotas?
- Que tal um equipamento de bolso com integração completa de telefone, computador, fax, e-mail, navegador de Internet, agenda e processador de texto? Compre um, pagando o mesmo que pagaria por uma máquina de fax, e administre um escritório virtual por meio dele; use-o para teleconferências e dirija o mundo, estando em um barco, carro, trem ou bicicleta.

Desfrute da tecnologia mais avançada

- O computador que usa é suficientemente novo e possante para manter você focalizado na tecnologia mais avançada?
- Ele tem os últimos recursos de multimídia e comunicações?
- Além dele, você tem um computador portátil com uma grande configuração – vital para trabalho virtual completo? Compre o seu!
- Ele tem acesso à Internet em banda larga e recursos de vídeo? Conceda-se um desses e se mantenha na dianteira.

Prepare-se para o desastre digital

- Seu computador tem recursos potentes e confiáveis para fazer cópias de segurança e você os utiliza todo dia?
- E seu organizador pessoal?

- Você conseguiria sobreviver ao roubo de todo o equipamento de computação do seu escritório, e todas as cópias de segurança dele?
- Seu trabalho pessoal sobreviveria a um grande incêndio no escritório?
- Você está devidamente protegido contra vírus de computador, inclusive os da Internet?
- Já pensou em usar um programa de criptografia para maior segurança no envio de mensagens eletrônicas?

Continue a navegar

- Você tem uma conexão de Internet bastante rápida em casa, onde tem mais possibilidade de aprender sobre as tecnologias da Internet?
- Você passa pelo menos uma hora por semana na Internet, como parte de seu desenvolvimento profissional?
- Você já explorou completamente novas áreas da Internet, tais como tevê multimídia e videolink permanente?
- Quando o fez?

Declare guerra ao papel

- Com que rapidez você está rumando a um escritório sem papel?
- O arquivamento de papéis diminuiu ou aumentou em seu escritório, nos três últimos meses?
- Você fez compras pela Internet, e baixou programas?
- Você já experimentou trabalhar ou compartilhar documentos por meio de programas como o NetMeeting? Ou fez chamadas de longa distância ou videolinking pela Internet?

Fique olhando para a câmera

- Você já tentou usar uma suíte de videoconferência?
- Você sabe realmente como se comunicar utilizando esse meio?
- Você sabe como preencher a tela com a cabeça e os ombros, ajustando sua posição e a da câmera?
- Você olha diretamente a câmera quando está falando, para obter um contato visual – ou passa a maior parte do tempo olhando para outra pessoa, ou para sua própria imagem? Os olhos são as janelas da alma – use-os. Não espere resultados dos videolinks se você dá impressão de estar o tempo todo olhando para outra coisa. Na comunicação virtual, a aparência é tudo. Chegue cedo, pratique com um amigo, invista tempo em socializar, como faria numa reunião presencial. Não se apresse, desfrute a companhia. Crie espaços compartilhados.

Esteja alerta

- Qual é o grau de segurança do seu escritório em relação a escutas e outras formas de invasão de privacidade?

Dez estratégias para dobrar a produtividade pessoal com custo zero

1. Melhore sua velocidade de digitação/use reconhecimento de voz.
2. Um bom programa de e-mail – devidamente configurado para classificar e arquivar automaticamente as mensagens.
3. Uma disciplina rigorosa para mensagens eletrônicas; por exemplo, banir a maioria dos arquivos anexados – isso o protege de vírus e acelera a abertura das mensagens. E tenha um programa para bloquear as mensagens de spam.

4. Telefone menos, use mais conferências telefônicas, mais mensagens eletrônicas.
5. Prefira as videoconferências e viaje um pouco menos.
6. Encoraje o trabalho em casa entre distintos fusos horários e para escrever documentos mais longos.
7. Encoraje todos a fazerem a gestão da própria agenda e das próprias viagens.
8. Use datafones móveis para Internet, correio eletrônico, "torpedos" e vídeo.
9. Use uma empresa especializada que receba todos os telefonemas e os remeta sob a forma de texto para seu celular.
10. Encoraje o uso de suporte tecnológico pessoal terceirizado, em tempo integral.

CAPÍTULO 2

Urbana

Milhões atraídos pelas luzes da cidade

A segunda face do futuro é urbana – o impacto e os efeitos da urbanização, cada vez maior, e de outras mudanças sociodemográficas.

CRESCIMENTO POPULACIONAL: UMA GRANDE AMEAÇA

Todos falam da explosão populacional, mas o gráfico é na verdade uma linha reta, que se espera ser transformada aos poucos numa linha horizontal. De fato, trata-se de duas linhas somadas: uma população que envelhece e diminui em muitos países ricos e uma população jovem em expansão nos países mais pobres. O crescimento populacional será um grande desafio, um aspecto fundamental e dominante do futuro, produzindo importantes tensões à medida que os países mais pobres se expandem à custa dos países mais ricos, de populações mais velhas e dependentes.

A população mundial, de cerca de 6 bilhões em 2001, irá crescer para no mínimo 8 bilhões por volta de 2025, com 95% do crescimento acontecendo nas nações mais pobres. Essa cota extra de 2 bilhões de pessoas se acumulará porque os índices de nascimentos estão caindo mais depressa do que os progressos feitos em matéria de saúde. Um grande desafio será desenvolver formas de baixo custo para alimentar, vestir, abrigar, prover de energia e água tão grandes quantidades de população, sem destruir o planeta.

O crescimento populacional não pode ser detido subitamente sem criar muitas outras crises, com o grande inchaço populacional de idosos nas gerações posteriores, que farão parecer pequenos os problemas encarados hoje pelos países ocidentais. Muitas nações pelo mundo afora, se não a maioria, têm até 50% da população com idade inferior a 15 anos. Este fato só poderia ser desfeito pela morte catastrófica de grandes quantidades de jovens adultos vitimados por epidemias ou por uma guerra mundial. Ainda que nesses países não nascesse nos próximos 20 anos um só indivíduo, esse inchaço etário garante uma explosão demográfica no número de pais potenciais nos próximos 20 anos.

Mais da metade do mundo vive agora em cidades, das quais muitas são vastas, primitivas e infestadas de doenças, e dotadas de uma infra-estrutura precária. Um grande número delas é megalópole – áreas urbanas com mais de 10 milhões de habitantes –, com extensas regiões de barracos toscos, favelas malservidas de água, sem coleta de lixo, higiene precária, alto índice de poluição, congestionamentos de tráfego, cortes de energia, doenças e baixos investimentos. Esperem a aceleração desse processo de deriva urbana. Apesar de tudo isso, as megafavelas possuem microeconomias muitas vezes prósperas, quer se trate de um empreendedor de pensamento ágil que faz um "gato" na rede elétrica de um poste de iluminação pública e começa a vender eletricidade "por fio" ou um garoto que transporta comida de fora para dentro da cidade num carrinho de mão.

A Ásia tem nove megalópoles: Pequim, Bombaim, Calcutá, Jacarta, Osaka, Seul, Xangai, Tianjin e Tóquio. Em breve serão mais quatro: Bancoc, Dhaka, Karachi e Manila. Esperando na fila estão Lahore, Nova Deli, Bangalore, Madras, Hiderabad, Rangun e Sheniang, no Norte da China. Por volta de 1995, 126 milhões de asiáticos viviam em megalópoles. Em 2025 serão 382 milhões. Àquela altura, a Ásia conterá metade da população mundial.

Jacarta e seus arredores têm uma população atual de 12 milhões, com expectativa de dobrar em 2025. A região passa por freqüentes inundações, excessiva exploração da água subterrânea e poluição atmosférica, além de favelas de alta densidade com pouca infra-estrutura. Estão planejados 10 novos centros urbanos para essa massa humana. Em Bancoc a maior parte das águas servidas é descarregada no sistema de drenagem pluvial com pouco ou nenhum tratamento.

Bem-vindos à megalópole

Grotescos e insustentáveis, os contrastes estão se tornando, porém, cada vez piores. Vejamos o caso de Mumbai (Bombaim), uma cidade duas vezes maior que Londres, de ruas entupidas de trânsito. Cada centímetro de asfalto arrebentado é um emaranhado caótico de carros a arrotar fumaça, de táxis, de ônibus, caminhões e veículos de duas rodas. Nas ruas, de tão congestionadas pelas torrentes intermináveis de gente, por vezes o único lugar onde se pode parar é a sarjeta. O ar quente e úmido é saturado de vapores sulfurosos das estações termoelétricas e da indústria pesada, misturados com monóxido de carbono, dióxido de carbono, poeira e o cheiro forte de corpos humanos.

Ao longo de muitas ruas, até onde a vista alcança, erguem-se barracos humildes, apoiados uns nos outros. Papelão, tábuas, pedaços de plástico azul ou preto, pneus velhos, pedaços de metal corrugado – e cordas para amarrar tudo isso numa só peça. A torneira mais próxima fica a 100 metros de distância. A eletricidade vai até onde vão os postes de iluminação da rua. Toda noite 1 milhão de pessoas não têm sequer um barraco para dormir. Limitam-se a se instalar para o pernoite onde seus corpos cansados tombam na calçada. Ficam deitados como se estivessem mortos, até romper a aurora.

Os contrastes são brutais – entre a rua e os barracos, por um lado, e o milionário das rúpias, pelo outro. Em Mumbai os apartamentos podem custar mais de 1 milhão de dólares, com a favela chegando quase à porta da frente. Entretanto, em cada esquina você pode assistir à CNN nos bares ou nas vitrines de lojas. Não importa a miséria em que se encontrem, os paupérrimos sempre têm diante dos olhos imagens de um mundo além de sua esperança mais delirante, um mundo de afluência exclusiva e inatingível. E parece injusto. Mas também cria uma miragem, que dá a alguns dos mais pobres a esperança de que necessitam para sobreviver.

Mas não estamos falando apenas de Mumbai: esse é o destino de cidades de todo o Sudeste Asiático. Essa é a vida nas megalópoles pelo mundo afora, e constitui um desafio. Quem não vive nelas, vive em outros núcleos urbanos em expansão ou trabalha no campo em agricultura de subsistência, sem muita coisa como etapa intermediária.

Aumenta o abismo entre ricos e pobres

O abismo entre ricos e pobres está se alargando cada vez mais, e muita gente está ficando para trás, particularmente em lugares como a África Central, em que a Aids, a dívida externa e os conflitos/as guerras tribais contínuas e de baixo grau estão prejudicando as economias nacionais.

Em 1965, os 20% do topo da população global tinham uma renda per capita 30 vezes maior que a renda dos mais pobres. Hoje a distância é de 60 vezes. Só um punhado de economias do Leste asiático conseguiu sustentar taxas de crescimento suficientemente aceleradas para reduzir a diferença. Os países de renda mediana – com 40 a 80% da média de todos os países – estão mais escassos que antes.

Desigualdade exorbitante é uma nova forma de dominação

Num mundo de tanta riqueza, é uma vergonha que a quarta parte da raça humana inteira se veja privada do atendimento às necessidades básicas, tais como água limpa ou alimentação adequada. Mais de 60% da população mundial sobrevive com 2 dólares por dia ou menos. Há quase 1 bilhão de analfabetos. Todo dia cerca de 840 milhões passam fome ou enfrentam a insegurança alimentar. Cerca de um em cada três habitantes dos países menos desenvolvidos morre antes de completar 40 anos. Mais de 1 bilhão de pessoas não têm acesso ao fornecimento adequado de água. Podemos esperar uma crescente reação nas nações mais pobres e entre os ativistas das nações mais ricas. Será tão grande quanto a reação ocorrida contra cada vestígio do Império Britânico, registrada durante a segunda metade do século XX. O peso da dívida de muitas das nações mais pobres supera muitas vezes o valor total de suas exportações anuais, e lidar com esse problema será um dos maiores desafios à harmonia global, apesar das tentativas recentes de alívio da dívida, assuntos que examinaremos mais adiante neste capítulo.

Ajuda estrangeira vista como o imperialismo

A ajuda estrangeira pode parecer uma forma de imperialismo, especialmente em vista do fato de que esses mesmos países estão extraindo bilhões a mais em juros da dívida do que é concedido em ajuda. Alguns países têm as economias dominadas pelos programas de desenvolvimento. Em lugares como o Burundi, grande percentagem dos veículos vistos nas estradas pertence a organizações como a Unicef, Save the Children ou ActionAid, sinal de uma economia "dependente de doador".

Não faz muito tempo compareci a uma reunião do Global Programme on AIDS, da Organização Mundial de Saúde, em Genebra. Cada nação doadora estava representada e tinha sua própria prioridade, extremamente diferente das prioridades das nações beneficiadas. Para a maioria do resto do mundo, inclusive a África inteira, só foram permitidos seis representantes. Eles lutaram para fazer ouvir suas vozes acima do coro agressivo e parcial de ministros do governo de países como os Estados Unidos, a Noruega e a Grã-Bretanha. Fórum precário e frustrado, ele acabou sendo substituído pela Unaids. A ajuda estrangeira vem, em geral, com obrigações atreladas, e é usada abertamente para controlar as políticas governamentais dos países receptores.

Também para organizações de ajuda humanitária é extremamente difícil operar em países com dificuldades financeiras sem distorcer as prioridades locais. O líder comunitário tem uma lista de prioridades de 10 itens, que vão de estradas a água e a clínicas. Uma ONG está oferecendo ajuda para alfabetização. A ajuda é aceita e uma nova instalação educacional é erguida. Pode ser útil, mas seria o mais adequado como próximo passo?

A pior pobreza pode ser abolida e, em muitas nações, com notável velocidade. Vejamos a Malásia. Em 1971 o governo criou políticas de crescimento em favor dos pobres. Naquela época, 60% estavam considerados abaixo da linha da pobreza. Em 1993 o número tinha caído para 13%, mas isso foi antes da crise fiscal de 1997. Essas são economias pouco flexíveis e vulneráveis, mas o crescimento econômico pode operar milagres.

Os 10 países mais pobres do
Relatório de Desenvolvimento Humano da ONU:

(O primeiro da lista é o mais pobre.)

Burundi
Madagascar
Guiné
Moçambique
Camboja
Mali
Etiópia
Burkina Faso
Serra Leoa
Níger

Esperem a atenção especial à ajuda para esses países.

A entrada em novos mercados caóticos

Um desafio importante será se adaptar à cultura da megalópole com seus padrões próprios de vida e redes sociais. Podemos esperar as empresas penetrarem aí com novos produtos e serviços e encontrarem novos modelos de gestão. A construção da imagem será importante. Esperemos nova ênfase em responsabilidade social e cidadania global, com mais programas de ação comunitária de alta visibilidade. As empresas que operam nos países mais pobres terão o bom senso de descaracterizar sua vasta fortuna, e cultivar imagens de sobriedade, em vez de extravagância, principalmente no tocante ao estilo de vida da equipe de alto escalão. As empresas que fazem exibição de riqueza estarão sujeitas à crítica nacional, à oposição local e aos conflitos laborais.

Da mesma forma, diante de tais extremos de afluência e de penúria humana, os desafios serão imensos para os indivíduos abastados. Podemos esperar que muitos façam vista grossa, enquanto outros se envolvem numa nova onda de atividade humanitária intensiva, encorajando o crescimento sustentado.

A urbanização chinesa

Um importante desafio para os negócios será entrar na China no momento certo e da forma certa, sem desperdiçar grandes recursos numa economia de mercado embrionária, nem se retirar tarde demais para manter uma vantagem de quem entrou primeiro. Hong Kong e Xangai são portas de entrada.

Com 1,2 bilhão de consumidores potenciais, os investidores estrangeiros despejaram milhões entre 1990 e 2000, porém, passada a euforia inicial, muitas empresas estão tendo problemas. As empresas não podem se dar ao luxo de não estar presentes; no entanto, será difícil ganhar dinheiro. O teórico mercado se dissolve quando você analisa a quantidade de renda disponível. Ainda é uma pequena soma per capita e existe excesso de capacidade em muitos setores industriais, mas este é o momento para aprender.

Um sinal do futuro é o parque industrial Suzhou: uma nova "supercidade" que surgiu em 70km², ao custo de 20 bilhões de dólares de Cingapura, criando moradias e empregos para 600 mil pessoas. As facilidades de Cingapura estão sendo usadas para a construção de centros de tratamento de água, centrais elétricas e residências de padrão do Primeiro Mundo. Foram enviados 220 funcionários chineses a Cingapura, para aprender a administrar uma cidade "ao estilo de Cingapura". Nós precisamos aprender a fazer negócios "ao estilo chinês".

Mas Suzhou é apenas uma pequena amostra de uma revolução maior e mais abrangente. O campo de arroz de ontem é o arranha-céu de amanhã. O investimento estrangeiro em Suzhou tornou-se ininterrupta desde que o governo central sinalizou uma atitude mais relaxada nos anos 80. Cerca de 90 projetos já comprometeram 2,5 bilhões de dólares em capital. A comunidade será limpa, ultramoderna e eficiente, com apartamentos de luxo à beira do lago e escolas de elite, bem como as mais modernas instalações para a indústria. O conhecimento técnico cingalês vem sendo usado intensivamente em tudo, desde o controle de incêndios ao planejamento urbano.

Em outra zona industrial, não distante de Suzhou, a renda média subiu de mil yuan (183 dólares) para 7 mil. Du Pont, Siemens, L'Oreal, Acer, Philips e Sharp estão construindo fábricas da noite para o dia. Mais de 200 firmas de sede estrangeira e mais de mil expatriados se mudaram para a região. O marketing estatal agressivo tem sido ajudado pela isenção de taxas de importação, por exemplo, para encorajar a indústria high-tech. Podemos esperar mais medidas revolucionárias. Trezentos milhões foram elevados acima da pobreza em 20 anos: o que dizer dos próximos 20?

AS CIDADES INDUSTRIALIZADAS NÃO MORRERÃO

Na década de 1970 muitos estavam prevendo a morte de cidades nas nações ocidentais, à proporção que as classes médias se mudassem dali, ajudadas pelas viagens rápidas e pela tecnologia, deixando para trás as classes subalternas e os guetos negros de muitas cidades americanas, que então iriam desmoronar por falta de infra-estrutura. A realidade tem aspectos mistos. De fato, ocorre o oposto em alguns lugares. Vejamos uma cidade grande como Chicago: vistas do alto, algumas partes da cidade parecem um extenso canteiro de obras, à medida que a população vai retornando, em busca de moradia de qualidade nas imediações dos locais de trabalho e das áreas de efervescência.

Londres está viva e atuante

Londres também está vivendo um efeito magnético, firmemente localizada perto do topo da escala mundial em popularidade como lugar de moradia. Restaurantes e bares de degustação de vinhos se multiplicaram, além de complexos de cinemas, hotéis e casas noturnas. Londres se transformou num vasto complexo de trabalho e lazer, oferecendo o melhor em matéria de diversão de categoria internacional para executivos ocupados, 24 horas por dia. Quem realmente desejar viver no campo deve providenciar uma segunda casa, um apartamento em Londres para as noitadas na cidade. A população londrina cresceu 1 milhão em uma década.

Podemos esperar ver ameaçada a popularidade da cidade, na condição de centro global de serviços financeiros, à medida que a sociedade digital for tornando irrelevante a distribuição geográfica. Esperemos uma porfiada luta para permanecer como o principal elemento do jogo cambial estrangeiro, e para consolidar posição, à medida que os principais bancos europeus trocarem operações rapidamente, entrando e saindo dos países. Apesar disso, podemos esperar que Londres mantenha a posição preponderante, próxima do topo, em matéria de empréstimos entre países (atualmente, de 8% do mercado global de 10 bilhões de dólares). Esperemos uma luta para reter a maior coleção mundial de escritórios de bancos estrangeiros. Os ganhos invisíveis líquidos da cidade no estrangeiro superam os 25 bilhões de libras anuais. Podemos esperar o aumento da cifra em termos reais.

Viajantes globalizados se mudam para perto do aeroporto

As viagens aéreas impõem aos executivos globalizados a necessidade de estar perto de um importante eixo de transporte, um grande aeroporto internacional. A vida é demasiado curta para se passar seis horas viajando em qualquer direção, para chegar e sair do aeroporto que você precisa usar três ou quatro vezes por mês – a não ser que você compre seu próprio avião. O "efeito eixo de conexão" também se aplica aos trens de alta velocidade. A maior parte dos eixos mais importantes para conexões se situa nas grandes cidades ou muito perto delas. É nesses eixos que está o lucro. Controle o eixo e controlará o mercado. Adquira os direitos de aterrissagem e liquide a concorrência.

Os excêntricos se mudam para longe, os ricos mantêm a base urbana

Mais uma vez temos uma tendência e seu oposto. A tendência das pessoas é sempre se mudar para cidades por causa da efervescência e das oportunidades oferecidas pela vida urbana: muita gente significa dinheiro para gastar, mercados a explorar, serviços a oferecer. Aqueles que estão cansados da vida da cidade e pertencem à classe média podem se dar ao luxo de ser excêntricos, "retornar à natureza", sair da cidade em busca de uma vida mais verde, de mais segurança, custos de moradia mais baixos, recorrendo ao teletrabalho ou levando consigo escritórios completos.

No entanto, os mais ricos vivem nos dois pólos. Eles têm duas, três, 10 ou 20 casas. Esta é a tendência. E são também muito mais numerosos. Mas podemos apostar que a maioria dessas casas estará em cidades diversas. Por qual outra razão os preços de propriedades residenciais urbanas subiram tanto? O fato é que os pré-milenaristas precisam viver na cidade ou nas imediações, para poder desempenhar sua maior e mais produtiva atividade de geração de riqueza: os encontros cara a cara. Só por volta de 2020 o equilíbrio será dominado pela geração pós-milênio, que conduz negócios de outra forma.

E quando os pré-milenaristas saem do aeroporto, depois de ter viajado meio mundo, eles esperam comparecer a uma reunião em local situado a curta distância de táxi, e não precisar tomar um trem para subir as montanhas, a cento e tantos quilômetros de distância. Portanto, essa fantasia de vida no verde da zona rural não passa disso: é uma fantasia de classe média, para prestadores de serviço com salários médios, ou funcionários do governo que não estão globalizados, e para pós-milenaristas capazes de lidar com uma interminável dieta de reuniões virtuais sem ficar inseguros de que os concorrentes deles "no local" conseguirão vender face a face com mais eficácia. Entretanto, um número cada vez maior de super-ricos conseguirá juntar os dois proveitos, com helicópteros e aviões particulares que ligam em linha direta seus escritórios, casas, hotéis e local de férias, ou por meio de grandes aeroportos e linhas aéreas.

Os que não forem tão abastados, cada vez mais acabarão realizando teletrabalho a partir de escritórios virtuais, mas ainda precisando de grande quantidade de reuniões cara a cara.

Enquanto alguns se afastarão da cidade, muitos outros vão descobrir que a vida exige que vivam perto de onde está realmente a ação, ainda que trabalhem em casa muitos dias por mês.

Pós-milenaristas lutarão pelo direito de trabalhar no ciberespaço

Os pós-milenaristas serão de espécies distintas: muitos serão bem-sucedidos, depois de muito esforço em organizar a si mesmos, aos empregadores e aos clientes, para comandar empresas do terceiro milênio, usando tecnologia do terceiro milênio.

As interações face a face estão fora de moda – as reuniões virtuais, não.

AS GUERRAS PELA ÁGUA

Uma conseqüência da crescente população e urbanização é a escassez de água. Elizabeth Dowdewell, diretora-executiva do Programa Ambiental das Nações Unidas, declarou que a crise da água ameaça diminuir o significado e a gravidade da crise energética. A água será um aspecto importante das decisões de política exterior por volta de 2010, ao lado do comércio de cotas de emissão de gás carbônico/aquecimento global.

O aumento da população significa mais pressão sobre os recursos, inclusive a água. Poderíamos ver guerras da água entre nações que disputariam, digamos, a quantidade de água que entraria no território de uma nação atravessada por um longo rio, ou até que ponto um país está autorizado a poluir o suprimento de água de outro. A Alemanha e a Áustria estão sendo processadas por intermédio da União Européia, pelos Estados da bacia do mar Negro, por poluir o rio Danúbio com mais de 100 toneladas anuais de nitratos e grande quantidade de fósforo. A floração das algas no mar Negro matou milhões de peixes, e levou à completa extinção de 40 espécies.

Se não houver chuva nos Pireneus, não haverá água em Andorra. Se o mar Cáspio morrer em conseqüência da poluição causada por um país, quatro outras nações irão sofrer. Podemos esperar muito mais conflitos de vizinhos, rio acima e rio abaixo, sejam eles fazendeiros, habitantes de aldeias, de cidades pequenas, de cidades grandes, de nações ou de regiões.

Quantidades limitadas de água doce no mundo

Só 2,5% da água do mundo são doce, e dois terços dela se encontram congelados em glaciares ou nas calotas polares. A água doce renovável no mundo (chuvas) é apenas 0,008% de toda a água do planeta. Dois terços dessa água são perdidos em evaporação e transpiração. O resto é água pluvial, disponível para uso; existe, porém, uma grande discrepância entre águas pluviais e população. A Ásia tem 36% das águas pluviais, mas 60% da população mundial. A América do Sul tem 26% das águas pluviais, mas apenas 6% da população.

Só o rio Amazonas carreia 15% das águas pluviais do planeta, mas está acessível apenas a 4% da população mundial. Muitos outros rios pelo planeta afora são demasiado remotos para servir ao uso econômico, resultando na não disponibilidade de 19%.

Globalmente, já utilizamos 35% do suprimento disponível. Outros 19% são usados "na correnteza" para diluir poluição, sustentar a atividade pesqueira e transportar mercadorias. Dessa forma, a raça humana já utiliza cerca de metade do total do suprimento mundial de águas pluviais. Mas entre 1950 e 1990 a utilização da água triplicou, quando a população aumentou em cerca de 2,7 bilhões. A população deverá sofrer um aumento do mesmo teor, de uns 50%, até 2030, mas o suprimento de água não conseguirá ser triplicado novamente sem sérios problemas de escassez. Logo, algo precisa mudar.

Para piorar as coisas, o aquecimento global tende a despejar mais chuva em alguns lugares, porém a roubá-la de outras áreas. A expectativa da World Meteorological Organisation é de que, pela tendência atual, 66% da população mundial sofram sérias restrições na disponibilidade de água em 2025.

A excessiva exploração do lençol subterrâneo e o esgotamento de aqüíferos estão ocorrendo em muitas das principais áreas de atividade agrícola, inclusive o Oeste dos Estados Unidos, grandes regiões da Índia e o Norte da China, onde os mananciais estão baixando um metro por ano. Esperem ver redes de água encanada cada vez mais longas e espetaculares, cruzando países e continentes, equilibrando oferta e população.

Na Ásia, há muitos rios semimortos – e haverá mais

Na Ásia, muitos rios desaparecem durante parte do ano, em conseqüência de uso excessivo para irrigação. Entre eles figura a maioria dos rios da Índia, entre os quais o poderoso Ganges, importante fonte de água para o Sul asiático, e o rio Amarelo, na China, cujas regiões mais baixas secaram por uma média de 70 dias, durante todos os anos, no período entre 1987 a 1997, e por 122 dias em 1995.

Com a população urbana destinada a atingir 5 bilhões em 2025, providências estão sendo tomadas para transferir água das zonas de cultivo para as cidades. Podemos esperar que as fazendas na maioria dos países do planeta sejam forçadas a fazer severa economia no futuro – plantas sedentas em vez de pessoas sedentas. Na Califórnia, as terras irrigadas diminuíram 121 mil hectares nos anos 80, e mais 162 mil hectares de campos irrigados foram abolidos em 2000. Na China, a água está sendo transferida da produção de alimentos para o fornecimento de Pequim. Trezentas outras cidades chinesas estão agora passando por escassez de água.

Esperemos que todo indivíduo se veja afetado pelo "fator hídrico" na maioria das cidades industrializadas, com a disseminação de medidores de água, sistemas de "água reciclada" (por exemplo, a água do banho estocada para irrigação do jardim) e uma mudança cultural para se considerar a água como um recurso natural limitado. Ela será tão dominante quanto a do uso da energia.

Em 2025 o mundo terá sede por mais

Por volta de 2025, praticamente todos os rios economicamente acessíveis do mundo poderão ser requisitados a satisfazer as necessidades da agricultura, da indústria e das residências, e para manter os níveis de lagos e rios. Em outras palavras, na metade do século XXI o mundo quase terá esgotado o suprimento de água existente. Essa é uma bomba-relógio social e geopolítica, que irá obrigar o governo à ação.

A morte do mar de Aral é descrita pelo governo do Uzbequistão como uma das catástrofes ecológicas mais sérias da história da humanidade, e aconteceu numa única geração. Originalmente um dos maiores lagos do mundo, ele está reduzido agora a áreas muito menores, com margens muito distantes da linha costeira original, e com níveis minerais extremamente elevados.

No mundo todo ocorreu um sério declínio da qualidade da água. Em menos de 50 anos a África do Sul terá esgotado os recursos de águas pluviais e será obrigada a produzir água potável com água do mar. O país está evoluindo da propriedade de água local em mãos dos donos de terras para a visão da água como um tesouro nacional, ao passo que o Brasil agora considera seus vastos recursos de água potável como uma das principais prioridades nacionais para proteção.

Associado a isso está a poluição costeira. Enquanto metade da população mundial ainda carece de saneamento básico, 80% da poluição litorânea provêm de elementos de contaminação transportados para a região pela água doce. O comércio de água está crescendo. Por exemplo, Cingapura recebe água da Malásia, procede à depuração e vende o recurso de volta. Esperem ver muito mais desses acordos entre países.

As barragens serão maiores e mais polêmicas

A polêmica continuará a crescer, a respeito de grandes barragens como a das Três Gargantas, no rio Yangtsé, começada pela China em 1994, que está formando um lago de 600 quilômetros de comprimento, inundando uma cidade de 50 mil habitantes e causando o êxodo de 1,3 milhão de pessoas. A construção de barragens freqüentemente força reassentamentos em massa. O Banco Mundial informou recentemente que 300 novas barragens grandes (isto é, acima de 115 metros de altura) por ano forçam 4 milhões de pessoas anualmente a abandonarem suas casas, quase sempre em terrenos de ancestrais. Em geral, o reassentamento é malplanejado e mal-executado.

O rio Congo em Inga poderia atender metade da demanda de energia da África, e até agora só foram explorados 6% da capacidade hidrelétrica potencial daquele país. Em teoria, as barragens são excelente idéia: oferecem energia gratuita, irrigação gratuita e prevenção a inundações, proporcionando atração turística e centro de lazer, piscicultura e proteção contra a seca. Elas geram empregos, são símbolos de prestígio nacional e evitam o aquecimento global.

Mas as barragens também alteram o meio ambiente. A irrigação constante pode encharcar o solo. A água traz à superfície sais que são depositados quando a umidade se vai, deixando salinas as terras de cultivo, que se tornam cada vez mais estéreis. O lodo fértil que costumava ser arrastado pelas enchentes agora entope os reservatórios. A flora e a fauna do rio original se perdem e os peixes são impedidos, pela parede da barragem, de subir a correnteza para desovar. Um estudo realizado na barragem Kainji, no rio Níger, constatou que correnteza abaixo a produção de arroz caiu 18% e o volume pesqueiro caiu 60 a 70%.

Fabricar mais água

Então, o que acontecerá quando a água escassear? Uma resposta será reciclar as águas servidas, que após tratadas serão devolvidas a um grande reservatório. A cidade de San Diego está se preparando para fazer exatamente isso, seguindo um modelo anterior implantado há 20 anos na Virgínia. O mesmo fará uma autoridade hídrica britânica em Anglia Oriental. E, apesar da repugnância popular, a reutilização da água aumentou 30% em um ano. O objetivo é "conseguir deixar as pessoas à vontade com a idéia de beber água do tratamento de esgoto". A tecnologia de tratamento de água já significa que o esgoto in natura pode ser convertido em água 10 vezes mais pura que a que sai da torneira. Nesse meio tempo, estão sendo encontrados para ela centenas de usos, tal como irrigação e descarga de vasos sanitários. Podemos esperar ver a reciclagem de esgotos se transformar em grande indústria. Entretanto, ela envolve riscos – os erros podem matar.

Novos poços podem aliviar os problemas dos aqüíferos em toda parte, permitindo que esses se recomponham, até certo ponto.

Novas barragens poderiam aumentar cerca de 10% os mananciais acessíveis.

Dessalinização

A dessalinização é agora uma tecnologia testada e aprovada. Por volta de dezembro de 1995 mais de 11 mil unidades dessalinizadoras já haviam sido encomendadas e instaladas pelo mundo afora, com capacidade coletiva de 7,4 bilhões de metros cúbicos anuais. Entretanto, a dessalinização ainda contribui atualmente com menos de 3% da água em uso.

A Arábia Saudita, os Emirados Árabes e o Kuwait, com apenas 0,4% da população mundial, responderam por 46% da capacidade dessalinizadora em 1993. Eles podem se dar ao luxo de transformar petróleo em água, como um presente para a população, da qual praticamente nada é cobrado, mas até a Arábia Saudita agora está promovendo uma campanha para economizar água. Para nações ricas em petróleo e pobres em água é como linha de suprimento vital; mas, ainda que esta fosse expandida 30 vezes, a dessalinização não poderia produzir mais de 5% do uso atual. Também sairá caro rebocar geleiras ou transportar água em navio-tanque.

Podemos esperar mais avanços em tecnologia dessalinizadora, usando osmose reversa (a água salina é forçada a atravessar, sob pressão, uma membrana em que ficam retidos os sais).

Conservação da água – uma importante despesa nacional em 2010

A conservação da água custa normalmente entre cinco e 50 centavos por metro cúbico, menos que o desenvolvimento de novos recursos de dessalinização. Por causa de vazamentos, a empresa de serviço público Thames Water, de Londres, desperdiça água suficiente para encher 500 piscinas olímpicas. Cada residência poderia fazer uma economia significativa – por exemplo, em tecnologia de descarga sanitária. Em 2001, apenas 3% do consumo de uma família britânica foram usados para cozinhar ou beber.

Esperemos ver um grande mercado em dispositivos amigáveis de consumo de água. Podemos esperar que a indústria têxtil trabalhe intensamente na pesquisa de novos tecidos fáceis de limpar, inclusive os que não precisam de limpeza com água escassa ou com solventes tóxicos. Esperemos que em 2025 tecidos e tecnologias sejam criados para a limpeza do ar – processos capazes de desalojar a sujeira e a gordura sem a necessidade convencional de molhar.

Como a atividade agrícola usa 66% da água do planeta, mesmo uma pequena economia exerce grande impacto. Podemos esperar ver novas espécies agrícolas obtidas por engenharia genética serem consideradas estratégias para poupar água – na verdade, quase plantas produtoras de água. Esperemos novas gerações de plantas que podem ser cultivadas em brejos de água salobra.

DÍVIDA EXTERNA

Em 2003, apesar dos veementes movimentos de protesto, 30% do total de exportações africanas ainda estavam sendo usados apenas para pagar dívidas. Ao mesmo tempo somente cinco nações estavam fornecendo 0,7% do Produto Interno Bruto para a assistência de desenvolvimento oficial (ADO). Ainda vai se falar muito do peso da dívida sobre os países emergentes. O importante impulso para se perdoar as dívidas em 2000 ou logo depois só foi parcialmente bem-sucedido. Em alguns países, boa parte da receita das exportações é usada para pagar juros de empréstimos. Mas para que foram feitos esses empréstimos?

Acontece que durante muitos anos os países doadores disfarçaram o fato de que a ajuda estrangeira deu um impulso às indústrias deles.

A maior parte da "ajuda" britânica recente tem consistido em oferta de crédito aos países pobres para poderem comprar artigos ingleses. Das dívidas dos países mais pobres com a Grã-Bretanha, 96% têm por credor o Export Credit Guarantee Department.

Mas talvez, para começar, esses bens não fossem de alta prioridade. Assim, é possível que um país tenha uma dívida ainda maior porque o governo decidiu, por motivos políticos, permitir a desova de centenas de jipes Land Rover feitos na Grã-Bretanha, pagos com verbas de desenvolvimento. Mesmo quando os veículos necessitam de reparos, as peças de reposição devem ser pagas com verbas escassas.

O Banco Mundial empresta 24 bilhões de dólares por ano, principalmente às nações mais pobres. Mas, na análise de 83 projetos, feita pelo próprio banco, constatou-se que a metade deles deixou de cumprir o objetivo, e muitos prejudicaram o meio ambiente e desalojaram milhões das pessoas mais pobres e mais marginalizadas do mundo.

O problema da dívida é tão grande (4 trilhões de dólares) que quando, no final de 1996, o FMI resolveu descarregar reservas de ouro (ouro adquirido do pagamento de juros) para ajudar a quitar parte da dívida, provocou uma queda nos preços mundiais do metal.

Se não forem resolvidas em breve, essas dívidas irão contribuir para o aumento da tensão e da instabilidade internacionais. A pressão em favor da mudança também virá de milhões de homens e mulheres de nações ricas que fazem doações sacrificadas para os programas de auxílio e desenvolvimento. Se as dívidas fossem integralmente canceladas, o efeito obtido seria o mesmo que triplicar as quantias dadas para os programas de auxílio e desenvolvimento, supondo-se que o dinheiro liberado fosse usado da mesma forma. Devemos esperar mais programas de permuta da dívida, nos quais a dívida é comprada a um banco, com grande desconto, por uma agência de desenvolvimento, e cancelada em troca de um compromisso por parte de um governo de gastar moeda nacional em programas aprovados.

Se o problema da dívida não for logo resolvido, não é difícil imaginar a formação de pequenos grupos de "guerreiros da libertação", dedicados apenas a usar bancos e outras grandes instituições como alvo de ataques terroristas, em protesto diante daquilo que consideram apenas escravidão econômica. É só uma parte de um contexto maior de crescente risco de insurgência diante do impacto das nações e corporações ricas sobre as nações pobres e as populações vulneráveis.

Como no caso de outros grupos terroristas, eles opinarão passionalmente que defendem uma causa justa e sua missão conquistará a solidariedade de mais de 1 bilhão de pessoas, ainda que elas discordem dos métodos terroristas.

Até os países "ricos" como a África do Sul serão afetados

Na cúpula econômica da África Meridional ouvi recentemente um discurso apaixonado feito por Nelson Mandela sobre a escravidão e a opressão econômicas, "um malefício maior na atualidade que 300 anos de tráfico negreiro imperialista". Ele estava amargurado ante o legado da dívida que herdou na queda do apartheid. Países dependentes durante décadas dos preços estáveis das matérias-primas como os minerais, o café e o cacau também foram atingidos duramente por preços estáveis ou em queda, pelos especuladores do mercado e pelos "caçadores de lucros". Eles sabem que a ajuda das nações desenvolvidas está sendo reduzida. Os países pobres sabem que a riqueza maior não será gerada pela ajuda, mas sim pelo investimento em negócios.

Comércio em vez de ajuda

Em 1996 o investimento estrangeiro direto nos países em desenvolvimento totalizou 244 bilhões de dólares, comparados com fluxos oficiais de apenas 42 bilhões de dólares. Em 2003, somente 1% do investimento estrangeiro direto chegou aos 48 países mais pobres. Na África, prosperaram os países que, como a Tanzânia, mudaram de atitude em relação ao mercado livre, enquanto outros se afundaram na decadência econômica. A maioria dos governos está procurando os demais para adotar baixos índices de inflação, baixos déficits orçamentários e o estímulo da iniciativa privada. Mas se os Estados Unidos e a Europa não pararem de bloquear suas próprias importações de bens africanos, e não pararem de fazer dumping de seus próprios produtos agrícolas subsidiados, haverá pouco progresso real. Embargar a oportunidade da África de exportar têxteis, calçados, artigos de couro e outros produtos de manufatura intensiva vai derrocar pela base a possibilidade de prosperidade futura.

Em 1996 a África estava dando a volta por cima, com uma média de 4,4% de crescimento econômico, e alguns campeões excepcionais, como Uganda, estavam crescendo a 8%. Todos os países participantes da Comunidade de Desenvolvimento da África Meridional (SADC) – Angola, Botsuana, Lesoto, Malauí, Moçambique, Namíbia, África do Sul, Suazilândia, Tanzânia, Zâmbia e Zimbábue – apresentaram crescimento em 1996. A África Meridional é o lar de apenas 135 milhões de pessoas e a África do Sul responde por 80% do PIB da região, de 150 bilhões de dólares. Não há população suficiente, com dinheiro disponível para gastar, de modo a configurar um mercado interno fácil, além de que a área está isolada do resto do mundo por grandes distâncias e um sistema precário de rodovias e ferrovias.

Entretanto, ainda existe forte ressentimento em muitos líderes africanos importantes, que se opõem a serem objeto de sermões e coação por parte de multinacionais ocidentais para levantar o controle cambial e garantir outras medidas. Eles temem o estupro econômico de suas nações por neo-imperialistas que usam o capital, em vez de armas, para invadir, tomar o controle e governar, para pagar pouco e levar embora a riqueza. Eles vêem a economia ser explorada por outros que não eles próprios, ainda que muitos ocupem posições altamente privilegiadas. Ressentem-se em especial do fato de terem pouca opção, aparentemente, que não a de permitir a transformação de suas economias em fantoches das bases de poder globalizadas. Esperem ver as multinacionais enfrentarem relações frágeis com governos e povos, relações que se rompem quase sem aviso. As crises cambiais irão continuar a alarmar e frustrar os líderes de países emergentes.

RIQUEZA DA VIDA URBANA

A vida nas nações industrializadas também está se tornando cada vez mais urbanizada. Uma vida urbana rica cria grandes problemas, porém de natureza muito diversa. A decadência social, a dissolução das famílias, o desemprego, a dependência de drogas, o aumento da criminalidade, a economia não tributada de mercado "negro" e o desenvolvimento de uma classe subalterna descontente e sem condições de emprego constituem desafios relevantes para o futuro.

A dissolução da família

Analisemos a chamada revolução sexual da década de 1960. O sonho era de liberdade sexual, de amor livre; mas qual é a realidade no século XXI? Alimentadas pela crescente mobilidade, urbanização e dissolução da sociedade tradicional estão a crise que enfrentamos agora nos Estados Unidos e uma situação na qual a Grã-Bretanha gasta 1 bilhão de libras por ano providenciando cuidado para crianças que são, na maioria, produto da dissolução familiar.

Em termos financeiros, o custo da revolução sexual nos Estados Unidos é 83 bilhões de dólares anuais – despesas com divórcio, doenças sexualmente transmissíveis e outros fatores. Entretanto, algo está mudando. De 1971 a 1979 o índice de divórcios na Grã-Bretanha dobrou, passando de aproximados 75 mil para 150 mil anuais, mas desde então tem estado relativamente estável, apesar das manchetes, com aumentos anuais muito modestos e cada vez menores. Em 1996, o índice de divórcios realmente caiu. A tendência dos divórcios é insustentável: se os índices da década de 1970 tivessem continuado a crescer tão depressa, todos teríamos acabado nos divorciando antes mesmo do casamento, e todas as crianças teriam sido produtos de lares desfeitos. Apesar de tudo isso, os casais com filhos continuarão a ser a fatia dominante da composição nacional, e o principal mercado para um grande espectro de produtos e serviços. Numa sociedade em fragmentação, a família oferece estabilidade; logo, deverá ser a tendência vitoriosa no longo prazo. Esta é uma questão primordial para o futuro.

Casamento compromete menos que uma hipoteca sobre o imóvel do casal

O divórcio "relâmpago" e outras reformas significa que na virada do milênio uma hipoteca sobre os bens do casal acarreta mais obrigações que uma cerimônia de casamento. Máquinas automáticas de divórcio estão em operação no Arizona desde 1993, totalizando 150 em 1993. As bibliotecas são locais preferenciais para esses fornecedores de formulário de divórcio. Depois de impresso, o documento precisa ser carimbado por um escritório de advocacia. Para cada 100 casamentos o Arizona contabiliza 88 divórcios.

Mas o pêndulo está oscilando no mundo urbanizado, fraturado, e em rápida mutação, no qual se valoriza cada vez mais a estabilidade. Por exemplo, o estado de Luisiana introduziu um acordo conjugal que não permitirá o divórcio, exceto em circunstâncias extremas (tais como espancamento da esposa, ou abuso dos filhos, abandono, separação de dois anos ou adultério). Nos termos do acordo, os casais têm de declarar que escolheram "sensatamente meu parceiro para a vida" e também precisam freqüentar terapia pré-conjugal.

Políticas conjugais da comunidade

Muitas cidades dos Estados Unidos também estão adotando "políticas conjugais comunitárias" pelas quais líderes religiosos, civis e empresariais concordam em estimular os casais a se conhecerem melhor antes de assumir um compromisso. Adotada por mais de 60 cidades médias e grandes em 26 estados, a iniciativa alega ter conseguido resultados espetaculares, com reduções de até 40% no índice de divórcio. Empresários locais são solicitados a patrocinar retiros de fim de semana para casais que enfrentam uma crise conjugal.

Outro sinal dos tempos foi uma indenização recordista de 1,35 milhões de dólares, decidida por um tribunal da Carolina do Norte para a mulher que perdeu o marido para a nova esposa deste. Tratou-se, efetivamente, de uma pesada multa, e um claro desestímulo ao divórcio.

Sexo por toda parte, mas com ventos de mudança

O sexo está em toda parte: a mídia ocidental continua a romper todos os tabus sexuais remanescentes. Essa foi a tendência, mas a tendência oposta também está viva e atuante.

O movimento True Love Waits [O verdadeiro amor espera], nos Estados Unidos, conta com meio milhão de jovens que assinaram um compromisso, em manifestações públicas, para observar a abstinência sexual "desde o dia de hoje" até o dia do casamento. Pela primeira vez desde que começaram os registros, agora o número de mulheres que experimentou sexo pré-conjugal está caindo – uma queda de 5%. Uma adepta declarou recentemente: "A liberação sexual tem igualmente a ver com o direito de dizer não. Sou feminista e acho que sou muito mais liberada quando escolho me abster de sexo." O movimento decolou em 76 outros países, inclusive a África do Sul, onde se tornou a "mania que mais cresce entre os jovens", com 120 mil novas adesões em apenas três anos, um aumento de 5 mil por mês.

E não se trata apenas do fator Aids. Existe aí algo muito mais profundo: um sério ato de repensar uma geração após o sonho dos anos 60.

Pró-família – uma importante questão governamental

Os governos não podem se dar ao luxo de cuidar de sociedades em que as famílias convencionais se tornarão raras, independentemente de suas próprias filosofias. Um sinal dos tempos tem sido a conversão de partidos de esquerda dos países europeus à retórica "pró-família".

A alternativa para isso é absurdamente dispendiosa. Podemos esperar ver a "família" se tornar uma questão central nas duas próximas décadas, em todos os aspectos de políticas públicas, com grande debate sobre como defini-la. É um tema que irá dominar o pensamento sobre a reforma do estado do bem-estar social.

Por outro lado, existe o Fator Pílula. A sociedade ainda precisa chegar a termos com a pílula anticoncepcional. Menos de meio século se passou desde que a atividade sexual se desvinculou da gravidez. Serão necessárias pelo menos duas décadas para a cultura global se ajustar. A geração M é produto dos anos 60 e 70, a era em que os pais dela foram criados. Mas pouquíssimos pais da geração "amor livre" dos anos 60 desejam hoje os mesmos valores para os filhos. Eles passaram por todas as vivências, fizeram de tudo, sentiram as dores e estão querendo algo melhor para seus próprios filhos.

A geração M irá manter o ideal romântico

Os jovens ainda são muito românticos, em sua maioria. Se você lhes perguntar o que desejam numa relação, a maioria dirá que sua relação ideal seria com uma pessoa maravilhosa, muito amiga, companheira, um grande amante. Para eles o relacionamento ideal dura mais que uma semana ou um mês.

Numa época em que as pessoas não aceitam ficar juntas se não forem felizes, a duração se transforma no teste de um bom relacionamento. A melhor relação prossegue indefinidamente – e nunca se rompe. E há uma crescente curiosidade sobre o fator que faz funcionar uma boa relação – basta ler o correio sentimental dos jornais. Devemos esperar a emergência de novas especialidades: clínicas e centros de treinamento de relacionamentos, apoiadas por verbas governamentais.

Podemos esperar uma nova indústria de treinamento para a criação de filhos, à medida que o Estado começar a entrar em pânico. Já o governo britânico anunciou novos planos para proporcionar mentores mais velhos aos jovens casais com filhos, que contribuam com orientação sobre troca de fraldas, disciplina e uma série de outras coisas que antigamente eram tarefa dos avós. Mas são todas elas soluções caras e parciais. Uma mudança de atitude na sociedade terá mais longo alcance, e começará a dar frutos por volta de 2020. Com ela virão alguns aspectos negativos, como, por exemplo, uma progressiva intolerância diante da condição de mãe solteira como opção positiva para mulheres jovens. A expectativa é de uma virulenta ação da retaguarda contra tais práticas, como uma volta à estigmatização "vitoriana".

Muitas décadas até a plena reversão das tendências

Apesar de iniciado um movimento pendular, serão necessárias muitas décadas para reverter a tendência a viver sozinho. O Departamento do Meio Ambiente da Inglaterra calcula que em 2016 serão necessários 4,4 milhões de novas moradias, 80% delas para solteiros.

DEPENDÊNCIA

Outro aspecto da urbanização é a dependência. A dependência de drogas é uma ameaça crescente à vida civilizada. Segundo as Nações Unidas, o tráfico de drogas ilícitas constitui agora 8% do valor de todo o comércio internacional. Tendemos a achar que se trata de um problema exclusivo das nações ricas, o que está longe ser verdadeiro. Recentemente visitei pessoas que estavam morrendo de Aids em Manipur, no Nordeste da Índia, junto à fronteira da Birmânia, onde, numa população de 40 mil habitantes, 8 mil se injetam heroína diariamente. Todas as cidades asiáticas têm agora um sério problema de drogas. No mundo inteiro gastam-se anualmente, em drogas ilícitas, 1 trilhão de dólares, a maior parte dos quais submetidos a lavagem por intermédio de canais legítimos. Só para os

Estados Unidos a cifra é de 400 bilhões de dólares. A Birmânia é o maior produtor de heroína do mundo. No Sudeste Asiático, quadrilhas birmanesas, afegãs e vietnamitas estão cultivando 243 mil hectares de papoulas opiáceas, que produzem 3 milhões de toneladas de ópio anuais para a fabricação de heroína. A desregulamentação tornou muito mais difícil deter os vastos fluxos de dinheiro sujo. A Internet tornará quase impossível acompanhar o fluxo de dinheiro no futuro. Os criminosos detestam enviar dinheiro, mas para que se preocupar quando pulsos eletrônicos podem fazer tudo? A lavagem de dinheiro se realiza através de todos os grandes centros financeiros do mundo.

A economia mexicana voando alto nas drogas

O México está tão dependente do dinheiro do narcotráfico que os lucros do comércio ilegal determinam para a economia nacional a diferença entre o sucesso e a falência. As forças policiais estão sendo subvertidas, com os guardas de fronteira transportando grande quantidade em seus próprios veículos. Os lucros mexicanos com o tráfico de drogas são estimados conservadoramente em 15 bilhões de dólares anuais, ou 5% do PIB. A fronteira de 3.200 quilômetros com os Estados Unidos é tão escassamente policiada que praticamente permite o livre trânsito. Mais de 2 mil caminhões, por dia atravessam pontos de controle equipados por um só agente aduaneiro. Portanto, são raras as inspeções.

As quadrilhas mexicanas superaram as colombianas como os mais poderosos cartéis de drogas nos Estados Unidos. Eles fornecem cerca de 770 toneladas anuais de cocaína, 6,6 toneladas de heroína e 7.700 toneladas de maconha – 70% de todas as drogas que entram no país. Os cartéis de drogas estão contratando ex-oficiais militares e pagando até 500 mil dólares por ano por seu conhecimento técnico em coisas como compressão de dados para transmissão, interceptação e detecção de vírus e informação sobre operações altamente secretas de combate às drogas.

As drogas na Grã-Bretanha

Em 1996, havia no Reino Unido mais de 43 mil usuários registrados de drogas controladas, mas o total real em 2003 pode ter sido de 200 mil. Os números oficiais dobraram em 10 anos. Se cada usuário de drogas gasta uma média de 7.500 libras esterlinas por ano, então o mercado de drogas pesadas vale 5 bilhões de libras para os traficantes britânicos.

Segundo o governo, 20% dos criminosos usam heroína, e os usuários de heroína estão roubando 1,3 bilhão por ano em propriedades para custear o próprio consumo. Em Lancashire isso corresponde a uma perda de 147 libras esterlinas por unidade residencial. Uma pesquisa com 1.100 dependentes, realizada pelo Departamento de Saúde, constatou que eles cometeram mais de 70 mil crimes individuais nos três meses antes de se submeterem ao tratamento.

Podemos esperar novas e enérgicas medidas para lidar com problemas, inclusive sentenças "exemplares", como os nove meses de prisão a que foi condenada uma mulher que deu um comprimido de ecstasy a um amigo numa festa. Esperemos mais freqüência nos testes aleatórios realizados em prisões, com premiação para quem permanecer limpo de drogas. Podemos esperar ver alas inteiras de presídios se tornarem zonas de exclusão de drogas, com privilégios tradicionais para os internos dali. Esperemos novas parcerias entre presídios e agências de reabilitação.

Podemos esperar mais verbas para tratamentos residenciais à medida que as pesquisas mostrarem que quantidades significativas de usuários tratados conseguem parar de usar drogas pesadas. Um estudo realizado na Califórnia constatou que cada dólar gasto em tratamento permite poupar 7 dólares – de prejuízos com crimes e de custeio de tratamento de prisioneiros, por exemplo. O Departamento de Saúde britânico constatou que entre os usuários de heroína o tratamento fez cair de 40 a 85% o furto em lojas.

Um novo movimento de proibição começa para o cigarro

Podemos esperar um novo movimento de proibição em 2010, começando com o tabaco e tentando englobar em sua esteira o consumo de álcool. Será uma tendência contrária ao crescente clamor em favor da legislação de algumas ou de todas as drogas psicoativas. Nos Estados Unidos, o tabagismo está rapidamente se tornando ilegal, e podemos esperar que outros países sigam a tendência. Lá o hábito de fumar causa a morte de 419 mil indivíduos por ano, e acarreta o desperdício de 6 bilhões de dólares em cuidados de saúde e perda de produtividade. O tabagismo de segunda mão (passivo) causa 3 mil mortes de câncer de pulmão por ano em não-fumantes. Trabalhadores expostos ao tabagismo passivo têm 34% a mais de possibilidade de sofrer de câncer de pulmão. Mais de 90% da população daquele país são a favor da restrição ou proibição de fumar em lugares públicos.

E isto não é uma repetição dos movimentos de temperança do século XIX, apoiados em leis, porém um movimento de massa que controla milhões de pessoas por meio de pequenas inconveniências e regulamentos. Em termos do setor público, nos Estados Unidos, as pessoas agora são obrigadas a escolher entre fumar ou manter o emprego, pois no local de trabalho não há lugar onde se possa fumar. Os empregadores da iniciativa privada são, com freqüência, igualmente restritivos, estimulados por processos legais que culpam o tabagismo passivo pelos problemas de saúde.

A Grã-Bretanha está seguindo no mesmo rumo, com a proibição de fumar em ônibus e vagões de metrô, e severas restrições nas principais linhas de trem; e proibição em metade dos restaurantes de hotéis britânicos e em diversos clubes de futebol. Algumas das instituições financeiras e bancos mais conhecidos de Londres impuseram proibições em seus escritórios e desencorajam os empregados a fumar do lado de fora, por causa da imagem negativa que isso cria. Um porta-voz da London Metal Exchange declarou: "Ninguém vai querer ver um bando de corretores poluídos reunidos do lado de fora do prédio, soltando fumaça. Isso apresenta uma imagem completamente equivocada."

Essa proibição paralisante está afetando o uso de drogas no local de trabalho. A maioria das grandes empresas dos Estados Unidos já adota políticas de testes antidrogas. As seguradoras estão insistindo em medidas antidrogas, após a descoberta de que o abuso de psicoativos e o alcoolismo custam à indústria bilhões de dólares por ano em acidentes e perda de produtividade. Podemos esperar ver os testes de uso de drogas no local de trabalho se converterem numa questão importante em outros países como a Inglaterra, por volta de 2005.

Aumenta o consumo de cigarros na Grã-Bretanha

A tendência oposta no caso do tabagismo foi o inesperado aumento no número de fumantes britânicos pela primeira vez em duas décadas. Desde a década de 1970, 500 mil fumantes por ano abandonaram o vício. Mas em 1997 havia 13 milhões de fumantes, um aumento de 340 mil em dois anos. Registrou-se um notável aumento entre os trabalhadores bem remunerados, aqueles que estão no final da casa dos 30 e começo da casa dos 40. Entretanto, o tabagismo entre as adolescentes dos 11 aos 15 anos de idade alcançou o nível mais alto em 15 anos, parcialmente encorajado por imagens sofisticadas de modelos de moda na passarela segurando um cigarro. Esperemos a queda do consumo de cigarros em caráter internacional nos países desenvolvidos, com exceções de grupos sociais específicos, porém, nos países mais pobres, a "nova" riqueza será gasta em tabaco.

O aumento da expectativa de vida significa que as pessoas poderão se descuidar

Uma razão para os grupos talvez rejeitarem as mensagens de saúde antitabagistas é um medo de viver demais, típico do terceiro milênio. O que acontece a uma geração que observa os pais ficarem mais velhos e mais frágeis sem sinal de morrer? Para muitos, poderá até ser animadora a capacidade de morrer em boa forma física e mental aos 75 anos, depois de desfrutar a vida, em vez de morrer aos 97, sem plena posse da mente e esmirrados.

Portanto, no tocante a mensagens de saúde, esperemos um efeito bumerangue, uma espécie de duplo pensar – por um lado, a obsessão com o envelhecimento e com a idéia de continuar jovem para sempre; e por outro, uma crescente apatia em relação à saúde pessoal. Ambas irão coexistir e já podem ser vistas num mesmo indivíduo, em ocasiões distintas. A saúde pessoal sempre foi, e continuará a ser, uma questão bastante irracional.

Processos contra fabricantes de cigarros

Mais que legislação nova e draconiana, o padrão é uma onda de ações públicas. Daí a avalanche de ações de litígio que inundaram o sistema jurídico dos Estados Unidos, forçando os fabricantes de cigarros a reservar 300 bilhões de dólares ou mais para pagar indenizações, durante os próximos 25 anos, por doenças causadas pelo tabagismo. Essas penalidades vultosas serão muito mais eficazes em forçar a indústria a repensar a publicidade do que a aprovação de leis no Congresso para proibir os anúncios. Num mundo que acende 15 bilhões de cigarros por dia, os pacotes de indenização podem ser absurdamente vultosos, se a tendência nos Estados Unidos se propagar para outros países.

E nem só as pessoas físicas desejam uma fatia desse meganegócio. Estados inteiros querem que os fabricantes lhes paguem o devido por cuidarem de toda a população que sofre de doenças ligadas ao tabagismo. A Flórida ganhou 11,3 bilhões de dólares de cinco empresas durante 25 anos. Essas compensações se tornam muito caras.

O acordo de 1997 entre a indústria e 40 estados foi celebrado quando os fabricantes de cigarros concordaram em pagar 368,5 bilhões de dólares ao longo de 25 anos em troca de imunidade à abertura de processos ligados à saúde. Pelo mesmo acordo, a indústria também concordou em aceitar sérias restrições às práticas de propaganda e marketing, em colocar advertências muito mais enfáticas sobre danos à saúde nos maços de cigarro e em ser penalizada financeiramente se as taxas de consumo de cigarros entre menores não caírem vertiginosamente em cinco anos. Entretanto, o acordo fracassou. Podemos esperar a continuação, durante o mínimo de três décadas, da luta planetária por indenização.

China reprime tabagismo

A China já proibiu a propaganda e o consumo de cigarros em lugares públicos em 71 cidades. Também proibiu fumar nos trens. Entretanto, as multas são pequenas e as medidas amplamente ignoradas no presente. Esperemos ver isso mudar. A China queima 1,6 trilhão de cigarros por ano (25% da população é de fumantes), o que torna o país o maior produtor e consumidor do mundo. Os fumantes são, majoritariamente, homens, e o vício mata 500 mil por ano; a expectativa é de que sejam 2 milhões por ano em 2005. Por outro lado, a indústria vem sendo, há 10 anos, a principal fonte de renda do Estado.

Luta feroz por causa de drogas (maconha)

Podemos esperar uma luta feroz em relação à maconha, cujos defensores alegam (com razão) causar menos dependência e risco de saúde que a nicotina, enquanto os opositores alegam (igualmente com razão) que o uso de outras drogas vem normalmente associado com o prévio consumo de maconha. O fato é que o maior precursor do consumo da maconha na adolescência é o prévio consumo de tabaco. A luta será travada passo a passo, constando do alto da lista o uso medicinal da maconha.

As novas leis pró-maconha na Califórnia já entraram em choque com a legislação federal, contrária ao uso da droga. Uma série de experiências com a legalização da maconha continuará a ser observada com interesse (e certa aflição) por outras nações, com a tendência oposta combatendo uma cultura dominada pela droga. Resta pouca dúvida de que a legislação terá como resultado uma geração que considera o consumo da maconha tão aceitável ou mais que o do cigarro. Esperemos novas pesquisas que acrescentem provas de que a maconha provoca mudanças sutis, porém duradouras, na atividade cerebral.

Acidentes rodoviários e consumo de drogas

Podemos esperar ver em 2005 testes cutâneos para drogas ilícitas, feitos à margem da estrada. De todas as vítimas fatais de acidentes rodoviários na Grã-Bretanha, 20% apresentam vestígios de drogas ilícitas.

A escalada das drogas sintéticas

Na próxima década veremos centenas de novas drogas sintéticas, as chamadas "drogas da balada", agindo não só no cérebro mas em muitas outras partes do corpo. Por exemplo: para prolongar a potência e o prazer sexuais, bloquear os sintomas de uma ressaca ou expandir a memória e inteligência. Esperemos muita polêmica em torno de substâncias amplificadoras da memória e seu uso na preparação de estudantes para exames, e um vasto mercado negro de intensificadores do desempenho sexual de venda controlada, para consumidores de ambos os sexos.

NOVOS ALIMENTOS E DIETAS

Grandes e gordos

Um exemplo de como a saúde entra em conflito com o prazer é a questão do alimento e da massa corporal. Podemos esperar ver uma batalha do peso, à medida que nações inteiras se tornarem cada vez mais pesadas. Em muitos países, a ingestão de gorduras vem caindo, mas não com a mesma velocidade da perda de atividade física.

Pessoas que comem cada vez menos estão se tornando mais obesas. Esperemos ver as empresas aéreas redesenharem a largura das poltronas, até mesmo na classe econômica, à medida que mais gente não conseguir se espremer no assento sem perigo de sofrer lesões. Em seguida virão os bancos de automóveis.

A explosão do emagrecimento

Nos Estados Unidos, a percentagem de pessoas acima do peso subiu de 25%, em 1981, para acima de 35%, em 2001. Os britânicos, na média, estão mais pesados que há 10 anos, ao passo que no continente europeu como um todo 15 a 20% das pessoas de meia-idade são obesas. Para a Europa Oriental, em alguns países as cifras são de 40 a 50% entre as mulheres. Distúrbios relacionados à obesidade matam 300 mil pessoas, por ano, nos Estados Unidos, e custam 100 bilhões de dólares em atendimento médico. Ao mesmo tempo, a indústria estadunidense do emagrecimento movimenta 35 bilhões de dólares. Esperemos ver a tendência crescer e se tornar uma obsessão internacional.

Podemos esperar uma nova geração de drogas emagrecedoras "seguras", que tiram o apetite ou evitam a absorção do alimento, para um mercado que poderá valer no mínimo 5 bilhões de dólares anuais, só nos Estados Unidos. Enquanto isso, o movimento Fatlash vem crescendo, promovendo a crença equivocada de que é saudável ser gordo.

Antialimentos para os gordos

Esperemos ver uma nova indústria alimentícia que vende antialimentos, ou alimentos desprovidos de qualquer valor nutricional. O primeiro antialimento foi uma nova gordura feita de moléculas que o corpo não consegue digerir e pode ser usada em bolos, sorvetes ou qualquer outra preparação. Ela cozinha bem, mas, uma vez ingerida, sai inalterada na outra ponta. As fezes se tornam untuosas. Há perigos: a gordura dissolve as vitaminas e uma dieta rica nesse antialimento pode produzir deficiências, além de criar uma geração de anoréxicos comedores compulsivos, capazes de consumir grandes pratos de comida e, no entanto, definhar a ponto de morrer.

Será uma ironia do terceiro milênio: 1 bilhão de pessoas morrendo de fome ou de subnutrição por causa da pobreza e milhões de outras usando recursos escassos para produzir comida que desperdiçarão integralmente por meio da excreção total. Este é o supra-sumo da glutoneria, quando levado a extremos. Entretanto, pode salvar vidas, se ajudar a conter a obesidade numa geração de comedores compulsivos que estão se tornando cada vez mais inertes, desacostumados de andar mais de 100 metros sem precisar sentar. No mundo de amanhã, o exercício físico será um esforço opcional: para que se incomodar em caminhar quando o mundo pode chegar à porta de sua casa, ou quando sua casa (seu carro) pode viajar?

Comensais neuróticos

Podemos esperar ver o aumento da neurose, alegações e contra-alegações quanto à segurança do alimento e da bebida. O "mal da vaca louca" foi conseqüência de transformação de vacas vegetarianas em carnívoras, em nome da produtividade pecuária. Ainda está viva a memória das discussões sobre alimentos irradiados. Esperemos o crescimento da onda dos alimentos "naturais" e das embalagens "naturais", com o consumidor começando a se preocupar com o plástico que libera no alimento produtos químicos semelhantes ao estrogênio e preferindo frascos de vidro recicláveis e fora de moda para o leite e outros produtos. Podemos esperar a criação, por empresas de alimentos sem aditivos, de ambientes culinários completos, nos quais nenhum elemento "artificial" contamina o que as pessoas comem ou bebem. Esperem novas linhas de substitutos da carne com a textura e o paladar corretos para aqueles que não abrem mão nisso. Podemos esperar novos surtos de pânico em relação a dietas vegetarianas, tais como deficiências nutricionais e preocupação com aditivos.

Esperemos mais episódios de fuga em massa de consumidores de um alimento para outro, depois do último pânico alimentar, como aconteceu com o mal da vaca louca e a febre aftosa. Podemos esperar o fim das piores granjas de criação de aves de corte, quando à preocupação com a contaminação por salmonela se juntar o coro das campanhas em defesa dos animais. Esperemos ver os varejistas e produtores de alimentos que infringirem as regras serem "punidos" por grupos cada vez mais militantes, que ameaçam boicotes e intimidação, além da ação de acionistas. Podemos esperar a maioria das mudanças na indústria alimentícia serem ditadas pelo comportamento dos consumidores, em vez de por medidas reguladoras.

Esperemos incerteza em relação ao que é seguro ou não. Milhões fugiram do consumo da "asquerosa" água da torneira, só para descobrir que a água engarrafada e comprada a bom preço tinha níveis mais altos de bactérias, era impossível de distinguir da água encanada em testes cegos e, o mais importante, estava contaminada por poluentes da estocagem em garrafas de plástico. Podemos esperar as vendas de vitaminas continuarem a crescer de forma espetacular, acima da despesa atual dos Estados Unidos, de 3 bilhões de dólares anuais, embora vá ferver a discussão de quantas doses devem ser tomadas, por quem e quando – ou mesmo se elas sequer devem ser tomadas.

Vegetarianos em busca de novos produtos

O vegetarianismo cresceu 25% nos Estados Unidos, entre 1987 e 1996, partindo de 4 a 5% da população. Esperemos ver até 2015 o crescimento do mercado vegetariano nos Estados Unidos, passando de 5 a 10% da população, com os adeptos comendo de vez em quando alguns produtos que contenham carne, e milhões de outros comendo muito menos carne que atualmente. A carne vermelha e gordurosa será particularmente impopular, por causa das preocupações com câncer de cólon e doença coronariana. Na Grã-Bretanha, 40% da população consomem com freqüência alimentos vegetarianos; os vegetarianos estritos representam 4% da população e a indústria vale 400 milhões de libras anuais.

Esperemos o rápido crescimento de alguns produtos: por exemplo, as vendas de hambúrgueres e bifes de soja subiram 139% em cinco anos na Grã-Bretanha, já que houve uma melhora da tecnologia e do sabor. Podemos esperar novos substitutos de carne, como o Arum, tomarem uma fatia de mercado. Arum é uma substância artificial semelhante à carne, feita de glúten e proteína de ervilhas, com a consistência, o caráter, o sabor e a aparência da carne. Ela oferece um bom equilíbrio de aminoácidos retirados das proteínas do cereal e da leguminosa.

As diretrizes mais recentes, baseadas em descobertas da Organização Mundial de Saúde e outras pesquisas, indicam que quem consome diariamente 250 gramas de carne vermelha enfrenta um risco aumentado de câncer de cólon, e que mesmo o consumidor de uma média de 90 gramas diários de carne vermelha ou carne processada deveria, segundo aquela autoridade, cogitar de reduzir o consumo. Esperemos os testes genéticos em 2005 serem o recurso dos ricos para decidir se precisarão levar o conselho a sério ou não (ver Capítulo 5, com informação adicional sobre as implicações da biotecnologia). O fato é que apenas uma parcela da população precisa se precaver quanto à gordura animal, porque somente esses indivíduos são portadores dos genes da doença. O mesmo acontece para muitos outros quadros clínicos relacionados ao regime alimentar.

Pobres comem mais carne

Enquanto as sociedades ocidentais cada vez mais torcem o nariz para a carne vermelha, esperemos ver as classes médias emergentes em muitas outras regiões do mundo celebrarem sua nova fortuna com o aumento do consumo de carne. O resultado será um significativo crescimento líquido na produção global de carne bovina, num ritmo mais acelerado que o 1,7% anual de crescimento da população. Podemos esperar um aumento na proporção da produção global de sementes usadas para alimentação animal, de 38% em 2000 a mais de 40%

depois de 2005. Esperemos ver países como a Índia embarcarem em outra "Revolução Verde". A produção indiana de grãos praticamente não aumentou durante os anos recentes, com a importação de grãos crescendo pela primeira vez em 20 anos. Podemos esperar protestos nas nações ricas, à medida que grandes áreas rurais em lugares como a Índia forem dominadas pela agricultura industrial de larga escala, em geral de lavouras geneticamente modificadas. Uma preocupação será o desalojamento de trabalhadores muito pobres e os danos ambientais.

REPRODUÇÃO

Crianças com filhos

A cada ano, a puberdade chega mais cedo para meninos e meninas. Essa mudança drástica é vista principalmente nas meninas mais robustas, muitas das quais estão começando, em alguns países, a mostrar mudanças da puberdade aos 9 anos de idade, e, em alguns casos, aos 8 anos. Nos Estados Unidos, 27,2% das meninas afro-descendentes, aos 7 anos, e 6,7% das meninas brancas apresentam óbvias modificações anatômicas da pré-adolescência, como, por exemplo, o crescimento dos seios. Esperemos ver mudanças pré-púberes numa quantidade ainda maior de meninas de 7 anos, na segunda década do terceiro milênio. Podemos esperar ver alguns casos pessoais aflitivos, como recentemente um menino de 11 anos ser pai de um bebê cuja mãe tinha 13 anos. Esperemos ver meninos serem pais aos 9 anos de idade e meninas grávidas na mesma idade. Podemos esperar ver outros casos de meninos de 10 anos acusados de cometer estupro, como foram quatro meninos em West London em 1998.

Os médicos estão sendo obrigados a reescrever os manuais de medicina. O que é normal e o que precisa de tratamento? As crianças estão sendo roubadas de meia década de sua infância e sendo obrigadas a lidar com grandes mudanças hormonais e corporais antes de estarem emocionalmente prontas. Atualmente, a puberdade é considerada um acontecimento natural e altamente pessoal, uma área sacrossanta em que não se deve interferir. Mas no terceiro milênio muitos pais vão querer gerenciar a puberdade dos filhos, em vez de se arriscar a uma plena mudança hormonal na criança. A sociedade será forçada a tomar uma decisão coletiva sobre qual deveria ser a idade "natural" da puberdade, e os médicos, juntamente com a indústria farmacêutica, farão o resto.

Por que a puberdade está chegando mais cedo?

Haverá, provavelmente, duas razões para a diminuição da idade da puberdade. Primeiro trata-se de uma simples questão de volume corporal. As células da mulher produzem estrogênio, e quanto maior o corpo feminino, maior a quantidade de estrogênio circulando na corrente sangüínea, para se somar ao proveniente dos ovários. Uma criança alta e de boa constituição tende a alcançar a puberdade mais cedo, e à medida que nos tornamos, com melhor nutrição, uma população de quase gigantes, também nos tornamos uma população de crianças-adultas.

Os padrões de crescimento estão se estabilizando, e esse efeito acabará generalizado. Entretanto, o segundo fator possível é ambiental. Existe no ambiente urbano uma grande quantidade de poluentes com propriedades semelhantes ao estrogênio. Um exemplo é uma cadeia química que vaza dos recipientes de plástico para a água engarrafada e qualquer alimento.

Uma das principais fontes de estrogênio ambiental é a alimentação. A farinha de soja é uma fonte reconhecida, tanto que um pão de fôrma rico em soja está sendo vendido com a alegação de que reduz ou elimina os calores sentidos pelas mulheres na menopausa. Mas, e os consumidores do sexo masculino?

Uma geração estéril?

Os estrogênios ambientais numa sociedade cada vez mais urbanizada também podem explicar a catastrófica perda de espermatozóides, em nações industrializadas, onde em 50 anos as contagens caíram para a metade. Em 1992 foi publicado um estudo no *British Medical Journal*, resumindo os resultados de 61 estudos, remontanda 1938 e envolvendo 15 mil homens que não tinham histórico de infertilidade. A contagem média de espermatozóides era 113 milhões por mililitro em 1940 e 66 milhões em 1990! Também está ocorrendo uma queda significativa na mobilidade e na salubridade do espermatozóide. Pela tendência atual, e por causa de tal efeito, em 2050 haverá milhões de homens incapazes de gerar filhos. Se o declínio continuar no mesmo ritmo, dentro dos próximos 70 ou 80 anos a contagem de espermatozóides estará zerada em muitos homens.

No entanto, essas mudanças afetam principalmente as nações mais ricas e não terão, no ritmo atual, um efeito notável sobre o crescimento demográfico nos próximos 100 anos. Outros fatores são mais relevantes, tais como a idade em que as pessoas começam a reprodução e o número de filhos. Em todo caso, os homens das nações desenvolvidas terão todos os recursos da tecnologia médica do amanhã para ajudá-los a ter filhos, inclusive a clonagem (ver Capítulo 5).

Ao mesmo tempo, enquanto se reduz a contagem de espermatozóides, está em ascensão o câncer de testículos e de próstata. A feminização da população masculina é sutil, contudo progressiva. Infelizmente as causas são tão difusas, tão complexas, que poderiam levar décadas para serem apuradas. No meio ambiente estão presentes 100 mil compostos químicos industriais de ampla utilização, e a cada ano são acrescentados outros mil.

A idade do consentimento

A idade do consentimento também será revista. Na Espanha, a idade legal é 12 anos, em comparação com os 18 na Turquia, 17 na Irlanda e 16 na Alemanha (todos esses países têm a mesma idade de consentimento para relações heterossexuais e homossexuais). Esperemos um grande debate em torno desse tema, e de outros, nos lugares onde variam as idades para relacionamentos do mesmo sexo, como na Finlândia, na Grécia, na Áustria e em Malta. Podemos esperar o nivelamento por baixo em muitos países, a cujos legisladores causa repugnância a idéia de mandar para a prisão adolescentes mais velhos, por terem relacionamentos com outros – presumindo que eles se oponham, por princípio, a pagar multas.

A puberdade infantil é um duplo risco na cultura milenar, porque está sendo cada vez mais adiada a condição de adulto – arranjar um emprego regular e assumir responsabilidade por outros, inclusive crianças. Os períodos de aprendizagem e de treinamento são mais longos, e em alguns casos duram até os trinta e poucos anos.

Em muitos países industrializados, quase metade das mulheres está adiando a gravidez para a casa dos 30 anos. Isso quer dizer que uma mulher pode ter 20 anos de ovulação antes da primeira tentativa de engravidar.

Um estranho paradoxo no próximo milênio será milhões de mulheres se empenharem na tentativa de engravidar em idade mais avançada, numa época em que a gravidez de milhões de mulheres mais jovens é terminada em aborto. Vai ser a época da criança preciosa, em que qualquer ameaça à saúde ou ao bem-estar psicológico de uma criança será severamente criticado. Já vemos isto no crescente alarme público em relação à pedofilia, à segurança das crianças na estrada, à exposição de crianças a influências indesejáveis na escola e na mídia. A nova era será uma fase de veneração da criancinha como símbolo da inocência e da perfeição, num mundo cada vez mais conspurcado, poluído e egocêntrico.

O lema "Pelo bem das crianças" será redescoberto como justificativa de qualquer coisa, desde a fidelidade conjugal até a decisão de se casar ou de se divorciar, a despoluição do meio ambiente, a proibição de propaganda de cigarros, a imposição de normas que regulem os níveis de decibéis da música em clubes noturnos (pelo bem dos adolescentes).

Ainda mais preocupados com a segurança infantil, os pais criarão casulos para os filhos nos quais (esperam) que eles ficarão inteiramente a salvo do perigo. Poucas crianças andarão sozinhas de bicicleta na praça ou caminharão para a escola. A tendência oposta será uma nova geração de pais que acreditam que os filhos precisam da oportunidade de crescer no mundo real, ficando menos amarrados aos adultos em todos os momentos do dia – pais receptivos aos riscos

Problemas das mães idosas

Em obstetrícia, qualquer mulher que tenha seu primeiro filho depois dos 30 anos é chamada "primípara idosa", pois em idade tão avançada o corpo humano está menos capacitado para a gestação de um primeiro filho. Os riscos são maiores no parto, e também na concepção, além dos riscos genéticos adicionais. Podemos esperar uma onda crescente, mas polêmica, de mulheres de 50 anos tendo bebês, usando óvulos doados ou seus próprios óvulos, conservados durante anos antes do uso. As duas próximas décadas verão progressos extraordinários em tecnologias de geração de filhos, cada uma das quais irá forçar as fronteiras da aceitabilidade social. Entretanto, podemos esperar ver uma reação contra o ato de "brincar de Deus" (ver o Capítulo 5), e o crescente desejo de "naturalidade" na concepção, e também no parto.

Todas essas bombas-relógio biológicas terão efeitos importantes nas duas ou três primeiras décadas do terceiro milênio. E outras irão emergir. Elas irão alimentar, numa quantidade cada vez maior de indivíduos, um sentimento geral de que estamos nos desviando do devido curso e, na condição de espécie, perdendo o controle de nosso próprio destino.

Essas questões irão motivar muitos questionamentos íntimos em relação ao meio ambiente. Que tipo de mundo construímos para nós?

O que são esses inimigos invisíveis e desconhecidos ao nosso redor, que estão levando nossos filhos a virarem adultos cedo demais, a adoecerem ou até mesmo a morrer?

A CULTURA DA CIDADE

A cultura da balada, das drogas e da surdez

As casas noturnas estão lotadas e são parte fundamental da vida de milhões de adolescentes e jovens de maior poder aquisitivo. Em geral, a música desses lugares é completamente diferente da ouvida em casa: altamente repetitiva e radicalmente distinta do pop tradicional – é um segmento de uma cultura dominada pelo uso do ecstasy e de outras drogas afns.

O ecstasy ou MDMA foi criado em 1912 pela companhia farmacêutica Merck, na Alemanha, sendo inicialmente usado como droga experimental. Agora ele se tornou parte da música. Muitas faixas são feitas para serem sentidas com vibrações de freqüência ultrabaixa sendo forçadas para dentro dos pulmões e de todas as cavidades do corpo por alto-falantes imensos que, literalmente, movem o ar. Um grupo movido a drogas terá energia para dançar sem interrupção de meia-noite ao raiar do dia, ou além. A cultura da droga é, em parte, uma reação, uma fuga de um mundo acelerado, urbano e cada vez mais caótico.

A epidemia de surdez causada pela música

Podemos esperar ver uma inundação de relatórios de pesquisas sobre surdez. Já estão surgindo os primeiros artigos sobre danos significativos causados à audição após uma única exposição de várias horas a música em alto volume. O Walkman da Sony e outros aparelhos semelhantes também podem destruir a capacidade de ouvir certas freqüências, o que pode ser particularmente arriscado, já que a exposição pode durar várias horas por dia sem que se perceba. Esperemos milhares de ações de litígio como as relacionadas aos cigarros, com alegações de que nos anos 80 e 90 as empresas tinham consciência do potencial de dano causado à audição, mas deixaram de fazer advertências adequadas ou de regular o volume de som.

Muitos sistemas portáteis podem jogar nos fones de ouvido níveis de ruído muito superiores àqueles que, em fábricas, tornam obrigatório o uso de protetores auriculares. O problema só começará realmente a incomodar a partir de 2030, quando o processo natural de perda da audição por envelhecimento expuser o fato de muitos já terem entrado na vida adulta apresentando déficits de audição sutis, mas muito significativos. Esperemos por números expressivos de casos mais graves que irão emergir a partir de 2010. Podemos esperar um efeito sobre os estilos musicais e a cultura da balada, com o uso rotineiro de protetores de cera para os ouvidos, que permita à música ser sentida, em vez de ouvida. À medida que uma geração de músicos mais velhos constatar que mal consegue ouvir, esperemos o uso regular de fones de ouvido e protetores para integrantes de grupos musicais, durante o show, em substituição aos antigos e ruidosos alto-falantes de palco.

Então, como será a música no terceiro milênio?

Tal como nas eras musicais anteriores, cada uma delas construída sobre a nova tecnologia da época, a música do terceiro milênio vai fazer uso de novas ferramentas. Já temos recursos para criar qualquer onda sonora que desejarmos – mas o futuro será a reprodução. Formas inteiramente novas de criar som ambiental dentro de uma sala reproduzirão, por exemplo, a experiência de uma sala de concertos ou de música ao ar livre. Representações tridimensionais de sons criam composições que flutuam no ar e sob seus pés, vozes que geram uma sensação de imersão total, diferente de qualquer coisa experimentada antes – mesmo na vida real. Essas construções sonoras aposentarão todos os CDs existentes, e todos os álbuns do início dos anos 2000 soarão inexpressivos, a não ser quando reproduzidos em antigos equipamentos, para capturar o "genuíno" som histórico. Também haverá a música dos extremos – de todos eles –, e que por muitos não será considerada música.

E os filmes do terceiro milênio?

Podemos esperar ver grandes transformações na indústria cinematográfica. Esperemos uma enxurrada de refilmagens, com efeitos especiais melhores e mais caros. O filme de amanhã será dominado por cenas virtuais geradas por computador, nas quais os *stunts* são substituídos por criações virtuais e os atores, por entidades virtuais. Desde os filmes *O professor aloprado*, com Eddie Murphy, e *O máscara*, com Jim Carrey, os atores receberam um aviso prévio de que seus serviços não serão mais necessários da forma tradicional. Milhares de filmes são criados com a completa distorção da realidade gerada por computadores, a partir de imagens de atores de verdade.

Os três filmes da série *Jurassic Park* se tornaram populares não apenas pelo bom enredo e bom trabalho de atores, mas também porque a platéia queria ver como teria sido a vida há milhões de anos, quando os dinossauros habitavam a Terra.

Podemos esperar, da mesma forma, a criação de centenas de filmes que representam, com um nível espantoso de detalhes, mundos inigualáveis. Essas produções, um dia, serão realizados em tecnologia 3D de alta resolução, isenta de problemas. Em 2010, as casas terão telas de grandes dimensões para projeção de filmes que criam uma atmosfera de platéia ou oferecem imagens com amplitude de 360°.

E a moda no terceiro milênio?

Vocês verão as mesmas tendências na moda, nas passarelas. As novas criações serão influenciadas pelos materiais, tão revolucionários quanto foi a lycra nos anos 90. As feiras de moda continuarão a buscar soluções radicais: modelos desfilando seminus, completamente vestidos, limpos, cobertos de lama, encharcados, congelados, com os corpos pintados – vale tudo para atrair a atenção. Mas nada disso criará a moda popular do terceiro milênio. Os estilos dominantes serão diferentes dos atuais, mas convencionais por definição. Esperemos ver roupas inteligentes, capazes de mudar de cor e textura em função de variações de temperatura, e acessórios equipados de microchips, "programados" com funções, como, por exemplo, cintos, chapéus, óculos, relógios, luvas ou equipamentos de ginástica que mostrem a distância percorrida pelo usuário.

O CRIME

Embora os índices de criminalidade estejam caindo, a criminalidade e a segurança pessoal são a preocupação dominante da população dos Estados Unidos. O fato é que a urbanização cria um ambiente em que o crime pode florescer. Nos distantes povoados rurais os habitantes dificilmente se dão o trabalho de trancar as portas, pois os crimes são raros.

Assassinatos na América Latina

O número de assassinatos cresceu muito nas megalópoles da América Latina. A mais violenta é El Salvador, com um índice anual de 140 assassinatos por 100 mil habitantes. A probabilidade média de quem vive naquela cidade por 30 anos ser assassinado é de um para 20. Um homem ou uma mulher com 100 parentes e amigos irá a cada seis ou sete anos ao enterro de um deles, vítima de assassinato.

Índices de assassinato por 100 mil habitantes

	final dos anos 70 início dos anos 80	final dos anos 80 início dos anos 90
Colômbia	20,5	89,5
Brasil	11,5	19,7
Trinidad e Tobago	2,1	12,6
Peru	2,4	11,5
Estados Unidos	10,7	10,1

O crime, alimentado pela decadência urbana e pela desintegração social, tende a ser uma atividade juvenil que a imensa maioria abandona na idade adulta. Nos Estados Unidos, a criminalidade entre jovens de 10 a 17 anos aumentou 61% entre 1986 e 1995. Nessa faixa etária, as prisões por assassinato aumentaram 75%. Podemos esperar novas leis draconianas em muitos países, com novas sanções contra jovens e seus responsáveis, numa tentativa desesperada de injetar nos indivíduos dessa idade algum senso de responsabilidade. As populações carcerárias continuam a ter crescimento vertiginoso. Na Grã-Bretanha, o sistema prisional precisou tentar converter colônias de férias e navios em prisões emergenciais, para encarcerar todos os presidiários. Mantidas as taxas de crescimento atuais, será necessário construir a cada seis semanas uma nova instalação carcerária do tamanho do presídio de Dartmoor.

Toque de recolher às 21h para menores de 10 anos

É de se esperar uso generalizado do toque de recolher nas cidades ou estados mais afetados, para reduzir a delinqüência. Mais de 100 cidades nos Estados Unidos já exigem que todos os menores de 17 anos estejam em casa toda noite às 20h, com exceção de sexta-feira e sábado, quando o horário é estendido para as 23h. A polícia de New Orleans afirma: "Observamos uma redução no número de locais alvejados por adolescentes de dentro de carros." As mortes de adolescentes em conseqüência de tiroteios caíram pela metade.

O representante republicano da Flórida, Bill McCollum, afirmou: "Nenhum grupo populacional representa uma ameaça tão grande à segurança pública quanto os delinqüentes juvenis." Ele ressalta que entre 1985 e 1995 caíram os índices de assassinato cometido por adultos nos Estados Unidos, ao passo que os assassinatos cometidos por adolescentes aumentaram. O número de prisões de adolescentes por todos os tipos de crime subiu 67% e os jovens agora cometem 20% de todos os crimes violentos. Com a previsão de um crescimento de 15% no número de adolescentes na próxima década, a situação pode piorar muito.

Dados científicos mostram esmagadoramente que nas nações industrializadas a derrocada da família é um dos principais fatores de risco de adolescentes se envolverem em crimes, além do fracasso acadêmico e da insatisfação pessoal. No Reino Unido, a maioria dos crimes infantis é cometida por membros da classe de baixa renda, os quais abandonaram a escola e freqüentemente são analfabetos.

A morte da polícia

A primeira força policial foi criada em 1829, por Sir Robert Peel, ministro da Casa Civil britânico, mas uma revolução está ocorrendo. Em 1970, nos Estados Unidos, a proporção entre policiais e seguranças privados era de 1,4 para um, mas em 2001 havia tantos seguranças privados quanto agentes de polícia. A segurança privada, nos Estados Unidos, tem um custo de 90 bilhões de dólares, enquanto as forças policiais custam 40 bilhões de dólares. Podemos esperar que o investimento em segurança privada continue a crescer globalmente, principalmente nas áreas onde é maior a distância entre ricos e pobres.

Na Grã-Bretanha, o número de seguranças privados aumentou de 80 mil, em 1981, para mais de 300 mil em 2003, aproximadamente o dobro do número de policiais. Na Austrália e no Canadá as proporções são similares. Terras sem lei como a Rússia e a África do Sul têm 10 vezes mais seguranças privados que policiais.

Na Rússia, a instituição policial é caótica. A dotação de 1,7 bilhão de dólares por ano para o Ministério do Interior supera as verbas concedidas à saúde. A nova revolução russa ainda é jovem e vulnerável. Devemos esperar que a Rússia demore duas décadas para se estabilizar e criar alguma "memória" de democracia estável, sólidas estruturas fiscal e jurídica, além de índices invejáveis de criminalidade.

ECONOMIA INFORMAL E EVASÃO FISCAL

Milhões de habitantes relativamente anônimos são difíceis de localizar e de classificar. Ninguém vê o que eles fazem. Embora a Internet ofereça aos ricos e instruídos novas maneiras de sonegar os impostos, no último nível da escala social a economia do dinheiro vivo continua a prosperar.

Nenhuma tributação, nenhuma norma. Qual o tamanho do rombo? O professor Friedrich Schneider, da Linz University, na Áustria, procurou mensurar a economia informal pelo exame da quantidade de dinheiro não identificado em circulação. Ele avalia como produto da economia informal mais de um quinto dos PIBs da Bélgica, da Itália e da Espanha; 10% do PIB da Grã-Bretanha; um pouco mais do que isso do PIB na França e na Alemanha. Compare isso, por exemplo, com a estimativa de 3,25% do PIB feita pelo governo belga, e com o cálculo oficial de apenas 1,5% do governo britânico. Se forem corretos esses números calculados para a Europa, então a economia informal está crescendo a uma taxa três vezes maior que a taxa oficial. Na Europa como um todo, o produto da economia informal, provavelmente, equivale à soma do produto das economias legítimas da Alemanha e da Espanha.

Podem-se esperar muitas outras discussões sobre os números da economia informal, com os Estados Unidos exigindo agora a inclusão do setor no cálculo do PIB real e das contribuições nacionais para o orçamento da União Européia. Alguns países estão sendo encorajados a aumentar os valores do PIB pela inclusão das estimativas do mercado de drogas, da prostituição e de "receitas", como reforço dos argumentos favoráveis à própria qualificação como integrantes do grupo da moeda única. Na Rússia, a economia subterrânea, provavelmente, supera a oficial. Os fiscais de renda agora portam granadas de efeito moral, gás lacrimogêneo e rifles de combate. Em um ano, 26 foram mortos, 74 feridos e um seqüestrado durante o expediente.

Mesmo hoje, os 10% calculados pelos britânicos são altamente significativos. Como a maior parte dessas transações em dinheiro provavelmente envolve o nível mais baixo da escala salarial – digamos, um jardineiro ou um pintor e decorador –, isso indica, provavelmente, que duas em cada cinco pessoas estão de alguma forma envolvidas com a economia informal como receptoras, e a vasta maioria da população como pagadora.

Na Itália e na França uma empresa atualmente paga, a título de encargos, três vezes o salário líquido de um trabalhador oficialmente contratado; portanto, há um grande incentivo para o emprego de mão-de-obra temporária numa base não oficial. Na Alemanha essa proporção é de 2,3 para um. Em muitos países industrializados o setor de serviços está crescendo rapidamente, assim como crescem o trabalho autônomo e o trabalho em tempo parcial. À medida que a renda cresce, mais gente está pagando em dinheiro a empregados para limpar, fazer compras, cozinhar ou fazer manutenção em casa. Ao mesmo tempo, por causa da Internet e da globalização, nunca foi tão difícil monitorar os fluxos de receita. Quanto maiores os custos de encargos salariais e o número de normas, maior a economia informal. Assim, algumas medidas para aumentar salários ou proteger os trabalhadores tornam-se altamente contraproducentes.

A FEMINIZAÇÃO DA SOCIEDADE

Vivemos numa sociedade que está se tornando radicalmente feminizada. O máximo em matéria de garantir o acesso feminino a tudo é a enfermaria mista nos hospitais ou o uso de vestiários masculinos pelas mulheres nas forças armadas. De acordo com alguns, numa sociedade igualitária que não discrimina gêneros, todas as áreas deveriam ser abertas a todos.

Os homens estão recuando, qualificados como viciados em testosterona: variantes perigosas e malcomportadas da espécie humana, predispostos à violência, às ações sexuais predatórias, à estupidez e à irresponsabilidade generalizadas, vítimas de um crescente coro de comentários negativos e de agressões. A sociedade patriarcal está rapidamente se tornando matriarcal. Os instintos e reações femininos estão se tornando as normas do futuro.

Se um homem é forte, ele é machão, perigoso, grosseiro, um típico produto da testosterona; se é delicado e intuitivo, sensível e caloroso, ele é um fraco afeminado e "chato". E, além disso, algumas mulheres decretaram a morte do romantismo.

Já começou uma reação contra a feminização. Por exemplo, o Promise Keepers é um movimento de homens nos Estados Unidos, associado ao direito de religião, cujo objetivo é encorajar uma cidadania masculina responsável e restaurar o homem em seu papel tradicional de chefe da família. O movimento está crescendo: em 1996, 1,2 milhão se reuniram numa série de passeatas pelo país afora, e em 1997 uma única marcha em Washington, D.C. reuniu meio milhão de participantes. O movimento conta com 400 funcionários e um orçamento de 15 milhões de dólares, além de ter dezenas de milhares de voluntários. Seu líder, Bill McCartney, revelou a crise masculina de identidade e auto-estima: "Os homens são mais sujeitos a quebrar os votos do casamento por adultério, violência e abandono do lar. Os homens estão engravidando números recordes de mulheres e deixando-as arcar com as conseqüências. São os homens, em maioria esmagadora, que cometem a maior parte dos crimes violentos no país e contribuem para a superpopulação dos sistemas carcerários."

Empregos para as jovens

Na Grã-Bretanha, os novos postos de trabalho estão sendo, na maioria, ocupados por mulheres – um percentual estimado em 80%. A maior parte dos empregos perdidos é dos tradicionalmente ocupados por homens. Desde os anos 70, o emprego feminino cresceu 20%, ao passo que o emprego masculino caiu na mesma proporção. Os empregos de amanhã pedem flexibilidade, trabalho em equipe, eficiência – o que favorece as mulheres, de acordo com algumas feministas. O maior crescimento de empregos ocorreu nas indústrias de serviços em tempo parcial e de entretenimento, enquanto os trabalhadores de tempo integral na indústria tradicional são espécie em extinção.

Na Grã-Bretanha, 25% dos homens entre 18 e 65 anos ficaram economicamente inativos durante a última grande recessão. Alguns estavam na universidade ou fazendo treinamento – de que outra maneira se pode sobreviver a quatro grandes mudanças de carreira durante a vida? Outros estavam desempregados. Outros estavam em idade de aposentadoria, ou optaram pela aposentadoria antecipada ou eram portadores de enfermidades crônicas.

A feminização da sociedade pode ser mais claramente observada no Japão, uma cultura fortemente masculina. Entre 1975 e 2000, o percentual de mulheres matriculadas em cursos universitários de quatro anos de duração aumentou de uma em oito para mais de uma em quatro. No mesmo período, a força de trabalho feminina aumentou de 32% para mais de 40%. As mulheres detêm hoje um de cada 25 cargos gerenciais, enquanto em 1984 ocupavam um de cada 40 cargos. A discriminação sexual nas promoções foi considerada ilegal em tribunais e recentemente 12 funcionárias de um banco ganharam uma indenização de 890 mil dólares por assédio sexual.

Os movimentos feministas precisarão pensar no rumo a seguir

Podemos esperar ver os movimentos de liberação masculinos imitarem os grupos ativistas femininos. Esperemos ver os papéis dos gêneros continuarem confusos, com muitas mulheres reagindo contra a estereotipagem negativa dos homens. Também são aguardadas grandes mudanças na cultura das empresas, principalmente à medida que as populações envelhecerem, gerando escassez de habilidades. Também a ocupação, por muitas mulheres, de cargos elevados. Podemos esperar preocupação com o bem-estar dos filhos de casais que trabalham fora. Esperemos ver homens processarem mulheres por assédio sexual, intimidação e preconceito na seleção de pessoal, e exigirem cotas masculinas de emprego. Podemos esperar a continuação dos debates sobre, por exemplo, se cuidadores masculinos deveriam ser autorizados a levar crianças muito pequenas ao banheiro.

Podemos esperar ver a geração M questionar a ambição dos pais, sentindo-se prejudicada por ela durante seus anos de formação. Esperemos ver essa geração organizar de outra forma diferente os anos de formação dos filhos, com um número cada vez maior decidido a sacrificar a carreira de um dos cônjuges, ou de ambos, em benefício da felicidade familiar no longo prazo, embora com renda menor. Com mais freqüência os homens ficarão em casa cuidando das crianças, combinando essa atividade com o teletrabalho em tempo parcial.

Feminização – processo lento em casa e no trabalho

Apesar de tudo isso, a feminização ainda tem um longo caminho a percorrer. Os homens arrumam a casa, mas não muito mais do que antes. Em muitas áreas ainda existe uma barreira invisível bloqueando as promoções de mulheres, que ainda contam com muito menos lazer que os homens.

O ENVELHECIMENTO DA POPULAÇÃO

Em países como o Japão, os Estados Unidos e a Alemanha a população está envelhecendo. Graças ao progresso da medicina terapêutica e da biotecnologia (ver páginas 160, 293-303) haverá significativo aumento na expectativa de vida.

As crianças nascidas nos três próximos anos viverão pelo menos o dobro das nascidas há 100 anos. Assassinos como a pneumonia ou o parto estão sendo substituídos por artrite reumatóide, câncer, demência, fraturas de coluna, cegueira e surdez. Nos países mais ricos já não existem ameaças como a poliomielite, a tuberculose e a coqueluche. Nesses países surgem, em vez disso, o medo da dependência e as pressões sobre os aposentados para cuidarem dos pais também aposentados. Os netos podem acabar cuidando das duas gerações anteriores, em razão de doença dos pais. As corporações, os governos e os fundos de previdência privada precisarão refazer os cálculos de provisão para as pensões futuras, com graves conseqüências para o balanço contábil.

Acrescentando anos à vida, em vez de vida aos anos?

No Japão, em 1955, o número de crianças menores de 14 anos era de 35% da população e caiu para 15,5% da população. Em 2010 o Japão poderá ter, em termos percentuais, a menor força de trabalho e a maior proporção de idosos do mundo.

Legislação previdenciária alemã ameaçará a União Européia

Em 1997, a população residente na Alemanha era de 81 milhões. Havia três adultos em idade produtiva para cada aposentado. Pelas projeções atuais, por volta de 2035 haverá no país 71 milhões de habitantes. No entanto, na população adulta a proporção será de cinco em idade produtiva para cada três aposentados, mas a realidade será ainda mais difícil: alguns dos cinco não estarão trabalhando. Eles estarão aposentados, estudando ou serão cronicamente doentes. Naturalmente, embora improvável, é possível que nas próximas décadas os poucos adultos jovens restantes deixem de lado a moderação e tenham muitos filhos. Mesmo assim, a medida não terá tempo de melhorar significativamente o problema antes de 2025.

Por volta de 2035 existirão na Alemanha 4,5 milhões de pensionistas acima de 80 anos – muito mais que os 3 milhões de 1997. O quadro previdenciário alemão pode ameaçar o super-Estado europeu. Devemos esperar medidas radicais para cuidar desse problema. A Grã-Bretanha dispõe de grandes reservas para o futuro em fundos de pensão, que possuem terras, as melhores edificações, parte das coleções nacionais de arte e grandes corporações. A Alemanha, porém, que vem gastando, em vez de guardar, conta com poucos recursos. Seu único projeto para o setor tem sido fazer os adultos produtivos sustentar a previdência. Num mercado de trabalho em expansão, com salários cada vez mais altos, o método durou 100 anos e nada mais.

Quem vai pagar a conta?

Diante disso, quem vai pagar a conta? Haverá tributação mais alta das empresas? Impostos sobre o consumo? Impostos sobre a renda? Outros Estados europeus cobrirão a despesa? Quem vai querer morar e trabalhar na Alemanha ou se candidatar a uma pensão alemã? Pode-se esperar um relaxamento nas leis de imigração para obter mais mão-de-obra que movimente as economias em processo de envelhecimento.

A França despertará com revoltas e demonstrações

A França está passando por um pesadelo semelhante. Os trabalhadores do setor público ainda mantêm a estranha ilusão de que poderão se aposentar com boas pensões e muitos anos antes de seus colegas da indústria. Quando finalmente o governo tiver coragem de lidar com o problema, haverá mais tumulto nas ruas do país.

Alain Juppé, primeiro-ministro francês entre maio de 1995 e junho de 1997, admitiu que "os números são apavorantes". Na geração passada, cinco trabalhadores franceses arcavam com a pensão de um aposentado. Hoje 2,2 contribuem para cobrir uma aposentadoria, com a expectativa de que o número caia para 1,75 até 2035 e para apenas 1,1 em 2040. A essa altura, se nada mudar, como na Alemanha, cada trabalhador francês terá que financiar 100% do pagamento da aposentadoria de um concidadão. A França está numa situação grave, pois praticamente não dispõe de fundos de previdência privada. As pensões já consomem 10% do PIB e não há um fundo de investimentos para o futuro, enquanto o governo do Reino Unido despende hoje no total 5,9% do PIB. Por volta de 2015, só as aposentadorias e pensões dos funcionários públicos franceses terão um aumento de 150 bilhões de francos (em valores de 1993), o equivalente a uma despesa extra de 1,25% do PIB. Em 2015, 25% da população francesa estarão acima de 60 anos. Mantidas as condições atuais, a maioria terá direito a receber entre 66 e 75% do último salário bruto, com correção monetária, tudo pago pelos salários da população economicamente ativa.

A Itália também tem um problema grave de previdência. O sistema de previdência pública já sustenta 18 milhões de pensionistas com as contribuições de uma força de trabalho de apenas 21 milhões, resultando num déficit anual da ordem de 50 bilhões de dólares.

No final de 1995 o patrimônio dos fundos de pensão da União Européia valia 1,5 trilhão de dólares – o equivalente a um terço do patrimônio dos Estados Unidos, cobrindo os custos de 100 milhões de pessoas a mais. E, ainda, o Reino Unido e a Holanda respondiam por 75% do patrimônio. O espantoso percentual de 85% das pensões européias é coberto pela arrecadação. Se os fundos de pensão da União Européia crescerem 9% ao ano, o patrimônio poderá chegar a 15 trilhões de dólares em 2020, mas os Estados Unidos, com a mesma taxa de crescimento, terão 37,9 trilhões de dólares.

Tributação dobrada para as futuras gerações

Para lidar com essa situação, em países como a Alemanha as gerações futuras pagarão impostos em dobro. Para começar, os trabalhadores terão de responder pelo grande número de pessoas sem pensão que hoje precisam dela. Em segundo lugar, também serão forçados a começar a poupar muito para prescindir de pensão do Estado na velhice. Isso equivale a uma taxação dobrada: você paga por sua previdência privada e pela previdência pública dos cidadãos mais velhos. Passa de 14 trilhões de dólares o déficit da previdência nos países sem patrimônio previdenciário. De onde virá esse dinheiro?

Uma forma de conseguir o dinheiro será pelo corte da "rede de segurança" representada pelo auxílio-doença ou seguro-desemprego – uma receita para conflitos trabalhistas generalizados. Na França, um governo se elegeu graças à promessa de criar 700 mil empregos, sendo metade no setor público; de reduzir a carga horária semanal de 39 horas para 35 horas, sem redução de salário; de aumentar os salários e pensões; de aumentar o gasto público com cultura e pesquisa – sem aumentar os empréstimos, as despesas públicas ou os impostos. Em seguida, o primeiro-ministro socialista entre junho de 1997 e maio de 2002, Lionel Jospin, assumiu um compromisso com a União Monetária Européia e rapidamente reviu a proposta inteira.

Assim, o que farão os indivíduos? Em primeiro lugar, alguns deixarão países onde pagam impostos pesados para cobrir pensões de outros cidadãos e se mudarão para países de baixa carga tributária, onde só precisarão economizar para a própria pensão. Em segundo lugar, pode-se esperar uma atenção muito maior ao desempenho dos fundos de pensão e aos níveis de contribuição.

Subindo a idade-limite de aposentadoria

França	60 para ambos os sexos, 55 em alguns casos no setor público
Itália	mulheres atualmente 55
Grã-Bretanha	mulheres atualmente 60, subindo para 65
Estados Unidos	mulheres atualmente 60, subindo para 67
Nova Zelândia	60, subindo para 65

Idosos detêm maior parte da riqueza dos Estados Unidos

Nos Estados Unidos, os cidadãos acima de 65 anos detêm 50% da renda e 75% de todo o patrimônio financeiro. É de se esperar o aparecimento de um leque de novos produtos para o "mercado cinza", tais como cruzeiros e viagens aéreas de luxo. Os idosos com situação financeira confortável costumam ser cautelosos no gastar, mas apreciam novas experiências e viagens. Devemos esperar ver muitos papéis utilizados em publicidade – e ditados ao consumidor da faixa dos 30 pelos jovens bem-sucedidos da faixa dos 20 – aplicados ao público cujos filhos há muito saíram de casa. O poder cinza estará mais em evidência nos centros de consumo, em lojas de roupa ou de material esportivo, nas agências de automóveis, nos clubes de jardinagem, nas agências de viagem e nos teatros, cinemas e restaurantes.

Os planos de previdência pessoais e os fundos de investimento serão mercados promissores para os que estão próximos da aposentadoria; os serviços pessoais valorizados, tais como atendimento bancário presencial, serão especialmente dirigidos aos aposentados. Haverá uma florescente indústria de troca dos seguros de vida por dinheiro, em vida, voltado para membros de uma sociedade desintegrada que não desejam deixar capital aos descendentes.

Outras conseqüências do "fator cinza"

Os países com escassez de mão-de-obra precisarão importá-la de outros países. O aumento do fluxo de imigrantes de nações pobres para as ricas terá um efeito profundo na mistura étnica das populações jovens em cidades e metrópoles, principalmente se combinado aos índices de natalidade mais elevados de algumas comunidades minoritárias.

Muitos idosos continuarão a trabalhar até os 75 anos, e alguns começarão a receber aposentadoria parcial em algum momento entre os 45 e os 70 anos, com o intuito de se dedicarem a funções menos remuneradas em favor de causas meritórias. É de se prever que até 2010 os benefícios concedidos pelo Estado comecem a ser pagos em idade mais avançada, 65 anos na maioria dos países com graves déficits nos fundos de previdência. Contudo, quem tiver seu próprio plano de previdência continuará a poder optar pela aposentadoria total ou parcial, na ocasião desejada. Uma das principais estratégias de recrutamento de pessoal depois de 2005 será atrair de volta ao mercado esses aposentados, muitos dos quais podem ter originalmente pretendido parar de trabalhar aos 55 ou 60 anos, no máximo.

Podemos esperar um exército de aposentados saudáveis e ativos fazer trabalho voluntário em centenas de instituições de caridade, especialmente programadas para suprir necessidades sociais e emocionais de idosos cujas vidas podem ser melhoradas por ajudar ao próximo, em organizações que ofereçam um sentido de família, além de destino, integração e saúde pessoal.

No extremo oposto da escala social, devemos esperar pelo crescimento de uma subclasse e de uma camada acima desta que trabalhem em tempo parcial até os 70, 80 ou mais anos de idade, incapaz de sobreviver apenas das pensões miseráveis pagas pelo Estado, e sem assistência dos filhos, extraindo uma existência miserável do trabalho não especializado nos setores de serviços ou da indústria, por uma remuneração irrisória. Eles aparecerão em poucas estatísticas, sendo seu rendimento quase sempre informal, em dinheiro e não declarado. Não terão direitos, nem representação, nem benefícios, nem segurança. Em 20 anos um problema crítico será o número cada vez maior de indivíduos que não investiram adequadamente em fundos de pensão. Um problema diverso e traumático será enfrentado por aqueles cujos fundos deixarem de cumprir o que foi prometido ou esperado.

Podemos esperar ver idosos com casamentos duradouros, bem-sucedidos e felizes se tornarem uma respeitada fonte de informação sobre situações satisfatórias, resultado do reconhecimento de que um casamento feliz e estável é um indicador importante de bem-estar físico e emocional durante a vida. Nos países ricos, se verão famílias com filhos receberem ou adotarem informalmente aposentados como avós substitutos, quando as gerações forem separadas pela distância ou por tensões familiares. Alguns desses arranjos poderão atrair apoio financeiro do Estado, já que grupos familiares reestruturados representam uma economia em gastos com saúde.

Haverá pesquisas intensivas em próteses para substituição ou restauração de articulações, usando as células do próprio paciente;

avanços no tratamento da deterioração do cérebro, inclusive com células-tronco para renovar o tecido cerebral; novos cremes e drogas que retardem o envelhecimento e a morte das células. Muitas novas empresas de gestão de saúde disputarão a parte do leão na gerência de hospitais e casas de repouso.

O alarde pela eutanásia será mais forte

Nas três próximas décadas a eutanásia vai ser um dos principais temas de discussão na área médica. Em termos globais, a população acima de 60 dobrará nos próximos 50 anos. Esse tema não vai desaparecer: o "direito à morte" será embutido em outras questões, inclusive o direito dos médicos de decidir pôr fim à vida de quem não estiver apto a decidir por si. Os médicos, ou um tribunal, sempre terão que decidir, pois alguém precisa avaliar se o paciente está "em perfeitas condições mentais", informado de todos os fatos e não submetido a pressões indevidas de terceiros.

Podemos esperar ver decisões médicas à margem da lei, julgamentos rumorosos e a legalização da "morte assistida" em alguns países. Serão criadas mais organizações como Voluntary Euthanasia Society, a Hemlock Society, a Compassion in Dying e Death with Dignity. Também esperemos ver um movimento contrário nos países onde a eutanásia é permitida. E ainda uma conciliação pela qual seja interrompido o tratamento médico, com muito mais freqüência em estágio mais preliminar, deixando-se à natureza seguir seu curso e sendo mantidas as medidas de controle dos sintomas.

Nos países onde seja permitido matar quem deseja morrer, veremos os idosos inválidos adotarem a saída como a atitude "responsável" a tomar. A duração da permanência em casas de repouso diminuirá, e os médicos negligenciarão o alívio à dor: quem estiver sofrendo será eliminado. Na Holanda, em conseqüência direta de uma das leis de eutanásia mais liberais do mundo, é pouco desenvolvida a medicina de apoio a pacientes terminais. Entre 1990 e 1995 as mortes por eutanásia voluntária cresceram de 1,7 para 2,4%, proporção superior a um para 50. No entanto, a administração de grandes doses de analgésicos (suficientes para matar) foi a causa de 19% dos óbitos. Um por cento do total de óbitos foi a matança deliberada e não-solicitada de um paciente por um médico. O critério atual autoriza a eutanásia por motivo de doença crônica ou de distúrbio emocional. Logo, agora o negócio é matar alguém simplesmente porque está infeliz.

Podemos esperar uma ênfase renovada no treinamento de médicos, não apenas para curar, mas para gerenciar a morte e o processo de morrer. Já é necessário o tratamento paliativo. Uma pesquisa recente nos Estados Unidos verificou que a maioria da população não tem acesso a cuidados paliativos de longo prazo e um terço morre sentindo dor perfeitamente evitável. Podemos esperar ver a medicina paliativa tornar-se uma área crucial em crescimento nos países emergentes; também novas descobertas de medicamentos para alívio da dor e o aumento vertiginoso das vendas de analgésicos no mundo inteiro na próxima década.

PROVIMENTO DE CUIDADOS DE SAÚDE

O racionamento produzirá muitos dilemas morais

O racionamento na área da saúde não é novo, mas irá se tornar muito mais evidente, com rumorosos debates públicos sobre, por exemplo, se um indivíduo de 70 anos deveria ser condenado à morte por insuficiência renal para que uma criança possa fazer duas vezes por semana uma diálise para tratamento da mesma doença. O assunto mais importante na área de saúde será o desenvolvimento de diretrizes para o "tratamento economicamente viável", levando em conta os interesses da comunidade como um todo. Haverá muita pressão sobre o conceito de cuidados de saúde gratuitos ou de baixo custo para todos. Os médicos serão acusados de brincar de Deus e acusarão os políticos, que por sua vez dirão (acertadamente) à população que jamais o custo da saúde foi tão alto, subindo muito mais depressa que a inflação.

Certa vez conversei com a secretária de Saúde dos Estados Unidos e ela me revelou que os custos de saúde naquele momento estavam subindo tão depressa que, se não acontecesse algo logo, no início do século XXI o orçamento do departamento superaria o atual orçamento do governo federal todo.

Na era Bush, esperem a preocupação se será viável manter, sem que esteja falido até 2010, o orçamento do Medicare, que subiu de cerca de 50 bilhões de dólares em 1985 para acima de 150 bilhões de dólares em 1995, estimando-se que exceda os 400 bilhões de dólares em 2005. Fraudes e ingerência estão custando até 23 bilhões de dólares por ano a esse sistema complexo que atende 80 milhões de solicitações anuais.

Podemos esperar ver por volta de 2005 uma carência global de médicos e enfermeiros treinados, com os países ricos buscando suprir a demanda de mão-de-obra pela atração de profissionais de saúde treinados em países mais pobres. Esse "roubo" de equipes de saúde dos países que mais necessitam delas criará duras condições nas nações emergentes. Enquanto isso, nos países ricos os profissionais treinados continuarão a abandonar seus postos por carreiras totalmente distintas, responsabilizando os baixos salários, a sobrecarga de trabalho e a falta de motivação.

Portanto, a indústria da saúde será dominante nos países mais ricos, o mesmo acontecendo cada vez mais nos países em ascensão, e passará por um aumento global significativo durante o próximo século. Médicos, enfermeiros e outros profissionais de saúde continuarão a ser necessários em números cada vez maiores, apesar da robótica e de outras tecnologias. O elemento humano continuará a ser a principal fonte de cuidados, seja ajudando alguém a se virar na cama, seja ouvindo as queixas de um paciente aflito porque está doente e tem medo.

Problemas de saúde emocional serão, de nossos dias até 2020, um tema de importância cada vez maior, com a depressão e a ansiedade dominando cada vez mais a vida de muitos, falidos todos os mecanismos normais de lidar com as circunstâncias. Na história da civilização ocidental tem ocorrido que quando a população goza de mais prosperidade, saúde e conforto físico, os níveis de estresse aumentam e os indivíduos ficam emocionalmente fragilizados. Daí a quantidade, nos Estados Unidos, de terapias e muitos outros serviços criados para cuidar das emoções. Podemos esperar que 20% dos homens e mulheres que vivem atualmente no Reino Unido necessitem de ajuda psiquiátrica formal em algum momento de suas vidas, na proporção de um para seis, entre mulheres, e de um para nove, entre homens.

Podemos esperar que surja uma nova especialidade médica relacionada à felicidade humana. No início do terceiro milênio a felicidade se tornará um tema focalizado. Se o aumento da riqueza material aparentemente não produz um aumento perceptível no grau de satisfação ou de realização nacional ou pessoal, onde se encontra a felicidade? Cada dia mais os médicos usarão novas drogas para melhorar o humor ou controlar a ansiedade, como solução parcial para uma crise em expansão. A prescrição generalizada dessas substâncias que alteram a percepção será uma forma indireta de legalizar o consumo de drogas.

Novas epidemias

Uma conseqüência do aumento populacional é o maior risco de epidemias globais. Já estamos vendo o surgimento de vírus de mutação acelerada em diferentes partes do globo. Cada vez que alguém é infectado existe um pequeno risco de significativa mutação. Com o aumento da população planetária também cresce o risco de mutação. A alta mobilidade também incentiva a propagação. Não dispomos de proteção médica contra pandemias virais, nenhum equivalente à penicilina para as viroses.

Também estão surgindo novas epidemias bacterianas, como o surto de úlcera de Buruli, uma infecção causadora de necrose dos tecidos, que eclodiu na África afetando 6 mil pessoas em 1996, somente na Costa do Marfim. A infecção destrói a pele, expondo tecido gangrenado. O único tratamento é a remoção cirúrgica. Até 2020 devemos esperar uma série de novas ameaças virais e uma intensa pesquisa de medicamentos contra vírus; e, ainda, em 2010, importantes descobertas no uso da tecnologia genética para tratamento da gripe, do resfriado comum e de outras viroses.

Uma nova ameaça global

A Aids é apenas o exemplo de uma dessas novas ameaças virais, e em muitos dos países mais pobres já está fora de controle. Observa-se um novo indivíduo infectado a cada 15 segundos; no final de 2003, será portador do vírus cerca de um em cada 200 adultos. De todas as novas infecções, 90% ocorrem a homossexuais. Nos Estados Unidos, morreu mais gente de Aids em 1996 que nos 10 anos da Guerra do Vietnã. Em alguns países africanos, de cada cinco adultos, um é portador do vírus. Mas o maior impacto será no Extremo Oriente. A Índia conta hoje mais casos que qualquer outro país. Em Mumbai, 2,5% dos adultos são portadores, com mil novas contaminações por noite. Em 2010, a Índia poderá ter mais portadores de HIV que o total mundial de hoje. Os países vizinhos, e depois a China, seguirão essa tendência. Podemos esperar ver as nações ricas investirem mais na prevenção, como parte da ajuda ao desenvolvimento. A prevenção funciona e é a única resposta.

Tratamentos anti-HIV para os ricos e não para os pobres

Os inibidores da protease do HIV se mostram promissores, mas são tóxicos e dispendiosos. As terapias mais modernas podem custar acima de 12 mil dólares anuais por pessoa – coisa de ficção científica para um país como Uganda, que dispõe de apenas 3 dólares anuais por pessoa para despender em saúde. Espera-se em menos de cinco anos uma "pílula do dia seguinte" para o HIV, apesar da preocupação quanto à eficácia parcial e aos efeitos colaterais. Não esperem ver surgir em menos de uma década uma vacina eficaz. Quando esta tiver sido desenvolvida, podemos esperar grandes pressões para que o detentor da patente torne a vacina disponível ao mundo inteiro a preço de custo. Por essa razão, a indústria farmacêutica continuará a investir mais em medicamentos anti-HIV para as nações ricas do que em vacinas. Podemos esperar por grandes conseqüências da decisão tomada em 2001 pelas empresas farmacêuticas, aceitando a derrota legal na luta para impedir as nações pobres de fazerem cópias dos medicamentos anti-Aids. Isso será parte de um ataque global aos direitos de propriedade intelectual, quando esses direitos parecerem permitir às ricas empresas explorar as nações pobres.

SARS: A ameaça de novas pragas virais

Entre 1918 e 1919 a gripe espanhola percorreu o mundo, matando 30 milhões de pessoas. Há anos os cientistas advertem para a possibilidade de ocorrer uma mutação a qualquer momento, dando origem a uma nova cepa virulenta. Em março de 2003, um estranho vírus apareceu em partes da China e de Hong Kong, matando 14 de cada 100 habitantes, em conseqüência de uma grave síndrome respiratória atípica (a SARS – síndrome respiratória aguda grave) –, uma pneumonia repentina. Não havendo tratamento ou vacina, o vírus foi rapidamente espalhado pelo mundo, causando alarme e grandes esforços para conter a disseminação. A SARS foi um alerta: podemos esperar grandes esforços para criar antivirais mais eficazes, como uma questão de sobrevivência global.

DESAFIOS PARA A ADMINISTRAÇÃO

Megalópoles

- Você precisa de uma estratégia para agarrar uma fatia do mercado ou desenvolver novos mercados em megalópoles?

- Em sua empresa, quem entende da cultura das megalópoles?
- Quem está assessorando você nas questões importantes, tais como a rota a usar ou a velocidade a adotar em relação a países emergentes como a China ou a Índia?

Mantendo diferenciais adequados

- Esperemos enfrentar mais escrutínio em relação às escalas salariais, com questionamento cada vez maior em relação a grandes diferenças de remuneração, não só num mesmo país e na mesma empresa, mas entre sucursais da mesma empresa em nações distintas. Você tem uma política de remuneração global que possa justificar?

Política de relocação

- Um desafio decisivo para muitas empresas na próxima década será a mudança de local – em caso de fazê-la, para onde? Devemos esperar um fluxo de empresas de destaque entrando e saindo de áreas centrais das grandes cidades.
- Suas instalações têm as dimensões e a localização adequadas para circunstâncias que mudam rapidamente – inclusive a necessidade de fácil acesso a um eixo de transporte global?

Restrições ao consumo de água

- Que efeito terá sobre o seu ramo de atividade a restrição ao consumo de água?
- Nesse aspecto, você tem valor agregado? Por exemplo, produção de água destilada durante o processo da fusão de alumínio?

Questões de família e relacionamentos

- Você já pensou de que forma sua empresa pode ajudar os funcionários casados a continuar casados e felizes?
- Você já reavaliou áreas de atuação em função de "valores de família"?
- Você já contabilizou a perda de produtividade e o aumento de rotatividade dos empregados em conseqüência de lares desfeitos?
- Você já pensou em criar políticas amigáveis para a família, como recurso para atrair e reter o corpo funcional?
- Sua empresa está oferecendo um nível adequado de cuidado infantil ou opções para reter o quadro funcional do sexo feminino?
- Sua empresa está oferecendo rápidos planos de carreira para mulheres com ambições?
- Suas funcionárias acham que sim ou existe uma barreira de gênero?
- Você já definiu assédio sexual e encaminhou a questão?
- Existe a esse respeito uma diretriz por escrito de entendimento geral?

Desemprego e insegurança

- Que tipo de programa de treinamento funcional você adota?
- Seus funcionários sentem que, apesar da possível insegurança dos postos que ocupam, eles estão se tornando cada vez mais empregáveis em outras empresas, em conseqüência de trabalharem para você?
- Que pacotes de reciclagem e consultoria/orientação você oferece aos empregados dispensados em cortes de pessoal?

Dependência de drogas

- Qual é a política de sua empresa para dependência de drogas, e como esta é definida?
- Qual é a política sobre consumo de drogas no local de trabalho, e por que meios o uso é medido?
- Seus empregados são submetidos a exame de detecção de substâncias psicotrópicas, inclusive álcool, caso ocupem posições em que coloquem em risco a saúde e segurança de outros?
- Que sanções são aplicadas aos que apresentem resultado positivo nos testes ou estejam intoxicados? Todos os empregados entendem quais são as sanções?
- Qual é a política da empresa para os fumantes? Ela está sendo aplicada com coerência?

Dieta e peso

- Qual é a política da empresa em matéria de nutrição – ou seja, cantina/restaurante –, e ela foi atualizada recentemente?

Criminalidade

- Como sua empresa sobreviveria ao roubo de todos os computadores de uma instalação importante, inclusive todos os arquivos em meio magnético e outros recursos de armazenamento e meios relacionados?
- Que proteção você tem contra a espionagem industrial, a escuta eletrônica e outras perdas de informação?
- Qual o grau de segurança de sua empresa contra os ataques?

Envelhecimento da população

- Você reavaliou a política de aposentadoria em função das mudanças demográficas?

- Você já pensou em abolir a idade compulsória para aposentadoria?
- Seu recrutamento tem preconceito de idade?
- Você já cogitou mudanças no formato das funções e nos horários de trabalho para atrair profissionais idosos que podem ficar por mais tempo e ser mais leais, além de terem mais maturidade e experiência?
- O valor das pensões concedidas é adequado, e, caso não seja, seus empregados estão cientes de que talvez precisem completá-las com contribuições voluntárias?
- Você está pronto a deixar países cujos encargos sociais subirão muito, ou a entrar no mercado "cinza", o que utiliza canais informais de distribuição?

Provisão de saúde

- O fornecimento de cuidados médicos de sua empresa está alinhado com o que as outras empresas estão dispostas a oferecer, à luz da redução do papel do atendimento médico gratuito do Estado?
- Sua empresa oferece apoio aos funcionários com problemas emocionais, como forma de intensificar a produtividade e a lealdade?
- Sua empresa leva a sério a promoção de saúde, principalmente com referencia à Aids nos países de alto risco?

DESAFIOS PESSOAIS

Eixo de transportes – você está perto dele?

- Que importância terão para você no futuro as viagens aéreas? Você está bastante perto de um aeroporto internacional importante? A vida é curta demais para o viajante assíduo passar horas dirigindo até o aeroporto, quando o trajeto de carro leva mais tempo que atravessar um continente inteiro.

Vida doméstica feliz – uma vantagem na competição

- Em seu casamento ou relação duradoura, qual é a importância desse vínculo para você, e o que está investindo é suficiente? Uma vida doméstica feliz lhe proporciona uma forte margem competitiva. Um fracasso doméstico abalaria você em termos emocionais e físicos.
- Qual foi a última vez em que programou dedicar tempo de qualidade a suas relações pessoais mais importantes?
- Por onde andam seus amigos mais antigos e fiéis?

Questões de família

- Diante dos problemas de infertilidade cada vez maiores em muitos países, por quanto tempo você pretende adiar o momento de constituir uma família?
- No restante de seus planos para o futuro, onde tudo isso se enquadra?
- Você tem conversado bastante com seus filhos sobre as pressões que eles enfrentam para tomar drogas ou experimentar relações sexuais precoces?
- Eles estão passando com você bastante tempo de qualidade?
- Como estão lidando com a vida acelerada e urbanizada que você leva?

Tabaco, álcool e outras drogas

- Seu consumo de tabaco, bebidas alcoólicas e outras drogas está atrasando você?
- Você está satisfeito com esse quadro?

- Se estiver, o que fará a respeito? Existem muitas outras formas de relaxamento e descontração.
- O que aconteceria se o submetessem a exames aleatórios no trabalho, para detectar consumo de drogas ou bebidas?
- Haveria risco de isso afetar seu futuro?
- Em seu local de trabalho, você tem condições de fumar livremente, quando e onde lhe agradar?
- Caso contrário, até que ponto seu desempenho é afetado quando você deseja um cigarro ou quando é obrigado a ficar saindo do escritório para fumar?

Feminização da sociedade

- Até que ponto você está à vontade com a feminização da sociedade?
- Você se sente seguro em seu próprio papel como homem ou mulher no local de trabalho?
- De que forma gostaria que essa atitude mudasse?
- Para encorajar a mudança, que medidas você pode tomar agora em sua própria situação?

Planejando dizer adeus ao trabalho

- Quando você gostaria de se aposentar?
- Como irá empregar o tempo?
- Seu próprio plano de previdência é adequado ao futuro?
- Seu plano de contingência é suficiente para cobrir períodos de desemprego, quando será difícil fazer contribuições, ou cobrir uma inesperada aposentadoria antecipada?

Parentes idosos – qual é seu plano?

- De que modo uma grave enfermidade de um parente idoso afetaria seus planos?

- O que espera que aconteça quando você próprio estiver idoso e frágil?
- É esse o modelo que está criando para seus filhos, com a geração anterior?

E finalmente...

- Você está à vontade com a flagrante desigualdade de riqueza entre os mais ricos e os mais pobres – e, caso não esteja, o que está fazendo a respeito?
- Você instalou em casa algum dispositivo para economizar água?

CAPÍTULO 3

Tribal

Crise de identidade: Conflito de cultura e consciência

O tribalismo é a força mais poderosa do mundo: mais poderosa que qualquer exército nacional. O tribalismo é o que nos torna diferentes, a mim e a você. Costumamos associá-lo a guerras de tribos africanas em lugares como Malauí, Ruanda ou, mais recentemente, Quênia; porém, ele é visto em qualquer grupo de indivíduos que concordem em criar um vínculo. As tribos formadas podem ser positivas e negativas. Quanto maior a globalização, maior o tribalismo, principalmente quando uma tribo é tão dominante, como no caso dos Estados Unidos.

Isso não significa que esteja próximo o fim do Estado soberano. O tribalismo simplesmente significa mais Estados soberanos, unidades ainda menores de jurisdição, ao passo que o universalismo determina que questões mais amplas como a defesa tenderão a ser tratadas no âmbito regional.

A revista *Economist* escreveu, recentemente: "O vírus do tribalismo ameaça se tornar a Aids da política internacional – permanecendo latente durante anos e, então, se manifestando para destruir países."

Por toda parte vemos conflitos tribais, seja no Oriente Médio (futura zona de conflito), na Bósnia, no Kosovo, no norte da Irlanda, na Espanha com os separatistas bascos, no Canadá com os separatistas de Quebec, na Chechênia, em Ruanda, na Caxemira, na Indonésia ou nos Estados Unidos entre negros e brancos.

Madeline Albright, secretária de Estado dos Estados Unidos, lembrou aos europeus: "Da Bósnia à Chechênia, mais europeus sofreram morte violenta nos últimos cinco anos que nos 45 anteriores. Da Sérvia a Belarus." As guerras de hoje são travadas principalmente entre famílias, e colocam rua contra rua, cidade contra cidade. Essas não são guerras entre nações, e sim guerras dentro de nações, ou guerras travadas de novas formas, por um inimigo informal cuja arma mais poderosa é o medo.

O TRIBALISMO DESTRUIRÁ A EUROPA

O tribalismo será a derrocada da Europa. Se não for imposta alguma espécie de autoridade, os Estados Unidos da Europa não têm chance de se tornar realidade nos próximos 100 anos. Na Europa temos nações que nem mesmo conseguem manter coesa a própria população. Como poderiam elas misturar-se qual fossem um só elemento? Nós não temos sequer um presidente.

Outro grande problema está em definir o que é concretamente a Europa. Antes da queda da Cortina de Ferro tudo estava muito claro; mas, e agora? O antigo aglomerado de nações industrializadas e estabelecidas está se ampliando rapidamente, de tal forma que a comunidade é uma coleção cada vez maior de economias muito distintas. Como podem todas elas se fundir numa só? A União Européia ao velho estilo está morta.

Identidade lingüística

Vemos o tribalismo na ressurgência da identidade lingüística. Por exemplo, há 15 anos, na Escócia, o gaélico era uma língua mais ou menos morta. Agora ela é falada em lojas, programas radiofônicos são transmitidos em gaélico, e a língua é ensinada nas escolas. A sinalização de ruas e estradas é em gaélico e inglês.

De outro lado está a rádio francesa, na qual vigora um limite estrito na quantidade de música em língua inglesa que pode ser transmitida. A língua medieval francesa langue d'oc está passando por um renascimento. A primeira escola de langue d'oc foi aberta em 1979; agora, para estudar a língua, mais de 1.400 alunos recebem bolsas, pagas com verbas do Estado.

A língua é muito importante: ela nos ajuda a expressar nossa identidade nacional e cultural, preserva a antiga literatura e a poesia, e também as canções. A língua comunica quem nós somos – até o sotaque com que falamos a língua materna revela nossa tribo. Esse novo amor às línguas antigas é uma reação direta à ameaça quase esmagadora do inglês, que é usado em 60% das transmissões mundiais, 70% da correspondência mundial, 85% das chamadas internacionais e 80% de todas as transmissões de dados por computador.

Na Rússia existe, em algumas cidades, uma norma de que as placas de estabelecimentos comerciais devem ser escritas em russo, além do inglês. A Bélgica é um país dividido entre o flamengo e o francês. A Suíça funciona com quatro línguas: francês, alemão, italiano e romanche.

Nos Estados Unidos são faladas 329 línguas. De uma população total de 260 milhões, 198 milhões falam inglês em casa, 17 milhões falam espanhol e o restante da população fala uma ou mais das outras trezentas e tantas línguas. Em 1° de agosto de 1997 Newt Gingrich, o relator republicano da Câmara dos Representantes, declarou: "Este é um nível de confusão que, se fosse autorizado a se desenvolver por mais 20 ou 30 anos, levaria literalmente, em minha opinião, à decadência de partes decisivas de nossa civilização."

Apesar disso, a evidência definitiva é de os filhos dos integrantes de pequenos grupos étnicos adotarem a língua dominante do país em que vivem. Para os pais é difícil convencê-los a continuar falando a língua materna doméstica.

A língua protege a cultura

O mexicano Octavio Paz, ganhador do Prêmio Nobel, escreveu um dia: "Com cada língua que morre, desaparece uma imagem da humanidade." No presente são faladas entre 6 mil e 7mil línguas. Nos próximos 100 anos irá desaparecer um terço de todas as línguas. Só 600 línguas são consideradas seguras. Podemos esperar esforços mais vigorosos de preservação daquelas que permanecem. O sucesso dependerá de os pais encorajarem o uso do idioma em casa e na escola.

O TRIBALISMO ALIMENTA O TERRORISMO

O terrorismo prospera no tribalismo. Podemos esperar a multiplicação dos grupos terroristas no terceiro milênio, produto do tribalismo e do ativismo de causa única. Na maioria, os grupos terroristas continuarão a ser reduzidos, fragmentados, dinâmicos e de curta duração. Por tendência, serão principalmente locais, em vez de globalizados com redes informais, usando novas tecnologias para assustar, recorrendo a sabotagem e ataques em nome de uma causa, vendo a si próprios como guerreiros morais da liberdade.

Podemos esperar ver uma mudança dos ataques suicidas com carro-bomba, tiroteios esporádicos e explosões por controle remoto usando ferramentas de meados e do final do século XX. Os terroristas de amanhã se interessarão por coisas como agentes de guerra bacteriológica capazes de ameaçar a cidade ou o campo, e, no entanto, serem transportados numa pasta. Os ataques com o gás neurotóxico Sarin ao metrô japonês definem o estilo dos acontecimentos vindouros, como também das atrocidades que ganharão as manchetes. Terroristas tentarão conseguir mais poder com menos esforço, usar mais armas automáticas e mísseis guiados por infravermelho e outros tipos de mísseis roubados, prontamente disponíveis desde a queda do comunismo.

O atentado do World Trade Center em 2001 estabeleceu um novo padrão pelo qual os grupos terroristas irão medir o sucesso. Nunca foi demonstrado tamanho poder por cinco homens munidos de estiletes de cortar papelão. Muitas espécies de grupos indignados dedicarão grandes esforços a atos semelhantes – talvez a colisão de um avião contra uma usina nuclear ou contaminar uma cidade com uma bomba "suja", explosivos misturados com lixo radioativo. Ataques suicidas serão vistos como gestos de nobreza e coragem.

O terrorismo se transforma em estilo de vida

Devemos esperar ver o terrorismo econômico e antiempresarial dirigido a coisas, em vez de a pessoas: a contaminação de produtos alimentícios em lojas, o corte de cabos de fibra ótica, a depredação de grandes antenas parabólicas, a criação de vírus de computador e a disseminação de vírus animais como o da febre aftosa. Devemos contar com terrorismo subvencionado por tribos e Estados, à medida que se tornar mais difícil recorrer a guerras convencionais.

A expectativa é de que os Estados gastem mais em atividade antisubversão. As forças de segurança usarão tecnologia de espionagem cada vez mais sofisticada para detectar e destruir grupos terroristas, e ao fazê-lo irão violar a privacidade de muitos cidadãos inocentes. As mesmas forças também irão visar o narcotráfico e os sindicatos de crime globalizados. O terrorismo será aceito como parte da vida do terceiro milênio, mais como um fator de irritação do que como um aspecto importante.

A televisão torna as grandes guerras mais difíceis de lutar

As imagens ao vivo na televisão e nos videofones tornaram mais difícil sustentar as guerras, porque o horror causado por elas será visto de muito perto. A guerra no Iraque, o Afeganistão, a Bósnia, Kosovo – os conflitos se tornaram mais difíceis de administrar do ponto de vista das relações públicas. Os meios de comunicação tornam presente para nós os contrastes absurdos e obscenos de nosso mundo. A mídia se concentra na violência e na discórdia, seqüestrando as prioridades nacionais e perturbando a sensação de bem-estar de milhões.

A MORTE DAS ARMAS NUCLEARES

As armas convencionais como as minas terrestres vêm sendo muito solicitadas, ao passo que as armas nucleares estão em declínio. Durante a Guerra Fria dezenas de milhares de mísseis nucleares foram assestados pela Rússia e pelos Estados Unidos contra as maiores cidades dos dois países. Em 2001 o tratado de redução de armas START-1 havia feito cair esse número para cerca de 6 mil mísseis de longo alcance para cada um dos dois contendores. A nova relação entre os presidentes Putin e Bush irá resultar numa aceleração da redução de ogivas nucleares – há permanente preocupação com a segurança do material radioativo. A expectativa é de que centenas de lança-foguetes de cruzeiro com ogiva convencional sejam reciclados como lança-satélites para uma rede global de satélites de comunicação de baixa altitude, criando total acesso pelo rádio em todo o planeta, com transmissão ultra-rápida de dados para redes de telefonia móvel.

Entretanto, os mísseis sucateados são uma grande tentação para sindicatos de criminosos que controlam grande parte do PIB da Rússia. O país será uma fonte importante de vendas de sucata de material bélico durante os próximos 20 anos, vendendo para praticamente qualquer um que tenha dinheiro (com exceção de tentativas de vendas de material atômico, que serão controladas pela Máfia). Podemos esperar ver importantes ameaças nucleares nas três primeiras décadas do terceiro milênio, quando países, ou grupos, alegarem que se apoderaram de armas ou material atômico ou que o fabricaram e ameaçam usá-lo. Blefes e contra-informação irão ameaçar a segurança regional. Poderá haver alguns arriscados momentos de impasse.

Vejamos um país como a Índia, ameaçado por problemas de fronteira com o Paquistão e disputas em relação à Caxemira. Não é difícil imaginar uma nova situação nos próximos anos em que um dos lados cria uma crise tão séria que o oponente sente como única resposta adequada a ameaça de usar uma pequena ogiva nuclear tática. Devemos esperar uma acelerada corrida armamentista nuclear que envolva a Índia, o Paquistão, a China, o Irã, a Coréia do Norte e outros, num esforço de proteger a segurança nacional.

Por 50 anos, nenhuma ogiva nuclear foi usada na guerra. Devemos esperar alguém ameaçar fazê-lo em algum lugar e veremos a generalizada reação de confusão da comunidade internacional. Será que outros países ameaçarão entrar em guerra contra a nação que usar uma arma nuclear, se esta for usada por aquele país em defesa própria, depois de repetidas advertências a um agressor? Como seria a luta em tal guerra? Como seria o contra-ataque a um grupo terrorista invisível? O que aconteceria se uma nação ou grupo ameaçasse de novo, e explodisse outra ogiva? Será que a oposição coletiva então decidiria detonar ela própria um míssil? Quando tais situações emergirem, os países talvez só tenham dias, ou horas, para discutir essas questões.

Muitos tratados – mas nós acreditamos neles?

O tratado de Não-proliferação de Armas Nucleares tem recebido novos poderes para caçar fabricantes clandestinos de bombas. A aquiescência é sempre um teste de confiança. Conforme mostraram testes nucleares realizados pela Índia e pelo Paquistão em 1998, a capacidade nuclear pode ser difícil de monitorar. Isso se aplica ainda mais às armas biológicas. Signatários da nova Convenção de Armas Químicas (dos 165 países, 88 ratificaram o tratado) concordaram em permitir inspeções de surpresa, além das inspeções de rotina. Mesmo assim, não é difícil esconder instalações químicas ou biológicas. Novas tecnologias nucleares capazes de identificar até quantidades mínimas de radioatividade no solo, no ar e na água deverão dar mais segurança em relação à fabricação clandestina de bombas nucleares – em teoria.

A Rússia e a China ainda estão gastando grandes somas para se proteger da invasão – ou para estar prontas a atacar. Juntos, os dois países gastaram 84 bilhões de dólares em 1995 em exércitos combinados de 4,5 milhões de soldados equipados com 25 mil tanques e 8 mil aviões de combate. Um novo acordo sobre fronteiras comuns deverá reduzir a forte escalada de ambos os lados, como parte dos passos para trabalhar em estreita colaboração.

OS GASTOS MILITARES MUNDIAIS CAIRÃO – E VOLTARÃO A SUBIR

Em 1996 os gastos militares mundiais caíram a 811 bilhões de dólares – 60% da cifra recordista de 1987 –, alcançando o nível mais baixo desde 1966, com uma queda em empregos de 17,5 milhões para 11,1 milhões. Os gastos dos Estados Unidos caíram pela metade em uma década. Haverá muitas notícias sobre armas ultra-inteligentes e campos de batalha praticamente desertos, disputados por aviões sem tripulação, mísseis de cruzeiro e outras tecnologias. Mas o fato é que a maioria das guerras atuais é guerra de guerrilha, nas quais se combate palmo a palmo e casa a casa; são conflitos étnicos ou ataques terroristas; guerras obscenas em que tanques ficam estacionados no pátio de um grande hospital infantil, em que civis são apanhados no fogo cruzado do bombardeio.

Não existe o campo de batalha projetado por desenhistas, exceto as áreas onde são realizados por infinitas vezes os exercícios militares. As batalhas de verdade são travadas no interior de shoppings, perto de bibliotecas públicas, ao lado de antigas pontes de pedra e em campos de trigo. O sistema de localização JSTARS pode agora localizar com exatidão cada veículo na neblina ou na escuridão, numa área de 200 quilômetros quadrados. Excelente, se usado nos campos ou no deserto, mas as guerras inteligentes acabam se afundando na autêntica batalha urbana.

Fábricas nacionais de armamento continuarão a produzir em excesso

A produção e a propriedade das empresas ainda são de base nacional. Na indústria da defesa não existe correspondente para a Unilever, a IBM ou a GlaxoWellcome. As campeãs nacionais são protegidas por governos que proíbem fusões com empresas estrangeiras, protegem contra importações e mantêm a capacidade, para as nações poderem sobreviver à guerra. Por exemplo, a Grã-Bretanha descobriu que a Bélgica não queria vender bombas a ela na Guerra do Golfo. Mas as armas modernas são incrivelmente caras de desenvolver. Um avião de combate Martin F-16 da Lockheed custa hoje 30 milhões de dólares, enquanto o F-22 custará acima de 100 milhões de dólares a unidade. Agora, o único país ocidental que pode se dar o luxo do desenvolvimento interno são os Estados Unidos.

O consumo doméstico é demasiado reduzido para justificar o investimento em tempos de paz. Isso significa que as armas precisam ser vendidas em grandes quantidades por nações produtoras, como os Estados Unidos, a Grã-Bretanha e a França, para quem quiser comprá-las. Mas os compradores estão quase sempre usando essas armas para a repressão interna da pior espécie ou para a invasão dos países vizinhos. Dificilmente se trata de uma indústria limpa. Para nações como as européias, uma solução é juntar forças – espera-se mais parcerias dentro da OTAN, embora a superprodução nacional vá continuar.

Se o comércio de armas encolher, as economias da Grã-Bretanha, dos Estados Unidos e da França sofrerão. Só o Reino Unido emprega 415 mil pessoas na manufatura de armas de guerra. Isso é descrito polidamente como a indústria da defesa, que produz armas de ataque, projetadas para alvejar, destruir ou, de alguma forma, incapacitar o inimigo. Se este é visto como agressor, então a ação é vista como defesa. Porém, muitas das armas vendidas a outros países são usadas de forma agressiva.

Podemos esperar muita inquietação nos países em desenvolvimento, diante do fortalecimento das economias nacionais em função da venda de "máquinas de morte" e o aumento da preocupação ética entre trabalhadores e acionistas. Até agora, o argumento tem sido o de que se nós não vendermos, alguém venderá. No futuro esse argumento não será mais tão convincente.

Minas terrestres e outras armas sujas

E, então, o que acontece com toda essa produção? Ou o mundo vai ficar cada dia mais cheio de armas, milhões de fuzis, dezenas de milhares de mísseis, ou para cada arma fabricada será preciso desativar outra. Na prática, as duas coisas estão acontecendo. Em primeiro lugar, as armas descem pela cadeia armamentista em direção à base da pilha, indo parar na mão das nações mais pobres (e quase sempre mais instáveis), onde, com freqüência, são usadas para repressão interna, não para segurança nacional. Depois as armas caem nas mãos de quadrilhas e grupos criminosos, a camada mais baixa de todas. Isso aconteceu em grande escala na Albânia durante a primavera de 1997, com as revoltas deflagradas pela queda dos esquemas em pirâmide. Foram roubadas mais de 1 milhão de armas das forças governamentais e da polícia. Esse também é um grande problema em todo o continente africano.

Em segundo lugar, as armas estão perdidas ou não contabilizadas. As minas terrestres fornecem um excelente exemplo. Dezenas de milhares de quilômetros quadrados de terras estão inabitáveis por causa do uso indiscriminado de minas antipessoais, que continuarão a representar perigo por no mínimo duas décadas. Mais de 110 milhões de minas foram espalhadas descontroladamente, afetando no mínimo 70 países. Camboja, Angola e Moçambique estão entre uma série de países que foram seriamente afetados, com grande quantidade de civis mortos ou feridos a cada ano, inclusive crianças. Um terço de todas as terras aráveis no Afeganistão e no Camboja tornou-se imprestável. No mundo inteiro, 1 milhão de pessoas foram feridos ou mortos em 25 anos. Ainda existem mais 100 milhões de minas terrestres em paióis militares.

Após intensa campanha, o governo trabalhista britânico anunciou que iria desativar todos os estoques até 2005. Muitos outros países declararam apoio, com exceção dos Estados Unidos (preocupados com a verificação e a observância), da Rússia e da China. Nações envolvidas em disputas de fronteira confiam seriamente em áreas-tampão criadas pelo plantio de minas, e usam pequenas minas antipessoais para evitar que detectores de minas cheguem a qualquer distância de minas antitanque maiores. Muitos países como os Estados Unidos, apesar de terem concordado com a proibição, continuarão a usar dispositivos antipessoais ao combinarem armadilhas antipessoais altamente sensíveis com minas antitanque de maior porte.

Podemos esperar que em muitos países emergentes os armamentos de alta tecnologia da atualidade sejam usados em 2010 contra os vizinhos e as ameaças internas.

O TRIBALISMO CAUSOU A DISSOLUÇÃO DA UNIÃO SOVIÉTICA

O tribalismo, sob a forma de nacionalismo, destruiu a União Soviética e ameaçará a Rússia, como é conhecida atualmente. O tribalismo irá afetar o futuro de países como a Ucrânia, que sofre as conseqüências de uma inflação de 4.735%, em 1993, e de uma economia que diminui 10% ao ano. O sentimento anti-russo continuará a se manifestar na era do presidente Putin.

Os 12 países da antiga União Soviética estão se afastando cada vez mais uns dos outros e a Comunidade dos Estados Independentes (CEI) não deu certo, seja como união militar, seja como união monetária ou econômica. Enquanto a Rússia tentar dominar, os membros da CEI continuarão a ser obrigados a buscar maior interdependência econômica com o antigo Estado-mãe, ou a fazer o que muitos estão fazendo: voltar os olhos para o Ocidente, possivelmente até tentando pertencer à OTAN – atitude que o Kremlin já classificou como tão perigosa quanto "jogar roleta-russa".

A ordem econômica soviética desapareceu para sempre. Em 1990 era necessário fazer fila para comprar pão. Hoje os habitantes circulam em carros com telefonia móvel. A maioria dos países desfruta de um governo abertamente democrático. Muitas das empresas estatais foram vendidas ou liquidadas. Mais da metade do PIB da região é resultado de negócios da iniciativa privada. Os preços foram liberados, as restrições monetárias e as tarifas comerciais revogadas. Um retorno ao comunismo implicaria uma revolta popular. Com exceção da Albânia, tudo isso foi realizado com uma tranqüilidade notável, apesar de índices inflacionários que alcançaram 1.000% antes de se estabilizarem em torno de 30%.

Os investimentos estrangeiros estão aumentando, principalmente em países como a Polônia e a Hungria. O European Bank for Reconstruction and Development estima terem sido investidos 45 bilhões de dólares na região, desde 1991, e as Bolsas de Valores regionais estão se tornando populares. Devemos esperar uma ocidentalização acelerada e uma classe média cada vez mais afluente, que começa a viajar pela Europa com freqüência.

O futuro do antigo Bloco do Leste

Grande parte da região continuará mergulhada na recessão por algum tempo. Em metade das economias da Europa Central e do Leste, a produção caiu 50% desde 1990 – resultado catastrófico, pois os níveis originais já eram baixos em comparação com o restante da Europa. O espírito empreendedor de muitas comunidades foi esmagado.

Mais uma década será necessário para que os países do Bloco do Leste alcancem estabilidade econômica, e mesmo então eles ainda estarão muito atrás do restante da Europa. Serão necessárias duas décadas para as tradições democráticas criarem raízes. Em muitos desses países a imaturidade política pode causar agitações. Algumas democracias são superficiais, vulneráveis e frágeis. A menos que haja um grande avanço no crescimento econômico, a crescente insatisfação pode causar revolta, desobediência civil, intervenção militar interna ou coisa pior. Devemos esperar ação positiva da parte das nações ricas para reduzir esse risco, inclusive a assimilação antecipada desses países numa Comunidade Européia redefinida e mais ampla. Será preciso introduzir novos sistemas tributários, novas autoridades reguladoras, leis e outros componentes da vida cívica, e isso será feito.

Tudo isso contribuirá para uma grande perturbação no conceito original e simples de uma Comunidade Econômica Européia ocidental, caso a maioria ou todos os países da Europa Central e Oriental se tornem parte do conjunto. Mas a ampliação da União Européia de 15 para 25 países vai mudá-la para sempre. Por exemplo, será impossível obter unanimidade em qualquer decisão. O PIB combinado dos 11 novos candidatos representa meros 4% do total atual da União Européia, mas eles teriam direito a uma porção considerável dos votos.

Um acréscimo de 75 milhões de novos cidadãos à União Européia resultará numa comunidade de quase 500 milhões de habitantes e numa economia de 9,5 trilhões de dólares. No entanto, 45% do orçamento da União Européia serão de subsídios aos novos países membros. Mantidas as tendências atuais, a Polônia levará 40 anos para alcançar o nível de riqueza do Reino Unido, e grande parte dos habitantes das 10 novas nações ganha abaixo de 450 dólares por mês.

A UNIÃO EUROPÉIA – A SOMA DAS NEUROSES DE TODOS OS PAÍSES

A idéia de uma ordem européia unida não é nova. Ela fundamentou o Sacro Império Romano, que durou do ano 800 ao 1806, estendendo-se por grandes áreas da Europa Central e incluindo a França atual e parte da Itália, da Alemanha e da Bélgica. O problema é que quando se combinam padrões relativos a questões como saúde e segurança, surge a tendência a pautar pelo mais alto, em vez de pelo mais baixo.

O resultado é o somatório das neuroses de todos os países: como o gado deve ser abatido, que grau de pureza deve ter a água potável ou que segurança oferecem os ônibus de dois andares. Cada país tem suas neurosezinhas particulares. Elas se tornam parte da cultura nacional, dominando as salas de discussão da Internet e os debates parlamentares. Os britânicos ficam profundamente chocados com a crueldade com os animais, portanto desejam banir o transporte de animais vivos e a caça à raposa – e também, provavelmente, as touradas espanholas. Os espanhóis estão ficando neuróticos com a segurança da produção britânica de carne bovina e ovina, o mesmo acontecendo aos alemães e franceses. Esses, incidentalmente, também estão indignados com a possibilidade de o chocolate Cadbury ser classificado como chocolate. Basta somar tudo isso e você obterá uma comunidade com múltiplas neuroses, e obcecada por pequenas normas.

Normas sobre resíduos de inseticida ou a forma dos pepinos; normas sobre a preparação de alimentos em restaurantes, sobre o abate de animais nos abatedouros ou sobre a venda do queijo nacional. Mas essas normas, geralmente, estão enraizadas na cultura do país. É impossível padronizar as normas sobre 10 mil aspectos da vida sem padronizar a cultura – ou destruí-la.

Nos Estados Unidos, atualmente os hambúrgueres estão submetidos a 41 mil normas, 200 leis e 110 mil precedentes estabelecidos judicialmente. Essas normas vão do conteúdo de tiamina no pão à espessura da camada de ketchup e o nível de pesticida contido na carne. A Europa está indo na mesma direção.

Vejam o choque cultural entre gregos e alemães. Os turistas que visitam Corfu conhecem a atitude relaxada dos gregos com relação a quase tudo na vida, inclusive o uso, ou ausência de uso, de capacetes por motociclistas. Embora a lei determine o uso, as estradas corfiotas estão coalhadas de motociclistas que circulam em traje de banho, com os cabelos ao vento. Não podemos fazer isso e não podemos fazer aquilo – por que não? Sempre fizemos as coisas desse modo. Porque as normas da União Européia dizem que não podemos – mais. Entretanto, a legislação torna mais difícil e cara a vida de fabricantes, distribuidores e comerciantes. Sobe o custo de vida, sobem os salários, sobe o custo de produção, caem os níveis de empregos – que migram para países onde a lei morde menos fundo.

Pressões na Europa pela união monetária

As pressões sobre a Europa serão imensas. A união monetária significa que toda a fundamentação da política econômica na maioria dos países passa a ser ditada por uma maioria de outros que nem sequer falam o mesmo idioma e que talvez jamais tenham vivido naquele país. Mas a visão monetária se torna impossível se não houver um alinhamento progressivo em todos os aspectos mais importantes. Regulamentação comum sobre imigração, concessão de asilo e de vistos, políticas comuns de defesa (ou ataque), política externa comum – todas essas coisas em torno das quais obter consenso ou passar por cima. E ainda existem as tensões legais.

Então, o que vai acontecer à Europa?

As nações que formavam o núcleo da antiga Comunidade Européia continuarão a caminhar lado a lado para alinhar suas economias e muitas outras áreas da vida, em um processo que se manterá até o momento em que tudo começará a desmoronar. Nenhuma nação desejará correr o risco de ficar de fora, mesmo se isso significar um impasse econômico. Contudo, no futuro, essas mesmas nações ficarão igualmente aliviadas de escapar dessa megapolitik européia que abrange tudo.

Continuarão as pressões para proteger as economias nacionais da instabilidade cambial por meio de alianças econômicas regionais, pressões que aumentarão quando o aprofundamento da globalização produzir oscilações ainda maiores nas bolsas de moeda estrangeira. Portanto, o caminho à frente será difícil e tumultuado.

As nações de segundo nível como a Polônia e a Romênia lutarão para entrar, porém mais tarde talvez se julguem afortunadas por terem sido mantidas à margem das dificuldades iniciais do processo de unificação. A entrada de 10 novas nações no coração da Europa terá impacto sobre áreas como as políticas militares e tributárias comuns.

A União Monetária Européia

E o euro, a moeda única? Uma coisa é clara: não será sustentável de forma indolor. No plano individual, os países estão desorganizados demais para tanto. Continuará tudo confuso, com a França, a Alemanha e outros países presos numa camisa-de-força sem escapatória. Quanto mais apertada a entrada, maior a agonia de permanecer no processo. Os países com problemas econômicos distintos e em estágios distintos de seus ciclos comerciais experimentarão grandes pressões. Arrochos impostos sobre os déficits orçamentários causarão dores de cabeça para se atender às despesas públicas em saúde, educação e segurança social – todas três áreas sensíveis para o eleitorado.

Nunca mais um país membro poderá deixar sua moeda sofrer desvalorização para contornar pressões inflacionárias, ou pôr as taxas de juros acima das taxas dos países vizinhos, com o intuito de controlar a inflação. Todos os membros da zona do euro nadarão ou se afogarão juntos. Mas as condições que permitem a alguns nadar afogarão os outros.

Muitas empresas estão empolgadas: não conseguem entender como as nações da Europa puderam manter suas próprias moedas em um mundo globalizado onde se exige estabilidade monetária. A Unilever é apenas uma das multinacionais que estão ameaçando sair da Grã-Bretanha se esta não trocar a libra pelo euro. Para essas empresas, costumava ser um pesadelo trabalhar com 15 moedas distintas.

Assim, ocorrerá um conflito entre as tribos "das empresas", que desejam uma única área de negócios na região, e as tribos "das pessoas", que por vezes serão muito hostis ao meta-Estado emergente.

A moeda única terá um imenso impacto sobre alguns negócios e beneficiará a todos os consumidores durante a próxima década. No presente, a venda de automóveis é uma loteria: há diferença de 30% no preço do mesmo veículo, se comprado em regiões diferentes da União Européia. A segmentação da União Européia em confortáveis mercados nacionais terá que acabar. A formação de preços foi manipulada para atender ao que os moradores da região estavam dispostos a pagar. O costume de atravessar a fronteira para comprar a melhor preço será condicionado pelas diferenças de tributação, que também deverá convergir.

Uma das pressões destrutivas sobre os "Estados Unidos da Europa" será o desemprego causado pelas mudanças de condição e pela imobilidade da força de trabalho dentro da Europa, combinados a um deslocamento progressivo e de longo prazo das provisões industriais e de serviços para as economias de custos mais baixos na orla do Pacífico e para outros países como a Índia e, mais tarde, as nações africanas. Em 1997 a Alemanha já possuía o maior número de desempregados desde a época em que Hitler assumiu o poder, com filas de 4 milhões de candidatos ao seguro-desemprego. Esse problema será parcialmente contornado com a escassez de mão-de-obra em algumas áreas, causada pelo envelhecimento da população, mas até agora só piorou.

Para os indivíduos, tudo isso resulta num mercado de trabalho difícil e em rápida mutação, no qual aqueles com habilidades excepcionais de liderança e comunicação alcançarão altos salários, enquanto os trabalhadores não especializados ficarão desempregados de forma quase permanente. Os executivos de alto nível dominarão no teatro global, mas o escalão imediatamente inferior será pressionado a se mudar para o Oriente, a fim de gerenciar subsidiárias na Ásia.

Pode-se concluir que se não houver uma revisão política radical, por volta de 2035 a Europa somente terá a oferecer um imenso museu cultural (história para turismo) e o capital intelectual relativamente imóvel de sua força de trabalho (por exemplo, habilidades no desenvolvimento de software e consultoria administrativa, em vias de envelhecimento).

No entanto, nos prazos curto e médio, a Europa será beneficiada pela relativa instabilidade em outras regiões, tornando-se um paraíso fiscal para os investidores. Economias governadas por ditaduras são inerentemente instáveis, por faltar aos governos abertura, transparência e hábito de prestar contas de suas ações. Esse foi um fator presente nas crises monetárias na Ásia e em outros locais. Os ditadores também costumam ser depostos, e seus regimes sucedidos por períodos de conflitos internos e incerteza.

A EMERGÊNCIA DA TRIBO INGLESA

O antiimperialismo (uma reação contra o controle de um país por outro) é uma forma de tribalismo. É tão poderoso como força global que será extremamente difícil estabelecer qualquer forma de nova ordem mundial sem usar a força, exceto como uma insidiosa burocracia de regulamentação internacional ou como reação a uma ameaça comum (ver Capítulo 6). Qualquer tentativa de imposição de regras por um grupo tribal sobre outro continuará a ser fortemente combatida. Daí a grande obsessão da nação escocesa em se libertar do governo de Westminster, "exercido pelos ingleses". Também é a razão pela qual o Parlamento britânico vem compensando sobejamente os escoceses, há gerações, permitindo que elejam mais representantes do que teriam direito em vista do tamanho reduzido de sua população.

Os ingleses passaram por sua própria crise de identidade. Em termos históricos, eles eram extremamente globalizados e tribais. O Império era o centro do poder na Terra e a bandeira inglesa um forte símbolo de supremacia global. "Britannia domina as ondas." No entanto à Inglaterra propriamente dita resta bem pouco de sua cultura nativa – exceto a pompa e circunstância, associadas à realeza.

As reformas reais e a bandeira nacional a tremular

Naturalmente, existe a família real, com uma rainha e uma rainha-mãe muito amadas, mas com um conjunto de filhos e os parceiros deles (ou ex-parceiros) capazes de vender jornais com suas trapalhadas, mas que perderam a capacidade moral de liderar pelo exemplo. No terceiro milênio, o povo britânico não vai tolerar uma grande monarquia comandada pelo rei Charles III, depois dos conturbados acontecimentos envolvendo sua ex-esposa e sua amante. A tendência a uma "monarquia do bem-estar social" continuará. Haverá menos pompa e mais trabalho social, com membros da realeza fazendo captação de fundos em favor de causas meritórias e encorajando empresas a ajudar na criação de uma sociedade mais benevolente.

A morte trágica da princesa Diana continuará a pesar sobre a monarquia durante os anos de juventude dos príncipes Harry e William. A família real nunca mais será a mesma, e sofrerá muita pressão para encetar um processo de reforma, tornando-se menos formal, menos distante e menos dispendiosa. Apesar de tudo, o tribalismo salvará a monarquia, precisamente porque, sem isso, ficaria muito do que nos faz britânicos. O problema fundamental é o conceito de realeza se basear, por definição, em discriminação genética: se você não possuir a combinação certa de genes reais, não poderá exercer determinados papéis. Esse elitismo genético parecerá cada vez mais estranho e moralmente suspeito a um povo que tem lutado por oportunidades iguais, justiça e ausência de discriminação.

Há, na Grã-Bretanha, um sistema de classes que, em alguns aspectos, é tão destrutivo quanto o sistema de castas da Índia. Existe uma classe dominante desfrutando, graças à sua linhagem familiar, do direito genético de ter assento para sempre na Câmara dos Lordes. A realeza é parte desse sistema. Sou monarquista, não republicano. Penso que o povo britânico sairá empobrecido se perder a monarquia constitucional – mas pode-se esperar reformas radicais por volta de 2010, com mudanças culturais importantes já evidenciadas em 2005.

E existe a bandeira nacional – mas de que nação? A Escócia pode desfraldar uma bandeira nacional, mas os habitantes da Inglaterra, provavelmente, desfraldarão a Union Jack. Um pequeno número pode hastear a bandeira inglesa de São Jorge, mas os sentimentos de confusão e culpa com relação ao Império fizeram com que, do último dia da Segunda Guerra Mundial ao aniversário do Dia da Vitória, 50 anos depois, a Union Jack e a bandeira de São Jorge quase nunca foram vistas enfunadas pelo vento sobre um edifício público ou privado em toda a Inglaterra. A maioria das Union Jacks da Grã-Bretanha estava impressa em camisetas baratas ou em chapéus de plástico para os turistas.

Com o Reino Unido se desintegrando nos estertores finais do sonho imperialista inglês, veremos o renascimento do povo inglês: uma energia renovada numa nova geração que anseia encontrar maneiras de expressar que é tão inglesa quanto os escoceses são escoceses, ou os franceses são franceses. Os enterros com honras oficiais, a noite final dos concertos Promenade da BBC, os campeonatos internacionais de futebol e outros eventos ajudarão a centrar a identidade nacional numa população cada vez mais necessitada de se orgulhar de ser inglesa.

A geração M é tribalista: 88% dos adolescentes escolheriam viver na Inglaterra, 66% se consideram ingleses e não britânicos, 72% afirmam considerar importante a nacionalidade e a maioria dos adolescentes espera que dentro de 20 anos o Reino Unido se divida em Estados distintos com controle próprio de fronteiras e passaportes. Enquanto os escoceses podem se voltar para a Europa como forma de pertencer a uma aliança mais ampla, preferindo aceitar diretrizes de Bruxelas a diretrizes de Londres, os ingleses, provavelmente terão um ressentimento cada vez maior do novo imperador não eleito, entronizado em algum lugar da Europa, que preside um Parlamento europeu fortalecido, mas distante e visado pela desconfiança.

O TRIBALISMO NA ÁSIA

A ameaça à China

A China está passando por reformas num ritmo notável, adotando com entusiasmo e sucesso muitos aspectos da economia de mercado. Contudo, o tribalismo pode um dia vir a destruir o poder de coesão da China. Esse superestado milenar tem uma população de 1,2 bilhão, mais de 48 idiomas e muitas minorias étnicas. Embora 90% da população sejam compostos de chineses Han, os "filhos do imperador amarelo", extensas áreas são habitadas principalmente por outros grupos.

Um exemplo de pressão é Xinjiang. Desde 1962, quando ocorreu um grande levante na fronteira, praticamente não se passou um ano sem algum problema na região. A população local se compõe de minorias de etnia turca, que superam de dois para um os chineses Han. Cazaques, tadjiques, quirquizes e uigures estão buscando reconstruir suas ligações étnicas e nacionalistas com as novas repúblicas da Ásia Central. Houve levantes muçulmanos a favor da independência (a China tem 20 milhões de muçulmanos). O principal grupo separatista, localizado no Cazaquistão, afirma que em 1996 foram presos 57 mil muçulmanos, e fechadas 100 escolas islâmicas.

Essas tendências separatistas são ainda mais fortes no Tibet. O governo chinês empregou sua técnica usual de controle, que consiste em inundar as cidades tibetanas com colonos chineses Han, porém com poucos resultados. Mesmo no interior da Mongólia, onde o número de chineses Han excede de seis para um o de mongóis, o nacionalismo mongol ameaça explodir a qualquer momento.

Praça Tiananmen – ferve a panela de pressão

A história das ditaduras mostra que a liberdade acaba sempre por irromper. E a China? A repressão ao debate político aberto nesse país é insustentável, e significa que 1,2 bilhão de pessoas só podem expressar seus sentimentos secretamente. Depois de terríveis equívocos e de períodos de fome sob Mao Tse-tung, no final da década de 1970 Deng Xiao-ping iniciou a abertura chinesa. Na década de 1990 a China tentou fazer em poucos anos o que o Ocidente construiu ao longo de séculos. O Partido Comunista foi alçado ao poder por um conflito violento e explosivo. Muitos líderes da China do início da década de 2000, que vivenciaram a Revolução Cultural de 1966-76, conheciam o poder do povo quando irado.

Os protestos na praça Tiananmen foram dirigidos contra a corrupção oficial, mas a corrupção permanece, assim como a falta de transparência, como foi visto nas primeiras reações à infecção da SARS. Um dia poderá acontecer uma nova revolução, com risco de guerra civil. A alternativa para a China é fazer reformas, adotando a economia de mercado e outras liberdades que a população da antiga União Soviética está começando a ver. Naquela região, o país está promovendo uma abertura, a despeito das tendências centralizadoras do presidente Putin. Em muitas áreas, é possível receber por satélite transmissões de televisões estrangeiras. O acesso à Internet não é controlado se for feito por meio de ligação telefônica internacional.

Está ocorrendo outra rápida Revolução Cultural, quase invisível, mas causadora de profundas alterações na vida do país. Os atuais líderes chineses estudaram em Moscou, mas os filhos deles, com milhares de outros, vão para Yale, Chicago ou para a Harvard Business School. Por esse fato, associado à assistência técnica que o país recebe do Banco Mundial, do FMI e de empresas multinacionais, a influência é profunda no nível executivo. A transformação da Rússia em país forte, vibrante e seguro também facilitará muito as reformas na China.

A China poderá permanecer unida e forte, mas somente se promover um crescimento econômico rápido e contínuo, só possível se em muitas outras regiões do país se autorizar investimentos internos e posse de propriedade em larga escala, à moda de Xangai. Mas a invasão traz contato com o Ocidente, com a Internet e com a televisão, além de riqueza material. Podemos esperar grandes pressões por uma liberalização maior do povo, e liberdade de expressão.

O Japão enfrenta problemas

O Japão, por sua vez, enfrentará graves problemas por conta do envelhecimento da população, do isolamento cultural e de uma mentalidade que não estimula a criatividade. O país responde por 10% da produção econômica do planeta. Em 1992, o país fabricou mais automóveis que qualquer outra nação, produziu 15% do aço do mundo, construiu mais navios que qualquer outro país, fabricou mais televisões e rádios que a Europa, mais relógios que a Suíça, além de ser um ator global nas indústrias informática, aeronáutica e espacial.

Devemos esperar ver o Japão em dificuldades para manter seu poderio econômico, cercado como está por economias emergentes mais vulneráveis, com mão-de-obra mais barata e alta tecnologia. Podemos esperar um relaxamento nas restrições comerciais, permitindo uma acomodação do elevado superávit comercial do país. Podemos também esperar que o Japão adquira grandes indústrias "estrangeiras" e grandes trechos de área urbana de outros países, e manufature menos no plano doméstico. A China afetará o futuro do Japão.

Podemos esperar os consumidores japoneses se preocuparem em como comprar bens numa economia deflacionária, com o país afetado pela estagnação dos mercados internos e o moral baixo pelo menos até 2005.

O tribalismo na Índia

Poucos países são tão fortemente tribais quanto a Índia, a maior democracia do mundo, por causa de seu sistema de castas, solidamente enraizado. O tribalismo ameaça desintegrar a Índia, pois ela é mais um continente que um país – com uma população de 1 bilhão, está dividida em estados, dos quais um só tem mais de três vezes o número de habitantes de toda a Comunidade Européia. Voar de um extremo ao outro da Índia equivale a voar de Londres a Moscou, em termos dos milhões de pessoas e do número de grupos lingüísticos sobrevoados. A Índia já apresenta sinais de fragmentação.

No Extremo Oriente, para além de Bangladesh e junto à fronteira com a Birmânia, estão os estados do Nordeste como Manipur, que em tempos recentes têm vivido praticamente em estado de emergência por conta das lutas tribais e dos fortes movimentos de independência. Em 1997 mais soldados morreram no Nordeste da Índia do que na Caxemira. Os grupos étnicos da região diferem muito, em diversos aspectos, das etnias do restante da Índia. De fisionomia, são quase chineses. Mas a Índia sobreviverá, apesar das recentes tensões religiosas.

Portanto, esse é outro paradoxo. Os indivíduos desejam pertencer a um planeta globalizado, mas querem operar em áreas comerciais independentes, com liberdade de escolha de bens, serviços e pessoas. No entanto, a maioria dos grupos populacionais ainda é intensamente territorial, tendência que se está radicalizando.

EXPURGO ÉTNICO

Enquanto isso, a Europa continuará a ser assombrada pelo tribalismo manifestado pelo horror dos expurgos étnicos, ainda vivos na memória dos tempos da Segunda Guerra Mundial e do conflito entre a Bósnia e o Kosovo.

O expurgo étnico não é nada de novo. Deportar grupos minoritários problemáticos é uma prática comum a todos os exércitos vitoriosos, desde a Antiguidade. Após o final da Segunda Guerra Mundial, os Aliados permitiram às autoridades da Tchecoslováquia e da Polônia a deportação de 7 milhões de alemães étnicos. Mas os resultados são quase sempre terríveis: 1 milhão de mortos durante a divisão da Índia britânica em 1947; mais de meio milhão de mortos em Ruanda em meados da década de 1990; dezenas de milhares massacrados na Bósnia. Na Uganda de Idi Amin, o êxodo total da comunidade asiática na década de 1970 foi menos sangrento, mas não menos repentino ou dramático.

Podemos esperar ver mais disputas étnicas à medida que a mobilidade e a imigração forem tornando menos definida a mistura racial original dos países, transformando cidades e zonas rurais. O tribalismo produzirá problemas que não têm solução simples, com terror e sangue derramado, seguidos por mais deslocamentos de refugiados.

Minorias tribais exigem indenização

Na Austrália, uma decisão judicial suscitou para quase 80% da população a ameaça de estarem sujeitos a ações de litígio movidas pelos aborígines. A Corte Suprema decidiu em favor do direito legal da nação Wik de tomar posse de uma terra arrendada a eles em 1915 por fazendeiros brancos. Quarenta por cento do território já foram objeto de demandas por parte dos nativos, inclusive a maior parte do Oeste e do Sul da Austrália. O relacionamento com a população aborígine não foi facilitado pela descoberta de que, nas décadas anteriores, milhares de crianças foram compulsoriamente deslocadas e deportadas para outros países. Esse caso escandaloso ainda aguarda investigação. Podemos esperar a ocorrência de disputas similares envolvendo muitos outros grupos indígenas.

Pressões demográficas serão usadas para justificar massacres étnicos

Como vimos, 98% do aumento da população mundial acontecem nos países em desenvolvimento. Esperemos ver um aumento da população da China quando a ditadura finalmente cair, no início do próximo século, liberando uma imensa demanda reprimida do desejo de ter filhos livremente.

"O mundo tem gente demais"

Desde o final dos anos 80 tenho ouvido muitos declararem que o desastre causado pela Aids na África não importa, porque é uma forma de "controlar a população". Esses comentários chocantes partiram de gente instruída e menos instruída, de indivíduos influentes e dinâmicos e dos mais pobres em outros continentes. Mais recentemente ouvi o mesmo comentário como uma deplorável reação à situação da Aids em Mumbai e Calcutá, que piora rapidamente. Essa indiferença à epidemia vem da idéia de ser essa a maneira pela qual a natureza reduz o número de indesejados e desnecessários. Aplica-se, principalmente, à Índia, onde no presente a maioria dos que estão morrendo de Aids pertence às camadas mais baixas da sociedade.

Podemos esperar ver os mesmos argumentos serem usados por multidões armadas e descontroladas, enquanto dão caça a minorias étnicas impopulares. Vamos esperar ver a "eliminação" de populações humanas por meio de massacres horrendos, justificados pela alegação de que "o mundo tem gente demais". A mesma idéia será dirigida contra os idosos, os doentes, os deprimidos, os marginalizados e todos os que à menor pressão se retiram da sociedade estabelecida. Esperemos ver mais fossas comuns e sentimentos contraditórios em alguns, diante das notícias sobre a perda de numerosas vidas nos países pobres e densamente povoados, em conseqüência de inundações, avalanches, catástrofes ou epidemias.

Quanto maior a população do mundo, mais espetacular será a escala dos desastres humanos, porque mais indivíduos viverão amontoados em locais cada vez mais perigosos. As terras baixas de Bangladesh fornecem um exemplo de primeira ordem: permanentemente em risco de inundações catastróficas causadas pelas chuvas anuais de monções, risco agravado pelas mudanças no uso da terra. Ali vivem, na confluência de três grandes rios – o Ganges, o Brahmaputra e o Meghna –, 116 milhões de pessoas, número que cresce 2,6% ao ano. Grande parte do território está menos de 15 metros acima do nível do mar. O aumento da densidade demográfica e a elevação do nível do mar decorrente do aquecimento global são dois fatores de risco adicionais, fazendo prever um vasto desastre humano na região por volta de 2025. Mas o tribalismo garantirá que poucos desses milhões sejam recebidos em outros países.

O território é a raiz do tribalismo e da identidade nacional

Quando números crescentes de visitantes se convertem em residentes, depois em cidadãos, em seguida em eleitores, depois em governantes, é provável surgirem ressentimentos em algum momento. As leis de imigração e antidiscriminação racial são quase impotentes contra grupos minoritários extremistas que resolvem tomar as rédeas das leis. Numa região hostil, não se pode proteger a porta da casa de uma família ameaçada durante todas as horas de todos os dias. Não se pode impedir todas as brincadeiras cruéis na escola, o mesquinho assédio moral, os assobios nas ruas, a agressão verbal insensível, a grafitagem e as pedras atiradas contra janelas. Tudo isso é real e um dos motivos de formação dos guetos.

Aí estão a tendência e seu contrário: a mistura racial e a formação de guetos. Ou ambas seriam parte do mesmo fenômeno? A quem eu pertenço? Pertenço a um país onde não nasci ou a um grupo étnico ou cultural dentro desse país? Os guetos continuarão a florescer nas grandes cidades como centros culturais geográficos relativamente seguros para distintos grupos, identificados pela etnia ou pelo estilo de vida.

O TRIBALISMO E OS NEGÓCIOS MUNDIAIS

Cidadania global

Podemos esperar ver uma nova raça de seres globalizados extremamente móveis, sem identidade ou lealdade nacional e sem compromisso com qualquer área geográfica, mas sim com amigos em cada cidade. Esses tecnociganos industrializados se consideram cidadãos do mundo. Será difícil cobrar impostos deles ou incluí-los em recenseamentos, e também difícil policiá-los.

Já se pode vê-los: por exemplo, o executivo que passa mais da metade do ano longe de casa, dividido igualmente entre dois outros continentes e que decide ter um apartamento em outra cidade para onde vai com freqüência. Onde é o lar dele?

Os conflitos tribais podem fermentar depressa

O começo e o fim de um sério conflito tribal pode ser difícil de prever e pode afetar os investimentos corporativos. Uma grande empresa de mineração como a Iscor, na África do Sul, enfrenta muitos desafios étnicos. Diante das recentes guerras tribais, ela deve correr o risco de assumir um compromisso de seis anos na África Central para abrir uma nova mina, em que estão envolvidos investimentos em infra-estrutura, tal como a construção de uma estrada até o local? Dentro de seis anos, que rumo terá tomado a atual instabilidade? É sensato planejar para um prazo tão longo? Muitas corporações estão preferindo o curto prazo e os projetos temporários em países emergentes onde temem perder patrimônio se fizerem investimentos de prazo mais longo. Essas empresas desejam lucrar rapidamente, limitar as perdas e sair fora.

A orla do Pacífico marcha para Oeste

Depois do grande crescimento nas economias da orla do Pacífico, o que vem a seguir? Os salários aumentarão e deverá haver escassez de mão-de-obra especializada e expectativas crescentes por um padrão de vida mais alto, à medida que essas economias forem aquecidas depois de grandes recuos no final dos anos 90. Serão necessárias várias décadas para esse processo causar maior impacto sobre a China. A Índia e os países vizinhos serão gradualmente levados de roldão.

Depois de tudo isso, só restará uma região do mundo com a maioria de 1 bilhão de habitantes disponíveis para servir de mão-de-obra superbarata – a África Subsaariana. Contudo, a automação da maior parte da produção mundial irá marginalizar esses indivíduos, distantes demais para serem empregados na indústria de serviços. Agravada pela Aids, a pobreza na África, provavelmente, permanecerá um dos maiores desafios morais do mundo.

A máquina de crescimento do Sul da África

A África do Sul e o Zimbábue deveriam ter tido riqueza, especialização, redes e infra-estrutura suficientes para ajudar a acelerar o restante da África rumo ao terceiro milênio. Apesar de problemas recentes, muitos empreendedores no Sul da África ampliaram suas bases e estão olhando para o Norte, capitalizando o aumento dos custos de mão-de-obra no Extremo Oriente. Muitas dessas jovens empresas experimentarão um crescimento espetacular. Importação e exportação, manufatura e uma quantidade de novas indústrias florescerão, trabalhando na contracorrente das graves conseqüências da Aids e das instabilidades locais. A região meridional não se recuperará até o final do desastroso governo do presidente Mugabe, do Zimbábue.

O fator de elevação funciona?

O que acontecerá aos mais pobres entre os pobres? Eles terão uma melhoria pelo crescimento dessas economias nacionais ou serão esmagados? Com base na experiência de cidades indianas como Mumbai, que passaram por uma explosão de crescimento, alguns declararam que os ricos ficam mais ricos enquanto os pobres morrem de fome. Isso pode ser verdade no curto prazo, mas não no médio e longo prazo, se os países em desenvolvimento adquirirem uma consciência social enquanto aumentam a receita nacional. Isso deve ocorrer no longo prazo, como parte do processo de ocidentalização, que continua a exportar valores judaico-cristãos americanizados sobre direitos e valores humanos. Quanto maior a economia, maior o retorno para o Estado e maiores as opções de redistribuição de parte dessa riqueza em favor dos mais vulneráveis.

A lógica determina que o efeito de transbordamento de riqueza dos níveis mais altos aos mais baixos irá aliviar a pobreza absoluta, embora não afete a crescente desigualdade. De que outra maneira os extremamente ricos gastam o dinheiro senão pagando a terceiros pelo tempo ou pelas propriedades deles? Seja como for, o dinheiro circula em volumes maiores do que antes. A produtividade aumenta porque os desempregados e os parcialmente empregados têm a chance de trabalhar muito, elevando o padrão de vida da comunidade. E os que já estão empregados tornam-se mais eficientes, graças às novas ferramentas, tecnologias e formação.

Quanto maiores os contrastes entre ricos e pobres numa sociedade, maior o risco de instabilidade pelo aumento do antagonismo, da agressividade e da oposição organizada. Portanto, a tendência das sociedades saudáveis sempre será algum grau de redistribuição das riquezas, ainda que no mero interesse da autopreservação, mais que movidas pela consciência culpada.

Apesar disso, esperem o aumento das diferenças nos salários brutos, com pacotes de remuneração ainda maiores para os líderes e os que tomam as decisões, gente que faz as coisas acontecerem. Tais pacotes são necessários para incentivar esses indivíduos a fomentar o desempenho das empresas, já que os de maior sucesso não terão, por definição, a necessidade econômica de continuar a trabalhar. Apesar das imensas recompensas financeiras, muitos dos altos executivos serão motivados principalmente pelo desafio da tarefa.

Outra razão para as altas remunerações será a grande escassez de liderança de alto nível, de habilidades comunicativas e de gênio criativo. Se por duas vezes seguidas uma empresa multibilionária entrar no vermelho após indicar diretores-executivos desastrosos, seu interesse será garantir a rápida resolução do problema, mesmo pagando um alto preço. Pagar comissão pelos resultados é a forma mais fácil de ter aprovados os melhores negócios, e esta continuará a ser uma prática comum. Mas como medir resultados? Pagamentos baseados nos resultados do balanço costumam encorajar decisões incorretas no longo prazo. Devemos esperar ver medições mais sofisticadas, como a avaliação 360 graus.

No extremo oposto da escala, em muitas megalópoles muito pobres, podemos esperar o crescimento espetacular de projetos destinados a gerar renda de microcrédito, para tirar da pobreza absoluta dezenas de milhares em menos de 20 anos, criando uma nova geração de comerciantes de classe média. Os resultados nas favelas indianas são espetaculares.

Tribalismo é respeito à cultura

Nem toda a globalização do mundo vai produzir nações idênticas. Na verdade, a identidade nacional se tornará ainda mais importante. As diferenças são numerosas demais para que, por exemplo, a televisão global possa ser comandada por robôs, oferecendo os mesmos canais, em todos os lugares, ao mesmo tempo – como recentemente descobriu um técnico francês, com prejuízo próprio. Ao comprimir o botão errado, o resultado foi a substituição de um programa infantil de tevê na Arábia Saudita por pornografia explícita de um clube privê em Portugal. Para piorar as coisas, os programas estavam sendo transmitidos através de uma operadora de satélites saudita, a ArabSat, que até aquele momento tinha uma parceria com o Canal France International, uma estatal de televisão francesa. Foi o fim de um doce relacionamento. No mundo globalizado, as empresas vitoriosas serão as capazes de entender a cultura local, por exemplo, nos estilos de gerência.

O TRIBALISMO NO VAREJO

O tribalismo é uma força dominante no varejo: os consumidores são intensamente fiéis a marcas e a lojas. As roupas de marca prosperam graças ao tribalismo. Marcas como a Nike continuarão a cobrar altos preços de quem desejar o privilégio de usar a etiqueta, principalmente dos adolescentes e adultos jovens que continuarão a cultuá-las. A falsificação de produtos de marca continuará a crescer. Comprar uma etiqueta é comprar uma posição na família. Quanto mais exclusivo o mercado de um consumidor, mais tribal ele será. A fidelidade do consumidor se expressa por "Compro minha comida na Marks and Spencer e minhas roupas na Harrods".

A própria moda é construída sobre o tribalismo. Um estilo é, por definição, uma forma de se identificar com um grupo. Não existe o estilo individual – o estilo exclusivo de uma pessoa não é estilo, é só expressão de excentricidade. Estilo é um tema comum adotado por muitos.

O marketing de nicho geralmente é tribal

Os ocupantes de um nicho específico terão provavelmente muitas coisas em comum, fatores que o marketing bem-sucedido utilizará para atingir esses consumidores. E o marketing dá forma à imagem da tribo. Ele também manipula e explora a tribo.

Tribalismo de produto

Num mundo de gente que anseia por relacionamentos seguros, é um choque a constatação de que o marketing de relacionamento é uma ciência tão nova. Para o consumidor, as marcas podem fazer o papel de parceiros num relacionamento. Entrevistas realizadas com centenas de consumidores criaram um painel de 15 tipos diferentes de relacionamento mantidos pelos consumidores, nos quais eles "pertencem" a seus produtos ou vice-versa. Esses relacionamentos vão desde o compromisso duradouro de um atleta com a marca de tênis esportivos que julga capazes de ajudá-lo a vencer, até uma amizade de infância, em que alguém compra os alimentos que comia quando criança, até o romance secreto em que alguém, no meio da noite, assalta sigilosamente o freezer em busca de uma caixa escondida de um sorvete de luxo. Devemos esperar ouvir muito mais sobre o tema. "Relacional" ou "de relacionamento" tornou-se, de fato, o mais novo conceito "quente" associado a quase tudo. Marketing de relacionamento equivale à "criação de uma aliança especial com o consumidor por meio da captação e emprego maciço de informação sobre o comportamento individual e os hábitos de consumo".

Centenas de empresas já entraram na onda do relacionamento. Seus diretores de marketing de relacionamento e departamentos de marketing de relacionamento são orientados por consultores de marketing de relacionamento. Em parte, a indústria está se estruturando sobre ferramentas de informação só recentemente disponíveis. Um grande alvo é o marketing direto, uma especialidade com uma proliferação de novos cursos e qualificações cujo intuito é gerar os profissionais de alto calibre necessários para manter o espetacular crescimento atual.

Nos Estados Unidos a Toyota criou um programa de marketing de relacionamento voltado para os estudantes. A meta era capturar pela Internet 5 mil nomes e montar uma base de dados de compradores universitários potenciais, para lhes vender 550 carros. O programa X-treme Fun College Incentive foi lançado em meados de 1996 com farta propaganda de um website em multimídia. Em 15 meses foram reunidos 33 mil nomes e vendidos 21.178 automóveis. "Estamos construindo um relacionamento com os estudantes universitários à medida que eles amadurecem", declararam os responsáveis pelo programa. Quem respondia aos anúncios recebia ofertas de desconto de 500 dólares e garantia de dois anos. Quarenta por cento das respostas chegaram por uma linha 0800 e a mesma percentagem chegou pela Internet. Também foram obtidos detalhes sobre os pais, para serem alvo de uma segunda onda.

Mas o marketing de relacionamento pode ser um tiro a sair pela culatra. Uma famosa rede de supermercados enviou a um homem uma mala direta sobre fraldas descartáveis, endereçada: "Cara compradora, ser mãe pode ser muito divertido!" Não há modo mais eficaz de anunciar que não se tem um relacionamento com o cliente do que cometer semelhante erro. Passada toda a celeuma, esperem ver o marketing de relacionamento ser considerado um pouco mais do que as companhias sempre fizeram: o cuidado dos clientes atuais e o marketing dirigido a grupos específicos – porém utilizando sistemas de informação melhores.

O tribalismo nos esportes

O tribalismo continuará a motivar o esporte tanto quanto o próprio amor ao esporte: um exemplo disso é um torcedor de um time local. Exclua o tribalismo e o esporte estará terminado como indústria de espectadores, tornando-se apenas uma coleção de indivíduos que tentam se superar. Até mesmo as competições individuais, como o golfe, geram seguidores tribais. O sucesso de um clube de futebol ou beisebol está na medida de seu tribalismo. O tribalismo reúne multidões, vende produtos e atrai patrocínios.

O anunciante adora as tribos

As reuniões tribais são o sonho de todo anunciante. Formada uma tribo, o dinheiro vem atrás. Assim, os organizadores de um congresso médico sabem ser possível obter imensos subsídios das companhias farmacêuticas, que pagam pelos estandes e por outras promoções. Basta criar o Fórum Econômico Mundial para os líderes globais da indústria e começam a chegar, em larga escala, os patrocínios das empresas. Basta lançar uma estação de rádio para um grupo alvo muito reduzido (alta renda) e pode-se pedir um orçamento elevado. Depois de 2010, a formação, a manipulação e a exploração de tribos serão funções primordiais para muitas organizações de sucesso.

Devemos esperar ver contestada a construção global da marca sempre que ela estiver intimamente ligada a uma nação, cultura ou religião. Muitas marcas globais irão se ocultar numa embalagem "tribal" local.

O TRIBALISMO E OS MEIOS DE COMUNICAÇÃO

Durante a próxima década o tribalismo terá forte efeito sobre as notícias veiculadas na mídia, principalmente na televisão. A conseqüência do tribalismo é que você se identifica com sua própria espécie e mostra menos interesse nas notícias de outros lugares. A expectativa é de continuarem a cair os índices de audiência de telejornais ao estilo pré-milênio. Chacinas, espancamentos, suicídios e desastres espetaculares, juntamente com imagens de milhões de famintos e outras tragédias, serão um desestímulo, caso não sejam relativamente locais. Mas não há genuínas notícias locais em quantidade suficiente para manter altos os índices. Em sua maior parte, os dias são bastante tediosos e repetitivos. A audiência diária da CNN nos Estados Unidos caiu no segundo trimestre de 1997 para seu nível mais baixo dos 17 anos de história da emissora – apenas 284 mil espectadores. Se cada um deles assistiu a uma hora completa de notícias por dia, então durante três meses a média de público da CNN dos Estados Unidos para qualquer noticiário específico foi muito inferior a 10 mil espectadores – talvez muito menos. As guerras fazem subir os índices de audiência – mas a tendência subjacente continua.

A Fox News mal consegue alcançar 25 mil espectadores por dia, ou uma média de mil por hora. Os índices da MSNBC são de apenas 40 mil por dia. Essas emissoras dificilmente irão mudar o país. Estão competindo num mercado minúsculo, que está encolhendo. Devemos esperar a CNN alterar seu formato e continuar lucrativa, com anunciantes atraídos por um interessado público de elite. Só nos Estados Unidos, a publicidade arrecadou cerca de 550 milhões anuais no final da década de 1990, o dobro do início da década. A atração é uma audiência global (que é impossível de medir). Em teoria, 500 milhões de pessoas em 210 nações vivem em domicílios com acesso à CNN.

Podemos esperar ver o interesse global por todos os principais acontecimentos planetários que atraiam a imaginação. Quando a princesa Diana morreu, em 1997, seu enterro foi assistido por 2,5 bilhões de pessoas, numa população mundial total de 5,7 bilhões na época. A CNN teve índices muito altos, com 1,8 milhão de espectadores nos Estados Unidos no dia do enterro. Foi um excelente exemplo de tecnologia e globalização – 2,5 bilhões de pessoas participando simultaneamente e ao vivo de uma manifestação de luto coletivo. Foi um momento definidor na vida britânica. Entretanto, essas ocorrências não mudarão a tendência subjacente, que será no sentido de tribalização das notícias.

A captação de notícias ainda precisa acertar o passo com a nova tecnologia. Na aldeia global há muitos noticiários, mas que parcela deles é relevante? Não a maioria dos noticiários do mundo, basicamente uma miscelânea dos acontecimentos do dia, dominada pelos Estados Unidos. Esperemos ver a CNN, a Fox e outras emissoras tentarem perder o "sabor" americano para poder competir melhor na arena global.

Quando se tem uma população de 6 bilhões, a lei das probabilidades determina que todo dia, em algum lugar do mundo, haja um desastre aéreo, uma colisão de trens, um horrendo engavetamento numa rodovia, um terrível acidente industrial ou um ato terrorista espantosamente violento. Mais o que chega ao telejornal? A notícia veiculada por imagens que estejam disponíveis. Uma espetacular seqüência filmada mostrando um trem que despenca numa ravina garante àquela matéria as principais manchetes no mundo inteiro, independente do local onde ocorreu o sinistro e do número de vítimas fatais.

Mas noticiários motivados pelo sensacionalismo sempre terão a tendência a noticiar o pavoroso, e uma dieta ilimitada de pavor é deprimente – é o oposto do entretenimento. No mundo de amanhã, devemos esperar muita reflexão sobre o teor das notícias. Notícias como diversão e como mexerico tribal – as guerras de audiência farão tudo isso.

Os jornais, em termos de notícias, funcionam melhor que a televisão por conterem mais matérias (um boletim de notícias cobre apenas quatro ou cinco), o que permite selecionar. Podemos esperar o agressivo revide dos telejornais, com notícias interativas, usando a Internet e a televisão digital. Jornais e vídeo. A CNN Interactive, a ABCNEWS.com, a MSNBC e a Fox News, todas elas transmitiram pela Internet a cobertura ao vivo, em vídeo, do enterro da princesa Diana. A CNN registrou 4,3 milhões de visitas à página nas primeiras 48 horas. A CNN tornou disponíveis na Internet muitos clipes de filmes que nunca chegaram aos boletins normais da emissora. O noticiário de Internet, por fim, atingiu a maioridade, mudando para sempre a cara dos noticiários no futuro. E, naturalmente as notícias na rede sempre serão potencialmente mais completas. No caso da morte da princesa Diana, por exemplo, vários sites mostraram imagens da princesa no carro acidentado, obtidas por paparazzi.

Podemos esperar a captação de informação ser feita futuramente por membros do público postados bem no meio dos principais acontecimentos, equipados apenas de videofone, capazes de ser os olhos e os ouvidos, transmitindo em escala mundial imagens ao vivo e comentários excitados, segundos depois de telefonarem para a CNN ou para a BBC.

O TRIBALISMO POSITIVO

Muitos dos exemplos de tribalismo anteriores foram negativos, relacionados ao nacionalismo, ao racismo, ao elitismo e ao sectarismo. No entanto, o tribalismo é uma força imensamente positiva. Ele é a base de toda família, toda equipe e todo vínculo. O tribalismo proporciona um sentido de identidade. Ele nos ajuda a entender quem somos, de onde viemos e para onde iremos. As equipes devem lidar com tarefas, mas as tribos têm a ver com grupos inteiros se movendo em conjunto.

As tribos mantêm a sociedade inteira ligada, no sentido de comunidade. Bairros são tribos, participantes de clubes esportivos são tribos, torcedores de times de futebol são tribos. Se não houvesse tribos, os seres humanos iriam criá-las na mesma hora. Nós precisamos de tribos para existir, para extrair sentido de nosso mundo.

As tribos são como países num mapa. Sem elas, não existe uma geografia em nossas relações, porque não há grupos, apenas coleções atomizadas de indivíduos isolados, relacionando-se igualmente com todo mundo. Portanto, se você quiser entender as forças que operam na vida de alguém, a motivação base de seus valores e decisões, precisa, primeiramente, entender a própria cultura tribal daquele indivíduo.

Naturalmente, esses fatores culturais são particularmente óbvios quando operantes numa empresa multinacional, com executivos dos mais diversos países; mas elas são, com freqüência, igualmente significativas em outras situações de trabalho mais localizadas.

O tribalismo corporativo

O tribalismo é um conceito muito poderoso para as grandes organizações. Toda organização é uma tribo, em cujo interior pode haver muitas tribos: os escritórios de vendas/marketing e os escritórios de finanças e RH, a matriz e as sucursais regionais, vendas e controle de crédito, pesquisa e marketing. O tribalismo é o que nos torna orgulhosos de pertencer a uma empresa. Ele pode unir, de uma forma muito saudável e competitiva, as equipes. O tribalismo corporativo suscita questões importantes: é possível ter uma cultura única para uma empresa internacional? E que tal a adaptação cultural? E a disciplina corporativa?

O tribalismo é uma das ferramentas mais poderosas à disposição dos gerentes para aumentar a produtividade, a competitividade e a lealdade à empresa. Todo gerente precisa entender como criar e manter uma tribo, e como pertencer a uma tribo maior.

Montar uma tribo é mais que montar uma equipe. As equipes são grupos que têm objetivos comuns. Por definição, existem sérias limitações de ordem prática ao tamanho de uma equipe eficiente. Mas as tribos são diferentes: são grupos proativos, competitivos, que se orgulham de pertencer à tribo, e que podem se formar e se reformar com sua própria cultura, identidade, lealdades e força motriz. As tribos abrangem todos os integrantes do corpo funcional. Criar uma tribo bem-sucedida depende de liderança inspiradora, dinâmica, visionária. Quanto melhor o líder, mais extensa pode ser a tribo.

As tribos são tão extensas quanto departamentos inteiros ou organizações completas. A formação tribal bem-sucedida em empresas exige uma mudança no estilo gerencial. E significa promoção de cultura e de identidade de bem-estar, além de atividade. Significa a formação de uma visão e comunicação.

O modo mais rápido de mudar uma organização é trabalhar a estrutura tribal, tarefa que ultrapassa uma simples montagem de equipe. Vejamos o exemplo de uma multinacional: se a matriz em Frankfurt quiser obter mudanças no escritório de Nova York, ela precisa ter como alvo os chefes tribais de Nova York. Quem realmente dá as cartas? Substituir um chefe de Nova York por alguém do escritório central na Alemanha pode ser um tiro pela culatra. A lógica de equipe talvez recomende trazer para a operação as prioridades da cultura do QG, principalmente se na equipe de alto escalão os elementos restantes trabalharem bem com o novo chefe. Mas os demais da tribo, situados nos níveis abaixo, não ficarão nada felizes. Poderíamos falar de fortes percepções negativas ao longo de toda a operação nos Estados Unidos, que em conjunto serão um empecilho direto à mudança, além de prejudicar o moral, a produtividade e o lucro básico. Gestores inteligentes cuidam bem de suas tribos – eles as entendem, colaboram com elas e exploram seus pontos fortes.

Mas as tribos não se formam da noite para o dia nas empresas. Podemos criar uma equipe numa semana, mas as tribos acontecem. Elas se formam totalmente por conta própria e podem ser a base de grupos de pressão no interior da organização. Você pode trabalhar com as tribos ou pode descobrir que elas trabalham contra você, que pode acelerar o desenvolvimento delas, mas dificilmente lhes causar a destruição – sem demissões em massa ou transferências.

Numa época de mudança constante, o verdadeiro desafio será preservar a vitalidade de uma tribo eficiente. Vejamos o que acontece na fusão de duas grandes empresas. As duas devem perder sua identidade singular? Uma das culturas irá ser dominante? As fusões acarretam, quase sempre, demissões em larga escala. Se a identidade tribal também for perdida para aqueles que permanecerem, o resultado será uma dupla desmotivação. O processo exige forte liderança, a reunião das duas tribos numa só.

Tribos nas empresas trazem lucros

A pesquisa mostra que criar um senso de família no trabalho aumenta a produtividade. A amizade entre os empregados ajuda significativamente. Um estudo recente apurou que, comparados a grupos de conhecidos, os de amigos respondiam por uma produção três vezes maior, e 50% a mais de boas decisões. Eles se beneficiavam de doses mais altas de confiança, honestidade, comunicação franca e respeito.

Negócios de família

Podemos esperar a maioria das novas fortunas serem criadas (como no presente) por pequenas empresas, com menos de 20 empregados, das quais 75% ou mais são propriedade de famílias, ou controladas por elas, e que foram fundadas com o dinheiro da família (ou com empréstimos garantidos por patrimônios como a casa da família). Esperemos essas firmas de base familiar resistirem a aspectos da lei trabalhista, como oportunidades iguais, cotas e outras restrições. Apesar dos desafios legais, elas irão continuar a praticar ampla discriminação em favor de parentes, amigos e amigos de amigos como futuros empregados.

Devemos esperar novas iniciativas governamentais para oferecer aos pequenos negócios capital de risco de longo prazo, motivadas cada vez mais por pressões de emprestadores comerciais que exigem resultados quase instantâneos.

DESAFIOS ADMINISTRATIVOS

O tribalismo como tema

- Sua empresa já considerou o tribalismo – cultura nacional, grupos de focalização, mercados e tribalismo corporativo – um problema?

Identidade lingüística

- Qual é política da empresa em relação aos idiomas nacionais e ao idioma da empresa?
- Essa política precisa de revisão à luz das tendências atuais?

Sensibilidade cultural

- Que tipo de preparação você oferece aos empregados quando ocupam postos em outros países?
- Até que ponto a política da matriz é sensível às questões culturais locais?
- É suficientemente sensível?
- Sua empresa consegue capitalizar novas forças tribais – por exemplo, enfatizando o caráter americano, ou francês de um produto?

Instabilidade européia

- Sua empresa está preparada para explorar a união econômica, porém com o agravamento entre nações de tensões, protestos, passeatas e outras ações populares perturbadoras da ordem?

Expurgo étnico

- Qual a eficácia de suas políticas antidiscriminatórias?
- Até que ponto é possível a alguém com visões muito negativas de outro grupo de pessoas empreender ações departamentais discriminatórias, por exemplo, no emprego?
- Até que ponto sua empresa está vulnerável à acusação de promover ações racistas?

Marketing tribal

- A empresa investiu bastante na gestão de relacionamento, construindo uma tribo de clientes leais e felizes?
- E que dizer do marketing de relacionamento?

Formação de equipes tribais

- Qual a intensidade do "fator de orgulho" entre seu corpo funcional?
- Que medidas podem ser tomadas para aumentar o tribalismo positivo no interior da empresa, inclusive a competição entre equipes fortes?

DESAFIOS PESSOAIS

A que tribos você pertence?

- Onde você se sente integrado?
- Quais os grupos com que se identifica?
- De onde você retira sua inspiração?
- Você está satisfeito com as tribos com que se identifica?
- Como as pessoas rotulam você?
- Existe alguma tribo exclusiva à qual queira pertencer?
- Como você poderia fazer parte dela?

Mudanças na Europa

- Você está preparado para a grande mudança na Europa?
- Você tem planos de contingência arquitetados para o sucesso de uma integração maior, e para os problemas e conflitos?
- Como essas coisas iriam afetar você pessoalmente?
- Até que ponto você tem uma mentalidade européia?

Discriminação racial

- Você está consciente da discriminação racial em seu local de trabalho, e o que está fazendo a esse respeito?

O tribalismo como ferramenta administrativa

- Depois de toda a ênfase administrativa nas equipes, você já cogitou de trabalhar em tribos, explorando os esforços humanos para criar grupos mais amplos que sejam dinâmicos e competitivos, porém dotados de sentido, identidade e propósito comuns?

Compreensão transcultural

- Com que eficácia você se relaciona a pessoas provenientes de culturas muito distintas da sua?
- O que você está fazendo para aumentar sua compreensão de distintas culturas e formas de fazer as coisas?

CAPÍTULO 4

Universal

Administração global

A quarta face do futuro, o oposto exato do tribalismo, é o universalismo – ou seja, MacDonald's por toda parte. Quanto maior a globalização, maior o tribalismo. Um aspecto acentua o outro. O tribalismo e o universalismo se alimentam um do outro, sendo cada qual a reação ao elemento oposto. Quanto maior a uniformidade global, maior o impulso para manter a identidade tribal. Quanto mais seguros os indivíduos estiverem em relação à própria identidade, menos se sentirão ameaçados pela mesmice globalizada.

A globalização tem sido um traço duradouro da mídia. A cultura dos Estados Unidos tem sido exportada em larga escala desde antes da Segunda Guerra Mundial, principalmente por intermédio de filmes, televisão e música popular. As nações têm poder cultural, ou poder de persuasão, hoje maior que o poder econômico e militar, e o exercem pela influência da cultura, dos valores e da percepção de uma sociedade tecnologicamente superior. Como a China reconheceu, na parada do poder mundial, as armas atômicas importam menos, para influenciar os negócios internacionais, que a promoção de valores globais nos meios de comunicação de massa.

A globalização é uma força inexorável. Até o presidente Jiang Zemin aceitou-a como fato reconhecido, em seu discurso de abertura do 15º Congresso do Partido Comunista Chinês. A globalização resulta do livre movimento de capital, de bens e de serviços através das fronteiras nacionais. A globalização aumentou a competição e diminuiu as margens de lucro em muitos países. Ela é o resultado de decisões tomadas pelos governos de mais de 170 nações de operar cada vez mais como parte de uma unidade global. Para onde ela nos leva?

À remoção das restrições aos fluxos cambiais. À ausência de tarifas de importação e exportação. À remoção da proteção nacional contra súbitas flutuações nas forças do mercado externo. À maior liberdade para a movimentação de capitais, que resulta em séria e desestabilizadora volatilidade monetária. E, no extremo oposto, à Birmânia (Mianmar) e à Coréia do Norte, que ficaram empobrecidas por seu extremo grau de isolamento.

UM MUNDO INTEIRO FAZENDO COMÉRCIO ENTRE SI

Pela primeira vez na história, praticamente, a população inteira do planeta vive num sistema de capitalismo global. A força motriz em direção à globalização é o crescimento econômico e a prosperidade, principalmente para as nações mais pobres cujas economias foram, muitas vezes, extremamente restritivas no passado. Elas foram impulsionadas por afirmativas como esta do Banco Mundial: "Existe uma ligação positiva entre a liberação dos mercados e do comércio e a erradicação da pobreza no longo prazo" e "Não existe evidência justificadora dos medos de que o livre comércio empurre para baixo os salários de trabalhadores não especializados dos países em desenvolvimento".

Mas a ONU tem opinião divergente. "O aumento da competição global não traz automaticamente a aceleração do crescimento e do desenvolvimento (...) em quase todos os países em desenvolvimento que passaram por uma rápida liberalização do comércio, o desemprego aumentou e caíram os salários dos trabalhadores não especializados."

A globalização tem um problema fundamental que irá causar tensão internacional e disputas comerciais, sem atrasar o processo. O problema é a natureza irracional do mercado global, associado à extrema vulnerabilidade dos mais pobres e mais marginalizados nas economias emergentes a súbitas mudanças das taxas cambiais, das taxas de juros ou às decisões do grande investimento.

Considere o seguinte cenário: o país A tem uma economia de rápido crescimento. Muitas empresas estão prosperando. O investimento estrangeiro entra aos borbotões. O preço das propriedades está galopando. Os empresários estão fazendo empréstimos de quantias cada vez maiores, com pouca ou nenhuma garantia, exceto a expectativa de grandes lucros futuros. Todo mês essas empresas precisam pegar mais dinheiro emprestado para comprar mais estoque e produzir mais, para encomendas cada vez maiores, empréstimos que serão pagos no futuro (eles têm esperança de que não haverá maus devedores). Elas também estão expostas em função de grandes ativos mantidos em propriedade. Há pouca inércia na economia. As reservas cambiais são baixas em comparação com os fluxos monetários recentes das instituições globais.

Então, surge uma notícia inquietante e começa a venda de divisas. Os corretores de valores podem ter certeza de que a moeda agora está desvalorizada, mas continuarão vendendo enquanto acreditarem que outros corretores acham que a moeda ainda está supervalorizada. Em outras palavras, o movimento de compra e venda passa a ser ditado não pelos dados objetivos, mas sim pelo que eles acham que os outros farão. Mas isso é uma receita de *overshooting*, ou movimento exacerbado da taxa de câmbio, que se vê constantemente nos mercado de moedas, commodities e ações.

Pode-se dar uma situação esquisita, na qual todos acreditem, em seu foro íntimo, que a moeda já está baixa demais, mas continuem a vender intensivamente só pela certeza de que os demais acham que a moeda ainda precisa cair mais. As taxas desabam numa onda maciça de vendas causadas pelo pânico, enquanto os distribuidores inundam o mercado de moeda, na quase certeza de que podem comprá-la de volta com lucro, dentro de minutos, horas ou dias. A grande questão não é o que deveria ser o valor real, à luz da economia, mas sim o modo como o resto do mercado irá, provavelmente, se comportar no prazo muito curto.

O dogma do mercado livre é de que esses picos e fluxos sempre irão se resolver sozinhos. "Não tente resistir ao mercado." Por mais que a máxima talvez se mostre verdadeira, ela ignora o impacto monumental dessas oscilações arbitrárias sobre famílias, comunidades e nações.

A grande diferença entre a Grã-Bretanha, os Estados Unidos e, por exemplo, a Tailândia, é que no Ocidente os ex-trabalhadores de uma empresa falida ainda podem, com freqüência, comer, beber e ter um teto. Na Tailândia, existem poucas redes de segurança. Se você não tem emprego e já é pobre, não come e sua família recebe pouco ou nenhum cuidado de saúde. Uma queda fragorosa no mercado cambial pode levar só algumas semanas para estar parcialmente sanada, mas é tempo suficiente longo para causar múltiplas falências. Algumas empresas talvez não tenham dinheiro para comprar os componentes estrangeiros necessários à manufatura. Outras serão prejudicadas por súbitos aumentos na taxa de juros para sustentar o câmbio. Outras, ainda, irão quebrar porque um grande credor ficará subitamente incapacitado de pagar as contas. Bancos abrem falência quando as empresas ficam inadimplentes e quando os preços de propriedades caem abaixo do valor de grandes empréstimos especulativos. A Tailândia é só um de muitos exemplos recentes de nação posta de joelhos por causa de uma corrida cambial. Muitas outras se seguirão.

Muitos falam ingenuamente dos benefícios da globalização completa e rápida, sem ter noção das verdadeiras e tangíveis tragédias humanas que estão ocorrendo. As nações mais vulneráveis estão tomando rápidas medidas ante a insistência das multinacionais que se recusam a investir, a não ser que elas o façam. Participei de reuniões nas quais os membros mais graduados dos governos de nações emergentes têm sido sistematicamente assediados para revogar a regulamentação, de modo a tornar o país mais globalizado. Mas eles estão sendo recompensados com o que lhes parece uma insensível manifestação de desprezo por seu próprio povo. Naturalmente, muitos desses governos têm, eles próprios, um histórico de insensibilidade, apesar de sua recente adoção de uma retórica mais compassiva. Mas essas nações mais pobres não conseguem mudar no mesmo ritmo da oscilação dos mercados. E elas não têm com que amortecer o choque.

Tomar emprestado para quebrar a banca

O mercado de moeda estrangeira é agora, por si só, uma ferramenta de investimento, rivalizando com o de títulos e ações. E há dinheiro sobrando para investimentos – com freqüência, no prazo muito curto. Quando os especuladores do mercado cambial localizam um alvo vulnerável, tomam emprestado grandes quantias nessa moeda, usando os recursos para comprar outra – digamos, dólares. Se a cotação da moeda cai bruscamente, eles a compram na baixa, com lucro, para pagar o empréstimo. Iniciada uma campanha, outros investidores começam a entrar em pânico, causando um derrame da moeda no mercado e aumentando o caos. Entretanto, como disse o próprio George Soros ao Comitê de Atividades Bancárias do Congresso, se todos saírem correndo para vender, não haverá compradores, e quem ainda tiver posições no mercado não conseguirá escapar, podendo sofrer "prejuízos catastróficos".

Alguns diriam que as intervenções dele e de outros no mercado de moeda estrangeira na verdade se estabilizam no longo prazo, com a venda ocorrida quando as cotações estão altas demais e a compra quando estão baixas demais. Pode-se argumentar que os Bancos Centrais tendem à desestabilização quando defendem uma moeda, porque operam ao contrário, comprando quando o mercado sente que a cotação de uma moeda está alta demais e vendendo quando ela já parece baixa demais. No longo prazo, é verdade que as forças do mercado livre, operando nas taxas flutuantes de câmbio, terão a tendência a produzir mais estabilidade – proteger uma moeda é, em geral, desestabilizador porque traz o risco de súbitas baixas ou altas.

Conforme diz o economista americano Paul Davidson: "Na economia global da atualidade, qualquer nova ocorrência que os administradores de fundos desconfiem que outros irão interpretar como indicativa de fraqueza de uma moeda pode rapidamente se transformar numa conflagração que se propaga ao longo da infovia."

Os governos são rapidamente derrotados pelos grandes fluxos cambiais. Todo dia são feitas no planeta 150 mil transações em moeda estrangeira, movimentando 2,4 trilhões de dólares, se contarmos as duas fases de cada negócio. Isso corresponde a 642 trilhões anuais num mercado sem qualquer regulamentação, aberto cinco dias por semana, que negocia 260 dias por ano, 24 horas por dia. Desses números se evidencia que se o Banco da Inglaterra, com reservas de cerca de 45 bilhões de dólares, não sobreviveria mais que algumas horas na eventualidade de um derrame global de libras esterlinas, que se diria então de um país com reservas menores. Para muitos países, as transações diárias na própria moeda nacional são maiores que todas as reservas nacionais.

Pouquíssimos países dispõem, em moeda, de reservas mais profundas que os bolsos dos especuladores e que a capacidade combinada de pânico do mercado global. Poucos podem se dar ao luxo de aumentar as taxas de juros o suficiente para impedir o movimento de empréstimos especulativos de larga escala sem com isso afundar a própria economia. A única alternativa é parar de tentar e permitir a flutuação da moeda.

Para a globalização avançar de forma rápida e harmoniosa no prazo curto ou médio ela só poderá fazê-lo se adotar uma abordagem holística. Não basta suspender todos os controles cambiais e rezar para dar certo – os países ricos e pobres precisam chegar a um acordo de que a abertura das fronteiras econômicas também será acompanhada por pacotes de apoio, que ajudem a estabilizar flutuações cambiais e taxas de juro nesses países. Até certo ponto, é o que já está acontecendo a reboque dos fatos, com assistência para países como a Tailândia e a Coréia do Sul. Mas essa trajetória é arriscada e cheia de perigos. Podemos esperar ver medidas importantes serem tomadas no interesse da serenidade global de curto e médio prazo, com o FMI tomando a dianteira. Esperemos grandes iniciativas de treinamentos de reciclagem, financiadas, em parte, pelos governos ricos, em parte, pelo setor empresarial, para ajudar os perdedores a fundo perdido da globalização a se tornarem vencedores, ganhando novos empregos.

Podemos esperar apelos cada vez mais freqüentes em favor da tributação global sobre todas as transações com moeda estrangeira, com a intenção de "jogar areia na engrenagem". Essas tentativas provavelmente irão fracassar. As forças da globalização já são demasiado poderosas. As transações com moeda estrangeira são agora impossíveis de evitar, já que qualquer um, em qualquer ponto do mundo, pode agora comprar e vender qualquer coisa que deseje, usando a Internet e criptografia segura. O mercado negro será vasto, barato e eficiente.

Podemos esperar cada vez mais a tomada de decisões econômicas ser ditada pelo medo às reações do mercado, e não por convicção verdadeira. As economias nacionais serão cada vez mais controladas pelas reações e contra-reações instáveis e quase sempre irracionais dos mercados de câmbio e de ações. No longo prazo, a expectativa é de os governos se refugiarem em alianças ou blocos comerciais cada vez maiores e "mais seguros", com muitas economias agrupadas, conectadas ou fundidas até 2020. O objetivo será proporcionar estabilidade econômica contra ataques especulativos, mas, apesar de obtida por um preço alto, ela não será totalmente eficiente, pois os especuladores globais também estão crescendo com um poder extraordinário.

Países grandes como a Índia e a China continuarão a observar, divertidas, toda essa atividade, a certa distância, pois juntas elas já reúnem entre si duas áreas econômicas emergentes que atendem a mais de 2 bilhões de pessoas. Na próxima década eles terão esperança de não sofrer no mercado a mesma vulnerabilidade da Malásia, da Tailândia ou das Filipinas, mas também se encontrarão sob pressão.

Podemos esperar ver em alguns países emergentes minorias agressivas a se manifestar, revoltadas diante do que consideram especuladores gordos e imperialistas que derramam dinheiro em compra e venda, manipulando títulos e moedas de um lado para outro visando a obtenção de lucros fabulosos para si. Essas reações irão se intensificando em proporção com o aumento de peso e poder desses jogadores globais. Em 2005 haverá diversas instituições cujas decisões serão controladas por um punhado de pessoas; capazes de, no curto prazo, abalar a economia nacional até quebrá-la, elas obterão na manobra lucros gigantescos. Devemos esperar boatos e relatórios falsos como parte do processo.

Para os trabalhadores comuns dos países emergentes, a globalização das finanças inicialmente parecerá boa, com pesados investimentos internos, novas fábricas, empregos e infra-estrutura. Haverá uma subida na renda familiar, construção de imóveis, compra de veículos, custeio de educação universitária. Sob a impressão de que a fartura vai durar para sempre, pouco se economiza. Então, vem a queda – o emprego desaparece, o empréstimo é cobrado em cima da moradia, deixando grandes dívidas, causadas pela quebra do mercado imobiliário, o carro perde quase todo valor e de repente os filhos são tirados da escola. Toda a poupança feita será varrida, já que o valor de mercado despenca e os bancos ficam insolventes.

Depois a confiança começa a voltar. A moeda grosseiramente desvalorizada mais uma vez serve de estímulo ao investimento interno. Dessa vez os especuladores estrangeiros conseguem megatransações, ainda mais lucrativas, comprando indústrias inteiras e bairros inteiros por uma fração do custo anterior. Gradualmente, a economia se recupera e os empregos voltam a ser criados. A vida é retomada, porém, a terrível custo. Na grande liquidação, muitos dos pequenos investidores, proprietários de microempresas e trabalhadores perdem tudo, ao passo que algumas grandes instituições (estrangeiras) conseguem ter grandes lucros.

Persistência do *overshooting* nos mercados monetários

No passado, um desestímulo aos especuladores menores era o custo das comissões, reduzidas para níveis tão baixos pela sociedade conectada em rede que múltiplas transações de curto prazo são agora mais comuns. Portanto, devemos esperar que os mercados também sejam cada vez mais desestabilizados por milhões de decisões individuais de compra e venda, tomadas por gente que só tem uma compreensão parcial das forças subjacentes aos movimentos de preços. Esse efeito irá encorajar ainda mais o *overshooting*.

Por exemplo, em Uganda muitas sucursais de organizações não-governamentais colocam em contas cambiais as dotações vindas do estrangeiro, e realizam repetidas trocas de moedas, segundo sua própria visão do rumo tomado pela cotação. Elas não são agentes financeiros, nem têm conhecimento especializado, mas estão jogando no mercado como todo mundo está – são amadoras. E contra elas estão jogando o mesmo jogo as grandes instituições em Londres, Tóquio e Nova York. Afinal de contas, de que outro modo uma financeira londrina vai ter lucro constante senão em conseqüência de decisões tolas feitas por terceiros?

Para cada grande vencedor há um grande perdedor – ou muitos perdedores pequenos

Para cada grande vencedor dos mercados cambiais há grandes perdedores. Se, por exemplo, as equipes de Nova York são mais preparadas que as das nações mais pobres, e também mais ousadas, podemos esperar que as nações pobres sejam sistematicamente enfraquecidas pela atividade do mercado nova-iorquino. Naturalmente, a globalização chegou para ficar, e no longo prazo é a forma mais eficaz de gerar riqueza para qualquer nação, rica ou pobre. Mas essas são algumas das correntes subterrâneas que até 2010 provocarão tensões e preocupação no plano internacional.

Devemos esperar que as nações emergentes tentem domar o processo – e que fracassem. Também que as moedas da ASEAN, a Associação das Nações do Sudeste Asiático, se movam juntas no Extremo Oriente. No passado todas elas estavam ligadas ao dólar americano, garantindo uma taxa de câmbio e uma taxa fixa em comum com o mais poderoso mercado delas. Após a metade da década de 1980, o iene japonês subiu em relação ao dólar, tornando mais caras as exportações japonesas para os países da ASEAN, e também para os Estados Unidos. A alta do iene também levou o Japão a fazer enormes investimentos em países que antes considerava grandes mercados exportadores. Com o investimento veio nova tecnologia.

Os governos da ASEAN, deslumbrados com o crescimento, abriram seus setores financeiros aos agentes externos, além de relaxar o controle das importações. A Tailândia, a Malásia e a Indonésia não tardaram em sofrer grandes desequilíbrios comerciais, apesar do rápido crescimento das exportações. E o investimento estrangeiro não bastou para cobrir os déficits de conta corrente, e assim o volume de empréstimos feitos pela indústria aumentou. Então, em 1996, o dólar voltou a se fortalecer em relação ao iene, uma subida de 30% em 18 meses. O investimento japonês nos países da ASEAN ficou menos atraente. Eis alguns fatores que precipitaram a crise da ASEAN em 1997.

O fiasco do mecanismo de taxas de câmbio provou, de uma vez por todas, que fixar as cotações cambiais não funciona, a não ser como parte de uma união financeira. Mas nem mesmo assim ele evitará as pressões da indústria global, partidas de governos controladores. Os governos ficam realmente vulneráveis quando já não controlam mais suas próprias taxas de câmbio, nações mantêm em comum as taxas de juros e são abolidas as restrições a importações e exportações, e também os controles à movimentação de capitais. O capital estrangeiro é notoriamente volátil, mas a única opção é levantar capital doméstico, o que é um grande desafio num país em desenvolvimento.

Quem está governando o país?

Podem-se esperar mais reações como as do governo da Malásia, que tentou impedir a ação dos especuladores, precipitando dessa forma uma crise ainda pior. Haverá crescente frustração, na medida em que os países se apercebam da realidade, ou seja, de que praticamente perderam por completo o controle das próprias economias. Esperemos ver muitas nações retardarem o relaxamento dos controles do setor financeiro entre o presente e o ano 2010, como resultado direto da instabilidade do mercado.

A globalização torna menos sustentáveis as grandes diferenças da taxa de juros entre nações, e os fluxos de capitais ficam impossíveis de deter. Na continuação do processo de globalização, só restarão às nações a legislação nacional e a majoração e a despesa com taxas – mas mesmo aí os governos serão forçados a harmonizar leis, impostos e benefícios. Países não alinhados com aquilo que a comunidade global de investidores considera razoável perderão investimentos rapidamente. Podemos esperar muitas reviravoltas em diretrizes governamentais quando a convicção política se render a questões práticas, tais como a decisão da Nissan de construir uma gigantesca fábrica de automóveis no país ou levar o projeto para o país vizinho.

Logo, quem é que governa agora o país? A resposta, naturalmente, é: o mercado, com poucas decisões coletivas tomadas por algumas das maiores multinacionais, que são controladas elas próprias por alguns atores muito poderosos. É a morte do poder democrático.

TRABALHADORES DO MUNDO, UNI-VOS

O sindicalismo foi fundado para oferecer aos trabalhadores proteção contra a opressão. Uma após outra as nações foram forçadas a legislar para garantir direitos básicos, como férias remuneradas, auxílio doença, dispensa remunerada, licença-maternidade, semana de trabalho padronizada, condições de saúde e segurança no trabalho, direito de contestar demissão injusta, etc. Esses acordos foram fixados no âmbito nacional, para evitar que uma empresa prejudique outra ao empregar trabalhadores com salários menores e sem esses benefícios.

Mas esse foi o velho mundo, que será radicalmente destruído pela globalização, se não houver proteção global dos direitos dos trabalhadores.

Hoje, a mesma situação está emergindo em toda parte, porém numa escala mais ampla. Empregadores "com ética" (forçados por lei a serem éticos), que tratam bem seus empregados, estão perdendo terreno para empregadores "sem ética" nos países mais pobres, ou irão sofrer isso no futuro. A globalização significa a vigência das mesmas condições e vantagens para todos no mercado, que está ficando cada vez mais imparcial. A ameaça de que os postos de trabalho possam migrar para o exterior está por trás da insegurança no emprego, da erosão dos benefícios marginais e do catastrófico enfraquecimento dos sindicatos de trabalhadores. Essas tendências todas irão continuar.

Os trabalhadores de países que desfrutam de um melhor serviço médico, de benefícios de desemprego, pensões e educação só poderão continuar a desfrutar tudo isso no futuro se produzirem muito mais que os trabalhadores de países pobres, e a um custo inferior. Mas o que fazer, se os de países pobres, provavelmente, terão a mesma tecnologia, e suas próprias fábricas, e mão-de-obra 80% mais barata? Os trabalhadores de países pobres ganham salários ínfimos, não têm segurança no emprego, estão expostos a riscos enormes em termos de saúde e segurança, não contam com auxílio doença nem outros direitos. Se a diferença não for sanada, todo o esforço dos trabalhadores para garantir direitos num país acabará destruindo seus próprios empregos. No curto prazo, não colocar ventilação adequada nas fábricas sempre sai mais barato que ventilar devidamente a instalação, segundo um alto padrão; suprimir o auxílio doença custa menos que ser generoso com trabalhadores que não comparecem ao trabalho.

Por ironia, o empregador dos dois grupos em dois lugares do mundo é uma mesma multinacional, que dispensa os trabalhadores "empregados com ética" e os substitui pelos "empregados sem ética". Supor que os trabalhadores de países ricos sempre irão ganhar mais por contar com a automação e a resultante alta de produtividade não procede. As novas fábricas high-tech empregam a mais recente tecnologia onde quer que sejam construídas, seja nos Estados Unidos ou na

China. Muitos empregos de gerência, consultoria, serviços e suporte terão alta remuneração, porém o fato não impedirá de todo as nações ocidentais de serem expulsas do mercado pela globalização.

Os sinais de preocupação já se manifestam. Em setembro de 1997 foi realizado um congresso internacional na África para tratar da crescente preocupação com o potencial risco de saúde representado pela globalização para trabalhadores das nações africanas. Muitos riscos se relacionam ao trabalho, como a exposição de mulheres e crianças a novos inseticidas na agroindústria.

Sindicatos laborais do terceiro milênio: Globalização ou extinção

O sindicalismo do terceiro milênio só poderá percorrer uma de duas rotas: se permanecer num quadro nacional, lutando por direitos nacionais e pelo protecionismo, o fim será a imensa perda de postos de trabalho, com o ganho de empregos nas nações pobres por trabalhadores não sindicalizados e desprotegidos. Será a morte do sindicalismo laboral. Todo dia testemunhamos o progressivo enfraquecimento de antigos movimentos trabalhistas porque não conseguiram lidar com a áspera realidade da globalização.

A única opção para eles é formar um movimento trabalhista global que procure negociar direitos trabalhistas justos para a aldeia global inteira. Semelhante movimento formal precisaria ser capaz de organizar, digamos, a paralisação de portos por piquetes globais ou protestos globais contra empresas específicas. Devemos esperar algumas tentativas desse teor até 2010, com pouco sucesso em razão da natureza difusa do grande poderio das empresas comerciais globalizadas. Entretanto, a Internet global, que liga entre si 1 bilhão de pessoas, em breve será usada para mobilizar protestos instantâneos de dezenas de milhares de participantes, em torno de uma série de questões, em praticamente qualquer ponto da superfície do planeta. Nesse meio tempo, movimentos informais de protesto de ativistas continuarão a ganhar publicidade, influência e (indiretamente) poder.

Esses movimentos trabalhistas do terceiro milênio serão expulsos das nações mais ricas por gente preocupada, acima de tudo, com a proteção dos próprios empregos, e cujo intuito é tornar quase tão difícil e cara a contratação dos trabalhadores das nações emergentes quanto a própria, e, portanto, menos ameaçadora. E também por gente com prioridades mais abrangentes.

Naturalmente, as empresas globalizadas vão contestar o rótulo de "sem ética" no tocante a condições de trabalho. Elas argumentam, com razão, que estão oferecendo a agricultores ou moradores de rua – sem isso, desamparados – um salário de que viver, treinamento e um futuro, construindo prosperidade nacional, contribuindo para a balança comercial. Num mundo competitivo, pagar mais aos empregados delas ou lhes dar benefícios adicionais poderia acarretar o desemprego para todos eles.

Acordo global sobre condições laborais mínimas

Podemos esperar o começo de acordos globais sobre condições de trabalho, saúde e segurança e outras questões até 2010, como uma condição de comércio global. Já está começando como resultado da pressão do consumidor. Vejamos, por exemplo, o trabalho infantil. Poucas empresas de marcas famosas hoje em dia se arriscariam, "em sã consciência", a empregar crianças de 6 anos, 10 horas por dia, na confecção de roupas. No entanto, só em Bangladesh se estima que 80 mil crianças de idade inferior a 14 anos, na maioria meninas, trabalham no mínimo 60 horas semanais na indústria do vestuário.

Infelizmente, reações intempestivas e campanhas simplistas podem destruir as vidas das próprias pessoas que visam proteger. No exemplo do trabalho infantil, uma campanha internacional levou milhões de crianças a serem despedidas do emprego. Mas elas e suas famílias precisavam do dinheiro para comer. Muitas crianças foram direto para a rua trabalhar na prostituição infantil. A lição é que, embora sendo questões importantes, e necessitadas de resolução, elas precisam ser abordadas no contexto do desenvolvimento comunitário como um todo.

Pude ver essas tragédias infantis em primeira mão na Índia. O trabalho infantil é uma questão muito complexa. E também muito simples: crianças órfãs que vivem nas ruas, ou trabalham ou morrem de fome.

O mandato do livre comércio imposto pelos Estados Unidos

A Europa e os Estados Unidos são os dois motores por trás das negociações de livre comércio em todo o mundo, mas a Europa tem suas próprias distrações, e elas irão continuar. Portanto, esperem ver os Estados Unidos no comando das iniciativas comerciais de grande alcance. Clinton desempenhou um importante papel na negociação do acordo final do GATT (General Agreement on Tariffs and Trade) e na conclusão do NAFTA (North American Free Trade Agreement). Podemos esperar mais iniciativas da WTO (World Trade Organization), da FTAA (Free Trade Area of the Americas) e da APEC (Asia Pacific Economic Co-operation forum), cujos 18 membros compreendem a metade da economia mundial. A APEC concordou em alcançar "comércio e investimento livres e abertos" até 2010 para os membros industrializados, e até 2020 para os restantes.

Podemos esperar que os movimentos trabalhistas organizados façam campanhas cada vez mais freqüentes contra o livre comércio e em favor dos blocos comerciais hostis. Essas vozes deverão se fortalecer nos Estados Unidos durante o governo Bush. Durante um século o país não teve um presidente protecionista (à parte a série de cotas de importação do presidente Reagan), mas ainda poderia encontrar algum no futuro. Se os Estados Unidos se tornarem protecionistas (é possível, porém improvável), então é de se esperar uma séria reação defensiva da parte de mais de uma centena de outras nações. Grandes acordos comerciais irão continuar sem os Estados Unidos, se necessário, mas com sério risco de serem prejudicados por alguma outra onda de reação antiglobalização.

A morte da velha economia

A velha teoria econômica foi construída para um mundo que já não existe mais. Ela afirmava que, por exemplo, "o alto desemprego leva à queda dos salários" e "o baixo desemprego leva ao aumento dos salários". Entretanto, em 2000, o desemprego nos Estados Unidos não chegou a 5%, e sem pressões inflacionárias. Por quê?

A velha economia ciclo de prosperidade e recessão é nacionalmente centrada e redundante no mundo do terceiro milênio, cujas forças são infinitamente mais complexas. Veremos grandes surtos de prosperidade e de recessão e ciclos comerciais perturbadores, mas suas causas e escalas de tempo não serão tão fáceis de administrar ou prever quanto no passado.

Dois fatores se combinaram na nova ordem mundial: para começar, a globalização significa competição global, que agora está restringindo a capacidade dos trabalhadores de qualquer país individual de exigirem salários mais altos. Na aldeia global, eles sabem que outro país menos ambicioso irá ganhar os contratos. Em segundo lugar, os computadores e outras tecnologias estão deflagrando um aumento monumental da produtividade, juntamente com a redução da folha de pagamento na manufatura, e a deflação de custos.

FATORES QUE AFETAM O CRESCIMENTO REGIONAL

A geografia é importante – será mesmo?

Estudos realizados pelo Harvard Institute for International Development concluíram que, entre 1965 e 1990, o crescimento global dependeu de quatro fatores:

- Condições iniciais
- Políticas governamentais
- Geografia
- Alterações demográficas

No passado, políticas diferentes, em regiões diferentes, produziam resultados muito diferentes. No futuro, embora as políticas tendam a convergir, muitos países em desenvolvimento serão deixados bem para trás, parcialmente por causa das condições geográficas. Como Adam Smith foi o primeiro a reconhecer, o comércio marítimo sempre será mais barato que o comércio terrestre (ou aéreo) de longa distância. Não é por acidente que 50 milhões de chineses estão se deslocando para as províncias litorâneas, de crescimento mais rápido e mais dinâmico.

Ao longo da história, os Estados litorâneos tenderam a desenvolver políticas de mercado mais liberais que as dos vizinhos interioranos. Estados montanhosos deixaram de desenvolver o comércio por serem isolados. As regiões temperadas, propícias à industrialização, formaram populações maiores. Já os países tropicais foram prejudicados com índices de mortalidade mais elevados, decorrentes de doenças e da baixa produtividade agrícola. Chuvas torrenciais nas regiões tropicais causam erosão e removem nutrientes das áreas de florestas que foram desmatadas.

Apesar da revolução nos transportes e nas comunicações, países sem saída para o mar costumam crescer mais lentamente, o mesmo acontecendo aos países de regiões tropicais, aos de governos corruptos ou ineficientes e aos de maior crescimento demográfico. Todos esses fatores consumem recursos que poderiam ser aplicados em produção.

A população cresce quando melhoram os cuidados médicos. O índice de natalidade cai à medida que as famílias se ajustam a uma expectativa de vida maior e a uma mortalidade infantil menor. A Ásia Oriental está na segunda fase, enquanto a África ainda está na primeira. A África tem grande quantidade de crianças dependentes (em algumas áreas, quase metade da população é menor de 15 anos), sem ter uma grande massa de trabalhadores, problema muito agravado pela destruição seletiva dos adultos jovens pela Aids.

As duas formas mais eficazes de ajudar a África seriam: cuidar do problema da Aids por meio de programas de ajuda muito melhores, que incluíssem o tratamento de outras doenças sexualmente transmissíveis; e cuidar do problema da malária. A malária mata 1 milhão de habitantes por ano e afeta outros 200 a 400 milhões. A região subsaariana responde por 90% dos óbitos. Apesar disso, o dispêndio global em programas de saúde pública para prevenção da malária é de apenas 60 milhões de dólares por ano. As empresas farmacêuticas investiram relativamente pouco. Uma vacina simples e barata para a malária poderia revolucionar grande parte da África. Podemos esperar que até 2007 essa vacina tenha sido desenvolvida.

No futuro, tão grandes diferenças de riqueza e saúde na aldeia global tornarão mais prováveis grandes e incontroláveis deslocamentos populacionais, criando todo tipo de tensões.

Empresas mudam de país muitas vezes

Muitos fabricantes de brinquedos dos Estados Unidos deslocaram suas fábricas do Japão para Taiwan, e daí para Cingapura e Tailândia, buscando mão-de-obra mais barata – aportando finalmente na China. Por outro lado, a Lego ainda produz a maior parte dos seus brinquedos na Dinamarca, na Alemanha, na Suíça e nos Estados Unidos, por ter necessidade de alta qualidade, seja no projeto de moldagem, seja na execução da moldagem por injeção.

Algumas fábricas se situam em outros países onde a mão-de-obra é mais barata. Outras são fábricas fonte com gerência local capacitada, preparadas para adquirir materiais e redesenhar processos. Outras são fábricas servidoras, que suprem mercados específicos de modo a contornar barreiras tarifárias, impostos ou os custos logísticos dos riscos cambiais. E ainda há fábricas matrizes que criam globalmente novos processos, produtos e tecnologias para a corporação inteira.

A luz do Sol é a maior barreira para a aldeia global

A globalização implica viagens longas para os executivos, porque a tecnologia ainda não se equiparou ao movimento de capitais e outros componentes do comércio internacional – ou melhor, a tecnologia existe, mas não estão presentes as habilidades sociais. A maioria dos pré-milenaristas simplesmente não consegue lidar com reuniões eletrônicas, mas seus empregos irão depender disso.

A maior barreira para a aldeia global é a luz do Sol. Em um mundo globalizado ideal, todos os habitantes veriam a mesma hora no relógio. E esse é o fulcro de um problema crescente. O terceiro milênio verá um padrão de trabalho inteiramente novo. Dias úteis de 9h às 17h, de 8h às 18h ou de 7h às 21h serão substituídos por um ritmo diferente, ditado pela eficiência do negócio e pela necessidade de clientes e corporações globalizados.

Pensem, por exemplo, numa cliente de um banco privado. Num mundo ideal, ela gostaria de viajar e telefonar de onde se encontrasse naquele dia, falando com o gerente do banco sem precisar olhar o relógio, nem calcular mentalmente a diferença de fuso horário. O ideal seria poder falar a qualquer momento. E ela poderia: as tecnologias onipresentes como o videodatafone, associadas à tecnologia de satélites de amanhã, poderão fazer o gerente estar constantemente acessível via telefone, fax ou videolink. Mas o que seria da vida dele?

A resposta é que os padrões de trabalho mudam. Em vez de ter cinco clientes muito importantes aos quais atende durante as horas tradicionais, o gerente agora está disponível a qualquer hora, porém de forma menos intensiva. À guisa de compensação por oferecer um serviço tão valioso, ele pode se permitir ter apenas quatro clientes, pelo mesmo salário. A maior parte do trabalho ainda é realizada durante as horas normais, mas em compensação pelo trabalho não programado, a qualquer hora, e pelas reuniões previamente agendadas, ele terá menor carga horária total e períodos de folga durante o dia.

Dessa forma, poderá passar a segunda-feira inteira jogando golfe. Os clientes são informados de que o serviço inclui a possibilidade de o gerente estar em qualquer lugar, fazendo qualquer coisa, quando eles telefonarem. Mas, graças ao datafone, praticamente toda a informação de que o gerente precisa para atender a uma chamada estará disponível em um ou dois minutos, ou até em segundos.

Muitas pessoas já vivem assim, inclusive eu. Para começar, quem estiver seriamente envolvido com a mídia, atuando como comentarista de acontecimentos globais, terá que fazê-lo. Fatos de interesse podem acontecer a qualquer momento do dia ou da noite, 365 dias por ano, e quando acontecem, os pesquisadores da mídia precisam ter acesso instantâneo a comentários e conselhos de especialistas. O rádio e a televisão são particularmente exigentes.

Vejam o exemplo da clonagem da ovelha Dolly, uma das muitas importantes matérias jornalísticas que previ em todos esses anos. A verdadeira história não era sobre ovelhas, mas sobre a possibilidade de clonar seres humanos. Duas equipes de televisão estavam em minha casa às 23h de um sábado, 40 minutos após terem começado a me telefonar, ao chegar a notícia às agências Reuters e Associated Press. Contudo, isso é parte do mundo em que vivo; logo, faço reservas de tempo para atender. Isso acarreta colocar menos compromissos na agenda, para manter a flexibilidade e a disponibilidade.

Viver "de plantão" não é algo novo. Médicos e muitos outros profissionais estão acostumados a isso há décadas, e também aqueles que se organizam para só muito raramente (com adequada filtragem das chamadas) não serem localizados.

Nas férias e em momentos especiais com a família é possível carregar telefones, redirecionar chamadas ou até elaborar planos de contingência. Pode-se – e deve-se – providenciar cobertura. Não estamos falando de deixar a tecnologia nos transformar em escravos das comunicações, mas sim de empregar tecnologia para nos libertar da expectativa pré-milenarista segundo a qual todos devemos desfrutar lazer pleno, alternado com períodos de trabalho em tempo integral.

Alguns consideram insalubre e antinatural esse novo padrão de administração global do tempo. Na verdade ele está muito mais sintonizado com o antigo padrão de vida do caçador e coletador, e naturalmente se identifica com os padrões normais de pais e mães que ficam em casa sozinhos com várias crianças pequenas.

A vida nessas circunstâncias não é um conjunto de comutadores, mas envolve uma mentalidade distinta daquela do trabalhador de escritório convencional. Também tem implicações para o local de trabalho: quando os executivos precisam fazer e receber chamadas muito cedo ou muito tarde, ou durante os fins de semana, a tendência ao trabalho em casa aumenta aceleradamente.

Sem uma mudança de atitude, o resultado será a fadiga mental e a destruição das famílias. Já vemos sentados na praia com seus celulares e computadores, durante o fim de semana, tecnomaníacos viciados em trabalho. São viciados em escritório, incapazes de relaxar, dependentes orgânicos da tecnologia, motivados pela insegurança em relação ao que pode estar acontecendo no escritório enquanto eles almoçam no restaurante mais próximo.

No entanto, sem uma completa reavaliação dos conceitos de hora e luz diurna, a vida na aldeia global nunca irá funcionar, sem discriminação Leste/Oeste em favor de alianças Norte/Sul. Isso já está acontecendo. Para uma empresa situada na África do Sul é muito mais fácil, do ponto de vista de expediente, trabalhar em ótima parceria com a Grã-Bretanha do que com Hong Kong. O problema da incompatibilidade do horário diurno se agrava ainda mais pelas diferenças transculturais. Uma empresa de São Francisco que faça negócios com Dubai enfrenta não só uma prejudicial diferença de horários, mas também o fato de que aí o expediente vai de 7h às 13h, e não se trabalha às sextas-feiras – mas no domingo o horário é normal.

Fase inicial da globalização será pouco uniforme

Podemos esperar grandes diferenças e inconsistências, nas próximas duas próximas décadas, como ocorreu na década passada, no grau de globalização da indústria. Por exemplo, enquanto no mundo inteiro os negócios transnacionais envolvendo alimentos e bebidas aumentaram, de 5,34 bilhões de dólares, em 1996, para 6,82 bilhões na primeira metade de 1997, no mesmo período os fabricantes de bebidas e alimentos do Reino Unido na verdade reduziram o investimento estrangeiro, que passou de 176 milhões de dólares para 138 milhões. Alguns compradores estrangeiros também desapareceram, embora a Coca-Cola tenha assumido o controle, por mais de 1 bilhão de dólares, sobre uma *joint venture* de engarrafamento com a Schweppes. Podemos esperar muitas grandes fusões na indústria de alimentos, criando gigantes globalizadas com uma movimentação financeira superior a 15 bilhões de dólares, as quais estão se organizando para dominar o mercado global. Esperemos mais incorporações hostis como a das Docks de France pela Auchan, na França, ou os avanços do Carrefour em direção à Cora ou da Promodes com a Casino.

"Construção de marca futura": Universal e tribal

A "construção de marca futura" é a reconstrução de uma marca não somente para atender às necessidades do momento, mas para a globalização de amanhã. Durante algum tempo a British Airways abandonou seu logotipo britânico em favor de uma nova imagem de transportadora global. Os emblemas da cauda dos aviões foram baseados em imagens de diferentes nações. O presidente da empresa previu que no futuro a própria palavra "British" poderia ser abandonada. Assim a BA testou uma imagem global que combinasse com um produto global. Contudo, muitos escolhem a empresa justamente por ser britânica (tribalismo). Na mente de muitos a BA tem características fortes, estáveis, conservadoras e de muita segurança. Evidentemente, uma marca inteiramente nova poderia ter sido lançada: "Global Airways para viagens de primeira classe" – mas, então, não seria a "BA – a empresa aérea favorita do mundo".

A British Tourist Authority (BTA) tentou fazer o mesmo, anunciando que iria abandonar o símbolo da Union Jack em seu material publicitário – enquanto outros países como a Irlanda estavam voltando a usar as bandeiras nacionais em literatura para turismo. A BTA logo mudou de idéia.

Devemos esperar uma reconstrução generalizada de marcas das empresas aéreas em todo o mundo, juntamente com uma consolidação. Não existe lugar no mercado para todos os países terem uma companhia aérea "nacional" privada e não-subsidiada. As imagens dos países inspiram lealdade, hostilidade e uma série de outras emoções; além disso, as imagens nacionais mudam. A Swissair e a El Al são duas outras empresas aéreas com imagens nacionais fortes, mostrando as cores das bandeiras de seus países. Essas empresas irão rever a imagem nacional, assim como o farão outras transportadoras aéreas sediadas em países em transformação, como a África do Sul, a Arábia Saudita, a Espanha, a Índia, a Malásia e o Marrocos. À medida que mais empresas aéreas se transformarem em corporações multinacionais, elas precisarão pensar e agir de forma global. Muitas empresas aéreas nacionais estão tentando desenvolver e adotar uma nova cultura global, na competição contra linhas aéreas de baixo custo operacional e mais eficiência.

EMPRESAS VIRTUAIS

A globalização implica terceirização e parcerias em todos os níveis. Haverá mais empresas virtuais – empreendimentos com muito menos empregados que o previsto, considerando-se a operação global e o capital movimentado.

De acordo com o Vision, um estudo realizado pela Economist Intelligence Unit e pela Andersen, 79% dos altos executivos de multinacionais acreditam que as estruturas dos grandes negócios serão diferentes em 2010. O futuro será das empresas virtuais – 13% de todos os negócios já eram "virtuais" em 2000. Práticas de trabalho "no local" já podem ser mais virtuais do que imaginam muitos membros da diretoria:

- Empregados em muitas localizações diferentes
- Mudanças estruturais rápidas
- Muitas funções executadas por parceiros

Embora em 1997 apenas 3% tenham descrito suas empresas como integralmente virtuais, 40% dos diretores afirmaram que suas empresas serão virtuais em 2010. Noventa por cento dos executivos sabem que precisarão de habilidades comunicativas mais sofisticadas e 80% afirmaram que suas companhias carecem das habilidades de construção de relacionamento necessárias para fazer funcionar uma operação virtual.

Fundada em 1993, A ILAN Systems Inc. é uma empresa com mais de 50 empregados e um volume de vendas próximo de 6 milhões de dólares. Tom Reynolds, o presidente, comanda a empresa em seu escritório central, dois cômodos apertados da casa de 140 metros quadrados onde reside, em South Pasadena. O sócio de Tom e os outros administradores também trabalham nas próprias casas. Eles mantêm contato por telefone, e-mail e por sua própria rede de computadores. É uma solução flexível, eficiente e que ajuda as empresas a reagirem rapidamente. A ILAN paga os salários, as férias e os planos de saúde.

Outras empresas foram mais além: não têm pessoal permanente. Eles contratam autônomos que trabalham em casa, por projeto, da mesma forma como Hollywood forma equipes para fazer filmes. Os papéis podem ser invertidos quando diversos grupos possuem entre si diversas empresas. No tempo ocioso de uma empresa, um diretor pode ser contratado para trabalhar num projeto de outra, que pertença a um de seus próprios contratados autônomos.

Aproximadamente 50 milhões de americanos estão trabalhando em casa em tempo parcial ou integral e usando e-mail para se comunicar com outros. O aparecimento de mais empresas virtuais irá acelerar o processo.

No entanto, o trabalho virtual já está causando impacto sobre muitas famílias e casamentos, pois as pessoas trabalham demais e as fronteiras entre trabalho e vida doméstica se confundem. Em geral, não há cobertura para doenças, treinamento e outros benefícios tradicionais dos empregados. A vantagem é a possibilidade de produtividade estratosférica, no caso de empregados motivados. Não existe a olhadinha no jornal ou a parada na porta para uma conversa. Tudo o que se pode fazer é trabalhar.

As empresas virtuais evitam custos iniciais muito arriscados, como os que se viu nas iniciativas de biotecnologia. Quando essa área começou, algumas empresas formaram equipes científicas, alugaram amplos laboratórios e depois tiveram de lidar com altos custos fixos ao enfrentarem problemas para colocar seus produtos no mercado. Por outro lado, na empresa de biotecnologia o CEO virtual trabalha sozinho num escritório, com as demais funções terceirizadas. Em geral, a companhia está sediada numa universidade e não paga aluguel; o desenvolvimento de medicamentos acontece em outras universidades, sob contrato.

A Metacrine Sciences Inc. (MSI) é mais um exemplo: desde março de 1996 é dirigida como empresa virtual por Jeffrey White, de um escritório simples numa universidade em New Jersey. Toda a pesquisa é realizada pelos departamentos da universidade, em troca de pagamento ou de participação acionária. Mas quando um grande patrocinador corporativo resolve aparecer em visita, como convencê-lo de que a empresa é real?

A British Petroleum recentemente criou o Trabalho Virtual em Equipe para reduzir os custos com viagens e pessoal. Na construção de uma plataforma de petróleo no mar do Norte, a BP economizou em um ano 4,5 milhões de dólares (2,8 milhões de libras), com um investimento de 500 mil dólares, por se comunicar muito melhor que antes. A equipe da BP que usa tecnologia tem agora muito mais possibilidade de realizar consultas dentro ou fora da organização.

A gestão do conhecimento é a chave do trabalho virtual

No futuro a gestão do conhecimento fará toda a diferença entre sobreviver e morrer. Vagas para especialistas estão surgindo em toda parte: gerente de aprendizagem, na General Motors; diretor de grupo de aprendizagem organizacional e desenvolvimento, na UBS; gerentes do conhecimento, na Skandia, Suécia, e na Chapparal Steel, nos Estados Unidos. Tudo isso é parte da mesma tendência para reunir rapidamente os recursos de informação e tomar decisões acertadas utilizando múltiplos canais e parceiros.

Muitos dos maiores industriais vão optar pela descentralização e pela terceirização. A Mercedes-Benz entregou a consultores externos 40% do trabalho de projeto de um novo automóvel Swatch, e 75% do desenvolvimento do veículo a fabricantes de componentes. Como parte do processo, a globalização de nicho irá crescer: no mundo inteiro existem hoje apenas três grandes fornecedores de bancos de automóveis.

Os consumidores valem mais

Seja na área de saúde, de assistência jurídica, de comércio varejista, de serviços financeiros ou qualquer outra, podemos esperar uma forte mudança para o contato consumidor/cliente. Todo mundo tem clientes: externos ou internos. Esperemos mais vendas de produtos e serviços entre departamentos da mesma empresa, e mais terceirização quando forem revelados os custos reais de provisão interna.

Agregando valor ao acionista – mas o que é valor real?

À medida que a venda de ações for mais globalizada, mudarão as pressões sobre os acionistas. A agregação de valor para o acionista continuará a ser importante, mas essa ênfase privilegiará o retorno de capital no curto prazo, em detrimento do fortalecimento da corporação no longo prazo. O imediatismo será agravado pelos pacotes de remuneração, ainda baseados nos resultados da empresa no último ano, em vez de utilizarem as avaliações 360 graus, em que cada trabalhador é solicitado a avaliar o desempenho não só dos subordinados, mas também dos colegas de mesmo nível e dos superiores. Podemos esperar ver abandonada essa visão míope do ano a ano, quando os investidores reconhecerem cada vez mais os ativos de longo prazo, tais como os trabalhos em andamento.

No futuro, uma empresa será tão boa quanto seus acionistas, e mais decisões de diretoria serão ditadas pela expectativa da reação deles. Podemos esperar envolvimento cada vez maior das grandes instituições investidoras, como os fundos de pensão, nas decisões corporativas mais importantes; elas irão, efetivamente, contratar e demitir a maioria dos elementos da cúpula, e exeıcer o direito a veto sobre novas políticas. Mas essas instituições não estarão bem situadas para julgar o que é melhor para o futuro da empresa no longo prazo.

O comércio institucional (fundos de previdência, empresas de investimento, fundações, fundos mútuos e bancos) já responde por quase 90% do volume e do valor das transações na Bolsa de Valores de Nova York. Depois de 2010 a maior parte das ações dos Estados Unidos continuará a ser propriedade das instituições.

A avaliação do valor das empresas continuará a se desenvolver como uma especialidade, mistura de arte e ciência, envolvendo um número crescente de variáveis "soft" como o capital intelectual do corpo funcional da época e seu provável valor futuro ante a expectativa de rotatividade de pessoal e da "caça aos cérebros" promovida pelos rivais. O valor adicionado resultante desses fatores na forma de reorganizações internas completadas e da reciclagem do pessoal será cada vez mais reconhecido e discutido.

Corporações virtuais

Uma corporação virtual é uma coleção de empresas, alguma delas também virtuais, organizadas para se comportarem como se fossem uma organização maior, multifacetada. Podemos esperar por mais dessas empresas. As instalações já não serão indícios do tamanho ou da lucratividade da empresa, mas somente do grau de hierarquização e da quantidade de dinheiro que os acionistas estão dispostos a desperdiçar erigindo um prestigioso monumento às glórias do passado.

As corporações virtuais só poderão ser vistas no papel, no vídeo ou na Internet. O mais perto que se chega de visitar uma dessas empresas é comparecer a uma assembléia corporativa com a presença do pessoal-chave de todas as partes do mundo, representantes de todos os aspectos da estrutura virtual. Inicialmente, muitos se recusarão a levar a sério as organizações virtuais, até virem desaparecer seus lucros e empregos. Ser virtual significa obter quase o mesmo resultado por um custo menor e com menor tempo de resposta a mudanças importantes; então, qual o sentido de não se tornar tão virtual quanto possível? Devemos esperar todos os tipos de experimentos high-tech, como, por exemplo, salas de diretores forradas por várias telas, nas quais são exibidas a qualquer momento pessoas, dados e outras imagens, inclusive, talvez, uma visão do corredor virtual externo.

AS MEGACORPORAÇÕES: RIVAIS DO PODER DO ESTADO

Devemos esperar pela tendência oposta, quando as grandes empresas promoverem fusões, criando colossos de especialização global e de poder econômico, sem paralelo na face da Terra, com mais poder que muitos governos.

O processo de globalização apenas começou. Nos 20 anos seguintes ao livre fluxo de capital e à interligação em rede global veremos novas supercorporações, cada uma delas economicamente mais poderosa que muitos Estados soberanos. Essas instituições complexas terão o poder de ditar condições aos governos e de estabelecer a agenda para o comércio. Elas tentarão criar monopólios globais. Colocadas acima do controle estatal e muito globalizadas, elas mudarão geograficamente suas bases de poder conforme a necessidade, o que irá provocar protestos.

O que acontece quando um único investidor tem a capacidade de quebrar ou recuperar uma economia? Esses dias já estão próximos. O apelo por um controle superestatal vai se fortalecer à medida que os monopólios globais forem apertando o cerco. Será uma questão de maior importância para os governos, neutralizados pelas decisões fluidas das corporações, e também para os eleitores, que perderão poder.

Um governo pode precisar de um ano para mudar ou reverter determinada política, ao passo que uma corporação será capaz de reagir e tomar uma decisão importante num único dia. Vinte supercorporações com um poder econômico combinado inimaginável farão muitos governos de amanhã parecerem dinossauros, lutando para entender o mundo a seu redor e reagir com a rapidez necessária. Tal será, principalmente, o caso das nações emergentes. Numa época em que nas nações industrializadas os pacotes de remuneração dos executivos de alto escalão são tão superiores aos salários de primeiros-ministros e presidentes, muitos governos também serão incapacitados pela própria máquina decisória pesada e pela séria escassez de cérebros. No futuro os líderes mais brilhantes e talentosos buscarão o verdadeiro poder; à presidência do país eles vão preferir a das corporações.

Muitas megacorporações dominarão campos específicos, como a transmissão por satélite ou a produção de hardware/software, mas também mostrarão notável capacidade para avançar sobre novos campos e abandonar antigos negócios.

Fusões e incorporações – e liquidações

Podemos esperar uma nova onda de fusões, cisões e incorporações, com um grande realinhamento global provocando o aumento do caos. Esperemos muitas operações de "compra e desmonte", em que o preço das partes sucateadas é mais alto que o valor de venda da empresa completa. Muitas empresas que talvez tenham acabado de se recuperar serão impiedosamente liquidadas, produzindo um rápido retorno de capital.

Grandes liquidações

A globalização significa o grande engolir o pequeno. Ou grandes cadeias devorarem milhares de pequenas lojas independentes. Ou grandes descontos por causa do maior poder de compra, preços mais baixos em alguns bens e preços inflacionados em outros, por causa de monopólios virtuais em algumas áreas.

A Microsoft é um bom exemplo de corporação com dinheiro de sobra. Houve um momento em que a grande fabricante de softwares de Seattle estava sentada sobre 9 bilhões de dólares em dinheiro e crescendo à taxa de 18 milhões de dólares por dia. O maior desafio deles é o que fazer com todo esse dinheiro para garantir retorno adequado. Fiquem atentos a uma série de novas aquisições e a mais protestos antimonopolistas.

Globalização e consolidação

Uma após outra as indústrias encaram a perspectiva de expulsão do mercado. Mercados outrora estáveis, como o bancário, estão eliminando os jogadores mais fracos e se reunindo em novos grupos maiores. Os fabricantes de software estão encarando expulsões mais rápidas e mais intensas, ao mesmo tempo em que suas vendas crescem. A indústria de computadores pessoais já encolheu de 832 para 435 empresas no final dos anos 80, e logo poderá ver liquidações que deixem somente cinco ou 10 vencedores de longo prazo. Da mesma forma, será selvagem a liquidação de empresas pontocom, até a ocorrência do próximo salto de tecnologia e de redes.

Os abalos sísmicos têm afetado setores industriais maduros. Os exemplos incluem as empresas farmacêuticas antes que os governos começassem a insistir na prescrição de genéricos, e antes que as pressões globais as obrigassem a conceder direitos de patente às nações pobres; o setor bancário, antes da desregulamentação; a indústria de armamentos, antes da queda do comunismo.

A desregulamentação do setor bancário

Em 1985 os Estados Unidos tinham mais de 14.500 bancos comerciais, a maioria operando num só estado, por questões legais.

Em 1995, uma autorização limitada para a atividade bancária interestadual permitiu que esse número caísse para 10 mil. Ele provavelmente cairá para 2 mil quando uma nova desregulamentação permitir a atividade bancária nacional. Na maioria dos países, esperemos ver uma redução drástica no número de bancos convencionais, principalmente em nações com excesso de bancos como a Alemanha e a Suíça. Em países como os Estados Unidos, o Reino Unido e a Suíça, os bancos continuarão a realizar profundos cortes de pessoal, numa época de grande lucratividade geral.

Haverá uma enxurrada de fusões e aquisições, e no futuro acionistas infelizes irão encarar redução nos dividendos. Por volta de 2010, o varejo bancário será quase irreconhecível e praticamente invisível nos setores comerciais, a não ser pelos onipresentes caixas eletrônicos – sim, o dinheiro continuará vivo.

Até a segunda década do terceiro milênio o dinheiro sobreviverá, mas os bens comprados com ele serão mais caros, por conta do crescente custo de administração de papel-moeda. A exceção será quando ele for usado para sonegação de impostos. Todas as instituições que convertam dinheiro eletrônico em papel-moeda e vice-versa cobrarão valores cada vez maiores pela operação, estimulando a circulação de moeda em espécie sem passagem pelos bancos. O dinheiro vivo continuará a ser a forma preferencial de pagamento para as transações de mercado negro, que ainda serão numerosas, mas de valor individual baixo. Por essa razão, as transações em dinheiro serão cada vez mais associadas à evasão fiscal deliberada.

Não acredite em seus clientes

A pesquisa de mercado, com seu intenso interesse pelo consumidor, foi o maior avanço dos anos 80 e 90. Mas como já vimos (páginas 27-28), o problema é que os consumidores sabem apenas o que sabem – e possivelmente sabem bem menos que você.

O uso de computadores portáteis em aviões é um exemplo disso. As grandes companhias aéreas fizeram pesquisas dispendiosas, todas com o mesmo resultado: apenas uma minoria desejava ter a bordo toda uma tecnologia que a fizesse trabalhar ainda mais. Para muitos, a viagem aérea era uma oportunidade de fugir do fax e do telefone. Quanto aos computadores portáteis, poucos viajantes dispunham de um, e menos numerosos ainda eram os que se imaginavam ao teclado durante as muitas horas de um longo vôo. Portanto, depois de muita hesitação, as empresas aéreas decidiram experimentar colocar telefones (e, em alguns casos, fax), que foram introduzidos gradualmente na primeira classe. Mas eles se equivocaram.

Os consumidores mudaram de idéia. Muitos executivos não sabiam o quanto eram vitais seus poderosos PCs portáteis para escrever discursos ou fazer ajustes de última hora numa apresentação importante. Como os executivos passam mais horas voando, eles não podem mais se permitir lazer a bordo.

Só uma minoria continuou interessada nos telefones – ainda mais porque algumas linhas aéreas cometeram outro grande erro ao instalar telefones sem uma entrada padronizada para PC, ou de conexões difíceis de usar. Os executivos queriam dar uma rápida olhada no correio eletrônico, baixar um documento a caminho da reunião ou enviar e-mails para o mundo todo, mas não utilizar uma conexão de voz.

Mas o maior de todos os erros foi encomendar jatos inteiramente novos sem tomadas elétricas nos assentos. Os que instalaram tomadas agora têm uma vantagem competitiva sobre os outros, principalmente porque, grandes e pesadas, as baterias sobressalentes dos computadores duram só três horas, são um problema para recarregar e custam até 300 dólares.

Moral da história: ouça o que dizem seus clientes, mas não *acredite* neles quando se tratar do futuro.

Para se manter no mercado

Os primeiros sinais de uma grande liquidação incluem:

- A crença, dentro da empresa, de que ela não acontecerá – é provável que aconteça.
- A taxa de entrada de novos concorrentes no mercado.
- Excesso de capacidade na indústria.
- Pressão sobre as margens de lucro, com a queda de preços.
- Planejamento de cenários baseados em previsões diferentes.
- Identificação de concorrentes com maior potencial de sobreviver.

GLOBALIZAÇÃO E NOVAS TECNOLOGIAS

O fim da produção em massa?

A produção industrial costumava se basear em economias de escala – grandes fábricas, grandes volumes, pequenas margens de lucro. Porém, as novas tecnologias abrem entrada a atores menores, que fabricam produtos de nicho a baixo custo e seguem adiante antes que os velhos dinossauros tenham tempo de reagir. Assim, novos atores menores continuarão a entrar com sucesso nos mercados, apesar do domínio das supercorporações.

A customização em massa será uma das principais características do novo milênio. De certa forma, não é nada de novo. Nos anos 70 era possível encomendar uma perua Ford com qualquer uma de centenas de características, tais como qualidade do estofamento, cor da pintura ou tipo de rádio. Naquela linha de montagem para produção em massa, cada automóvel era fabricado por encomenda. Eu caminhava ao longo dos seis quilômetros da linha de montagem, vendo isso acontecer; o carro pronto rolava para fora da esteira com o nome e o endereço de entrega dentro de um envelope de plástico preso ao pára-brisa.

A nova candidata mais provável à customização em massa será a tevê interativa, cujos espectadores serão alvo de publicidade especialmente selecionada para eles. A televisão digital copiará o que já está acontecendo na Internet. Com tantos milhões de páginas para navegação, é fácil colocar anúncios só nas que combinam com seus produtos.

A desintermediação

A globalização e as tecnologias como a Internet se unirão para remover do cenário os intermediários, colocando em contato direto os consumidores e os vendedores. Os exemplos já incluem a venda de passagens aéreas: em questão de segundos a Internet pode fazer uma pesquisa global e exibir os melhores preços no mundo inteiro; para cada artigo haverá dois preços: a transação com um ser humano e a transação pela Rede – e por esta sempre será mais barato.

Outro exemplo é o mercado imobiliário. No início dos anos 2000 apareceram na Internet centenas de imobiliárias oferecendo casas. Algumas eram inteiramente virtuais, enquanto outras eram imobiliárias tradicionais com oferta de serviços pela Internet como "valor agregado". Os corretores imobiliários estarão sempre conosco, mas a abordagem deles está sendo alterada pela tecnologia de redes. Podemos esperar que agentes de viagens, revendas de automóveis e muitas outras indústrias do varejo sejam objeto de grandes liquidações. No futuro, o maior contato de muitas empresas com seus clientes se dará através do caminhão de entregas.

A globalização será mais rápida que a virtualização

Quando chegava um e-mail, alguns o imprimiam e arquivavam. A manipulação de papel persiste porque muita gente ainda envia cartas e mensagens por fax. A prática de escanear documentos e guardá-los em arquivos virtuais ainda é uma raridade porque ainda custa mais caro e é menos confiável. A maioria dos negócios continuará a usar o sistema de arquivamento em papel até a entrada da segunda década do terceiro milênio. É o mesmo que acontece com reuniões virtuais. Você pode gostar de operar dessa maneira e pode insistir com seus empregados para que façam o mesmo, porém seus clientes mais importantes talvez não queiram fazê-lo.

A descontinuidade tecnológica

Mudanças de paradigma causam impacto. Veja, por exemplo, o caso dos fornecedores de equipamentos de escritório como a Addressograph-Multigraph Corporation, uma grande empresa liquidada pela revolução dos computadores pessoais. Até a NCR lutou por se adaptar aos novos tempos. O problema é que quando uma empresa finalmente cai em si, corrigir o erro é quase impossível ou sai muito caro.

A revolução na indústria de viagens

A indústria de viagens está a ponto de receber imensas pressões das novas tecnologias. Desde que eu tenha em mãos o mesmo bilhete para a mesma companhia, uma viagem aérea é uma viagem aérea. Pela Internet, um agente de viagens localizado no Peru está na mesma área de atuação que o agente da esquina da minha rua.

Futuro não muito distante: entro no meu PC e solicito a meu agente de viagens inteligente que reserve o bilhete mais barato de Londres a Paris, em minha empresa aérea favorita. Depois de alguns momentos ele me oferece um pedido de compra, que eu confirmo com um clique. Insiro num drive do PC meu cartão inteligente (com dados médicos, bancários e tudo mais. Já não tenho nenhum outro cartão). O cartão foi carregado com os detalhes do bilhete e a localização do meu assento, além de ter efetuado o pagamento da passagem.

Quando chego ao aeroporto, eles lêem o cartão, que também serve como passaporte e visto. Uma imagem holográfica do meu rosto aparece na tela e é examinada pelo único ser humano que encontrarei na área de segurança. Em outro aeroporto, olho para uma câmera e o padrão dos vasos sangüíneos no meu fundo de olho é analisado para o robô saber que se trata da minha pessoa. Em outra ocasião, sem tempo para fazer reserva, literalmente entro correndo no avião, carregando minha bagagem de mão. Quando passo pela porta da aeronave, os chips de cartão inteligente no meu relógio de pulso ou sob a minha pele autorizam o pagamento da passagem por meio de débito automático em minha conta corrente. Evidentemente, muitos ainda farão as coisas da maneira mais lenta e dispendiosa, mas a vida mudará muito mais depressa do que você pensa, principalmente quando tudo isso puder ser organizado enquanto se assiste à tevê a cabo de qualquer telefone público ou de qualquer telefone em sua casa.

Revolução no transporte marítimo

A globalização se sustenta ou cai por terra em função do baixo custo do transporte marítimo internacional, que geralmente envolve navios porta-contêiner. Os operadores de carga serão beneficiados pela revolução das redes. A carga marítima é controlada por manifestos: documentos em papel mostrando quem é dono do quê, e para onde está indo a carga. Os portos ficam afogados em papel e o papel não é eficiente. Eram necessários dois dias apenas para verificar manualmente as ordens de carga e descarga de centenas de contêineres de um grande navio.

Atualmente, um navio pode ser carregado sem problemas, com total precisão. Com códigos de barra em todos os contêineres e com leitoras a laser e transponders, mesmo no maior porto a localização de cada contêiner pode ser vista numa tela, com uma margem de erro de poucos metros. Um cliente ansioso por informações sobre sua carga pode entrar com os detalhes na Internet e ver onde estão os bens – no porto, em alto-mar – e receber dados precisos sobre os horários da próxima etapa da viagem.

Quatro tecnologias fundamentais

O transporte de cargas está sendo dominado por quatro novas tecnologias:

- Computadores portáteis – Com canetas leitoras ou sensíveis ao toque. Preencha os quadrinhos e despache.
- Equipamento de radiofreqüência – Transferência de dados instantânea e sem fio, entre todos os interessados, em qualquer lugar. O operador do guindaste, de sua cabine a 50 metros de altura, recebe instantaneamente dados eletrônicos sobre os caminhões e navios abaixo, e tem um plano de carga constantemente atualizado.
- Leitoras de código de barras e scanners suspensos – Informam a todos o local de cada carga. A Internet/Intranet permitirá a emissão instantânea de cobranças, pedidos e informações sobre a localização da carga e sobre as operações de carga e descarga, para os caminhões entrarem no porto na ordem correta.
- Etiquetas/clips inteligentes – Presos nos contêineres ou em seu conteúdo, permitem monitorar com precisão e rapidez. Transmitem informação para sensores à medida que vão passando.

Roubo de carga

Essas novas tecnologias impedem fraudes e reduzem o roubo (10 bilhões de dólares em carga desaparecem todo ano nos Estados Unidos). Para algumas empresas como a Digital, o roubo é um problema tão sério que elas pararam que identificar os próprios contêineres. Num curto período foram roubados 129 contêineres em 13 países. Compare os valores a seguir:

Ouro	11 dólares por grama
Cocaína	21 dólares por grama
Processadores Pentium	25 dólares por grama

Logo, que artigo será visado primeiro pelos ladrões?

Transporte aéreo marcado para crescer

No caso de produtos de alto valor e pouco peso, e produtos para os quais o tempo é fator crítico, o transporte marítimo, mesmo barato, não tem geralmente a velocidade necessária para um produtor distante competir com as empresas locais. Assim, uma das exigências da globalização é a entrega rápida de cargas. Velocidade implica economia em armazenamento e permite o uso de soluções *just-in-time*, que evitam todo e qualquer desperdício. Bens de alto valor como computadores, software, equipamentos médicos e outros produtos de entrega urgente, como CDs de música, estão utilizando cada vez mais o transporte aéreo. A carga aérea dobrou entre 1987 e 1996, respondendo por um terço do valor global do transporte de carga. Podemos esperar que esse valor torne a dobrar nos próximos cinco ou seis anos.

A GLOBALIZAÇÃO ESTÁ MUDANDO AS ESTRUTURAS DAS EMPRESAS

As empresas do passado começavam como uma espécie de pirâmide:

E as subsidiárias realmente eram estrangeiras, sempre subservientes, destituídas de poder e controladas de cima para baixo. Esse tipo de estrutura é cada vez mais irrelevante no mundo globalizado, no qual a localização importa menos. A próxima estrutura será a Rede Global Universal:

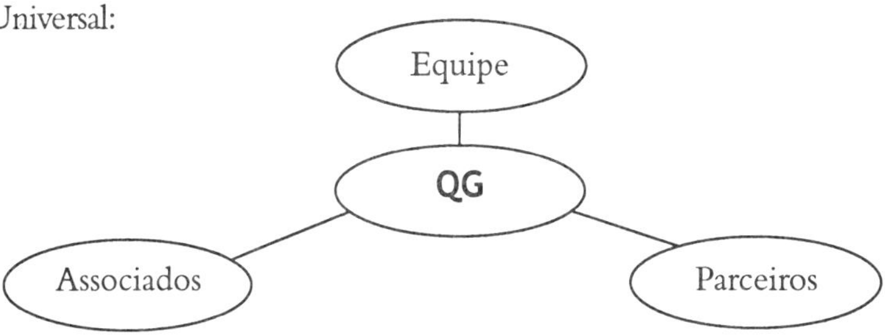

A globalização obriga as corporações com forte identidade tribal (nacional) a se perguntarem "Quem somos nós?".

A IBM é muito conhecida como empresa americana. Entretanto, 40% de seu corpo funcional está fora dos Estados Unidos. Muito em breve poderá ser a maioria. Somente no Japão a IBM emprega 18 mil e exporta 6 bilhões de dólares por ano em produtos, a maior parte para os próprios Estados Unidos. As empresas holandesas têm hoje o triplo do número de diretores não holandeses, em comparação com o final da década de 1980 (agora são 12%). O que acontecerá dentro de mais uma década? Muitas empresas, esteja a matriz onde estiver, terão a maioria dos diretores originários de outros países. Na verdade, em 2010 será praticamente impossível dirigir com eficiência uma empresa globalizada sem uma representação globalizada no topo, em parte por causa do tribalismo e de uma percepção de problemas com a imagem do corpo funcional e com a imagem pública.

Por volta de 2010, muitas empresas fortemente nacionais como a France Telecom terão diversas operações globais, que movimentarão mais capital que o movimentado no "país de origem". Podemos esperar por uma enxurrada de alterações nos nomes de empresas, quando as grandes corporações ajustarem suas imagens, tornando-se cidadãs globais em vez de entidades nacionais.

A convergência do custo de capital

Os controles financeiros ruíram de tal forma que o custo do capital em diversos países está convergindo. As fábricas podem estar em qualquer lugar, conectadas via satélite.

Um comerciante de algodão compra tecido e fabrica roupas no Paquistão, para exportar para os Estados Unidos. Então surgem cotas de importação para proteger do mercado global os empregos nos Estados Unidos. O comerciante não pode mais exportar roupas do Paquistão, mas o Zimbábue dispõe de uma vasta cota não utilizada que ele pode comprar de outros comerciantes. Dentro de 12 meses o comerciante abriu uma nova fábrica no Zimbábue. O algodão ainda é colhido e processado no Paquistão, mas é levado para as novas fábricas no Zimbábue. Se forem canceladas as restrições à exportação, a fábrica do Zimbábue será fechada da noite para o dia.

Os trabalhadores ficam para trás

O problema é que essas relocações de fábricas deixam gente para trás – exceto alguns especialistas, que também são relocados. As pessoas são menos móveis que o capital, a tecnologia, a informação e a matéria-prima. A capacitação da força de trabalho é um patrimônio vital para o país. Imagine o que seria criar na França um novo Vale do Silício, atraindo dos Estados Unidos centenas – ou milhares – de indispensável pessoal técnico. Seria quase impossível. Se você quer competências, é melhor levar sua indústria para onde elas existem. Daí Bill Gates decidir criar em Cambridge, na Inglaterra, um novo laboratório de pesquisa no valor de 50 milhões de libras, administrado pelo professor universitário britânico Roger Needham, numa admissão de que dinheiro nenhum conseguirá atrair para as instalações da empresa nos Estados Unidos o número suficiente dos melhores cérebros britânicos.

Um estudo realizado sugere a existência de uma correlação direta entre o expressivo aumento no número de casas próprias e o crescimento do desemprego. Compare, por exemplo, a Finlândia, a Irlanda e a Espanha, com 78% de casas próprias, com a Suíça, com menos de 30%. A posse da casa própria dificulta e encarece as mudanças. Na França, na Itália, na Espanha e na Bélgica, o custo de vender uma casa e adquirir outra (comissão de corretagem e custos cartoriais) chega a mais de 15% do preço da casa. Em outras palavras, uma valorização de 15% em três anos pode ser praticamente perdida se alguém se muda três vezes na mesma década. A posse de casa própria é um problema menor nos Estados Unidos, onde é mais fácil comprar e vender imóveis.

A posse de imóvel continuará a ser popular, mas a ocupação pelo proprietário pode diminuir. Podemos esperar que muitos proprietários de casas se tornem locadores ausentes, alugando as próprias casas como investimento, enquanto estão trabalhando em outras cidades ou países. Como iremos comprovar, a altíssima mobilidade é muito custosa em termos pessoais, resultando diretamente em ruptura de casamentos, dispersão dos filhos, espalhados por vários países em razão de compromissos educacionais fixos, e perda de outros relacionamentos duradouros.

Para se mudarem, executivos querem mais que dinheiro

Mas se as pessoas forem deixadas para trás pelas indústrias, que se deslocam pelo mundo com uma velocidade espantosa, então a reciclagem será mais importante como prioridade nacional. As empresas talvez não consigam assegurar futuros empregos, mas pelo menos podem investir no pessoal. Assim, quando elas se retirarem, deixarão para trás empregados que se dedicarão até o final, cientes de que a empresa também lhes estava dando o máximo, ao investir no futuro deles.

É preciso muito mais que dinheiro para persuadir muitos executivos dos escalões médios a se mudarem. É verdade que um homem ou mulher que esteja passando fome viajará para muito longe em busca do pão para a família. Porém, em muitos países ocidentais, onde a maioria tem um padrão de vida razoável, outros fatores se tornam mais importantes. Para muitos, os relacionamentos e a família irão enraizá-los – pais de adolescentes em fase crítica da educação geralmente relutam em se mudar. O mesmo acontece com os que estão no segundo ou terceiro casamento. Tendo aprendido no passado dolorosas lições sobre o abandono da vida familiar, talvez agora com um "novo" grupo de filhos muito pequenos eles estejam determinados a não negligenciar essas crianças como fizeram com as outras. Um número crescente de executivos de mais idade, ocupantes de posições muito elevadas, também está preso a um local por ser responsável por pais idosos, num momento em que os filhos, finalmente, saíram de casa.

Mais abaixo na escala social existem, em muitos países como a Índia, exércitos de trabalhadores itinerantes, habituados a passar 11 meses por ano longe de casa, ganhando dinheiro para manter mulher e filhos. Muitos vão para lugares ainda mais distantes, por exemplo, trabalhar em Dubai como motoristas de táxi, e voltando apenas uma vez a cada dois ou três anos em visita aos familiares. Mas assim é a globalização.

VASTO E INVENCÍVEL

O pequeno pode ser bonito, mas o grande é poderoso. Quem vai criar regulamentos para as novas megacorporações? Monopólios e oligopólios globais mal começaram a se formar – a globalização ainda é jovem –, porém, eles se formarão. Como vimos, conglomerados internacionais vastos e multifacetados terão mais força que os maiores governos. Podemos esperar o aumento da pressão pela introdução de um controle. Mas de onde virá o controle global? Podemos esperar que o tema, por volta de 2005, seja uma questão importante, com tentativas de controle em 2010 – cujo sucesso será apenas parcial.

DESAFIOS ADMINISTRATIVOS

Globalização como tema

- Sua empresa enfrentou os novos desafios propostos pela globalização?
- Todo o seu pessoal de nível mais alto reagiu com força total às extraordinárias mudanças da economia global em meados e final da década de 1990 e ao provável impacto depois de 2005?
- Até que ponto é globalizada a mentalidade da sua alta gerência?
- Como você pode saber?

Instabilidade monetária

- Qual o seu grau de vulnerabilidade ao crescente risco político de instabilidade monetária, principalmente nos mercados emergentes?
- Que tipo de "seguro" você tem para cobrir esse risco?
- Você está preparado para atitudes muito hostis contra investidores estrangeiros que rapidamente retiram capital?
- Qual o seu grau de preparação para as viradas repentinas nas políticas governamentais, precipitadas pelo medo dos mercados?

Pressão global da força de trabalho

- Qual o seu grau de preparação para enfrentar uma união de forças contra você da parte dos movimentos trabalhistas nos diversos países?

Expediente numa aldeia global

- O que você espera de uma equipe obrigada a interagir com colegas muito cedo ou muito tarde em função das diferenças de horário?

- Num prazo mais longo, como deveria ser adaptada sua cultura sobre horário de expediente e o que você está fazendo para promover essa adaptação?
- Qual é a sua política para o trabalho em casa e o trabalho móvel (por exemplo, datafones), e como ela deve mudar?

Reconstrução de marcas

- Seu produto precisa de uma reconstrução da marca para o mercado global?
- As suas "marcas globais" precisam ser mais bem administradas, como uma carteira de marcas de nicho?

Empresas virtuais

- Com que facilidade uma empresa virtual concorreria com você e tomaria parte do seu mercado?
- Você está tão virtualizado quanto deveria, dadas as possibilidades criadas pela mão-de-obra e pelas novas tecnologias?
- Como você poderia ser mais virtual e mais lucrativo ou eficiente?

Valor dos acionistas

- Sua empresa está sendo avaliada corretamente, por exemplo, pelo uso de novos critérios como o capital intelectual?
- Você está gerenciando bem as expectativas dos acionistas em termos da necessidade de visões de sucesso de prazo mais longo que o balanço do ano anterior?
- Quais são as ameaças e oportunidades decorrentes de fusões, aquisições e liquidações?
- Qual o seu grau de vulnerabilidade?
- Como você poderá sobreviver bem por conta própria numa grande corrida global?

Desintermediação

- Sua companhia está explorando completamente novas tecnologias como a venda direta e a compra direta para eliminação dos "intermediários"?
- Você está vulnerável a ser "cortado do negócio" no futuro?

Troca de país

- Está na hora de revisar sua política de localização?
- Qual o seu grau de certeza de que as atividades da empresa estão todas localizadas no país certo?
- Você tem uma estratégia para sair rapidamente de países que se tornarem instáveis?

Pesquisa de mercado

- Você está usando a segmentação psicográfica e outras tecnologias novas para prever o que os consumidores realmente irão desejar amanhã, já que as pesquisas só dizem o que eles podem ver hoje?
- Você tem acesso adequado a previsões de tendência global precisas, que levem em consideração as descontinuidades?

Estrutura organizacional

- A estrutura da sua empresa está mudando tão depressa quanto o mundo em que você opera?
- Qual é o futuro do seu escritório central num mundo onde sócios, parceiros e concorrentes estão continuamente se ligando em rede?
- Sua estrutura atual lhe dá vantagem competitiva – ou ela é confusa?

Identidade da empresa

- Qual a importância da imagem atual de sua empresa? Ela é a imagem certa para o terceiro milênio?
- A identidade nacional é uma vantagem ou uma desvantagem?

DESAFIOS PESSOAIS

Globalização pessoal

- Até que ponto sua forma de pensar é globalizada?
- Por exemplo, você lê um jornal como o *Economist*?
- Você assiste a um canal global de notícias como o CNN?

Competências múltiplas

- O que você faria amanhã se uma grande fusão ou aquisição levasse à desaparição de sua empresa e de seu papel?
- Que tipo de política de segurança contra o desemprego você adotou – por exemplo, você tem uma segunda ou terceira capacitação que possa usar para conseguir um emprego?
- O que você pode fazer agora para se manter no mercado de trabalho dominante?

Competência lingüística múltipla

- Quantas línguas você fala? Você precisa melhorar suas habilidades lingüísticas? Se o inglês for sua primeira língua, talvez você não veja tal necessidade. O inglês pode ser o idioma dominante no mundo, mas estamos falando de construir relacionamentos, de se comunicar e de obter confiança.
- Seu inglês atende ao padrão mundial ou pode lhe prejudicar?

- Você conhece a diferença entre a sua própria versão do inglês e o inglês internacional? O vocabulário, a gramática e a pronúncia do inglês britânico, do americano, do caribenho e do indiano são completamente diferentes.
- Você está falando a versão adequada do inglês nos fóruns internacionais?
- Você fala com clareza ou resmunga?

A mudança para um dia virtual

- O que você fez para passar de um dia tradicional de trabalho com começo, meio e fim, para um dia de trabalho que envolva diversos fusos horários? Isso significa repousar no meio de um dia tradicional de trabalho e estar disponível por até 18 horas diárias. Também significa deixar de trabalhar dias inteiros durante uma semana "normal" de trabalho – mas permanecer acessível.
- Qual o seu grau de preparação para realizar trabalho virtual?
- Se sua empresa precisasse escolher os mais virtualizados entre os membros de uma equipe, para o próximo projeto, eles escolheriam você?

Casas móveis

- Que grau de mobilidade você deseja ter nos próximos cinco anos?
- Isso é compatível com seus compromissos pessoais e com as preferências de outros membros da família?
- Você já conversou sobre esse tema o suficiente para desenvolver um plano conjunto?
- Você já pensou em desenvolver opções de carreira de modo a poder permanecer onde está, em vez de ser relocado, se o perfil do seu emprego mudar; ou a poder mudar porque seu parceiro está sendo relocado?

Mais conhecimento traz mais poder

- Você sabe como usar a Intranet da sua empresa?
- Você tem uma compreensão clara da forma como o conhecimento é gerido dentro da sua empresa?
- Qual o valor da sua contribuição para essa base crescente de conhecimento?
- Se os empregados fossem recompensados pelo número de acessos de terceiros às páginas pessoais de cada um, você seria classificado como um provedor ou um consumidor de dados?

E finalmente...

- Qual o nível de vulnerabilidade da sua carteira de investimentos a uma crise monetária de grande porte?

CAPÍTULO 5

Radical

A reação contra os valores do século XX

O futuro será marcado pelo radicalismo, conseqüência do declínio e da queda dos movimentos políticos tradicionais.

GOVERNOS: PERDA DE PODER

Em todo o mundo, o cenário político está mudando e antigas forças estão morrendo. O que assumirá o seu lugar? Governos perdem poder. Conforme vimos, a economia global controla países inteiros. As áreas de comércio são agora regionais. O valor da moeda é decidido pelos mercados. Além disso, os serviços do Estado foram privatizados e prevalece uma tendência na direção de governos bastante localizados.

No caso da Grã-Bretanha, a maior parte da legislação é hoje formulada por Bruxelas e as decisões nacionais podem ser desautorizadas em fóruns como o Tribunal Europeu de Direitos Humanos, em Estrasburg. A perda de poder nos degraus de cima é equilibrada pela perda de poder nos degraus de baixo, com o novo Parlamento escocês, uma Assembléia galesa e a devolução do poder à Irlanda do Norte. Westminster assumirá o papel de Miniparlamento da Pequena Inglaterra – com exceção de Londres e outras grandes cidades, que querem concentrar cada vez mais o monopólio do poder local.

Ao mesmo tempo, o governo perde, progressivamente, a ingerência sobre a economia. Já ficaram no passado as responsabilidades ministeriais relativas à água, à eletricidade, ao carvão, ao gás, à British Airways, às telefônicas e a grande parte do transporte público. Essa tendência privatizante é hoje global e não tem retorno, espalhando suas raízes cada vez mais profundas até mesmo na China comunista. As empresas enfrentarão gigantescos desafios para administrar esses setores privatizados. Assistiremos a uma crescente ansiedade à medida que os países forem perdendo o controle de suas empresas de serviço público através das aquisições internacionais, com, digamos, uma empresa americana de gás comprando uma fatia significativa de uma empresa francesa de eletricidade.

Organizações sem fins lucrativos devem crescer

As atribuições do Estado na manutenção do bem-estar do cidadão serão amplamente privatizadas, transferindo-se para organizações sem fins lucrativos (OSFLs; em inglês, NPOs). Numa era que porá cada vez mais em xeque a validade do lucro, sobretudo quando se trata de atender às necessidades dos doentes e desvalidos, devemos esperar que as OSFLs cresçam aceleradamente. Metade da sua fonte de financiamento vem de contratos com o governo e doações. As OSFLs se tornarão cada vez mais populares, "administradas por pessoas para ajudar pessoas", em vez de ter como objetivo precípuo a garantia do retorno de capital. As OSFLs se caracterização por grande rigor, profissionalismo, auditorias e avaliações. A acirrada competição entre organizações será comparável a qualquer exemplo do setor comercial de hoje. Podemos esperar um crescimento gigantesco do setor de voluntariado nos Estados Unidos, onde 60% dos adultos já dedicam a isso, em média, 200 horas de seu tempo a cada ano.

Também haverá competição entre as organizações comerciais e as sem fins lucrativos, com acusações por parte das comerciais de que as OSFLs estão depreciando o mercado artificialmente ao lançar mão de trabalho voluntário não-remunerado ou ao aplicar subsídios cruzados através das doações. Todo o conceito de trabalho filantrópico será posto em xeque quando cada vez mais organizações se considerarem simples subempreiteiras do governo, com sérias restrições a sua atividade. Podemos esperar que o setor comercial saia vitorioso de uma campanha para que o status de filantropia seja negado no caso de organizações que não passem de subempreiteiras. Acompanhando essa dinâmica, os voluntários irão cada vez mais se perguntar se a sua filantropia não está sendo usada com o único fim de permitir ao governo cortar despesas e empregos.

Incapacidade de cumprir promessas

O resultado de todas essas mudanças é que os governos serão incapazes de cumprir promessas de campanha. A maior parte das funções tradicionais do Estado terá saído do seu controle. A incapacidade de cumprir o que prometeu contribui para a desilusão geral. Acrescente-se a isso o cheiro da corrupção, e a perda de confiança torna-se um problema agudo. Até mesmo Westminster, considerada a mãe de todos os Parlamentos, tem sido alvo de desconfiança com indícios de manipulação, favorecimentos e desonestidade. Westminster pode representar a democracia menos corrupta do mundo, mas o povo britânico perdeu a confiança nela. Uma pesquisa de opinião mostrou a seguinte situação:

Descrença nos políticos	90%
Políticos mentem para se proteger	90%
Ministros não são dignos de confiança	90%

Esses resultados são quase idênticos aos da Rússia, onde 90% da população não confiam nos membros do Parlamento e 88% não confiam no governo.

Países com histórico de corrupção política

Com ou sem razão, muitos países têm governos vistos por seu próprio povo como corruptos. Isso se soma a um quadro mais amplo – por exemplo, o escândalo japonês de extorsão e propina entre instituições financeiras de ponta, ou a quebra do Banco de Crédito e Comércio Internacional, com uma dívida de 12 bilhões de libras.

A propina é, muitas vezes, vista apenas como uma tarifa local que serve para azeitar a máquina. Mas a população pobre desses países é quem sai perdendo. Corrupção significa que maus projetos são privilegiados em detrimento de bons projetos. As pessoas honestas se afastam do jogo. As propinas aumentam. Torna-se praticamente impossível para uma empresa ou governo estrangeiro fazer negócios sem entrar no jogo da corrupção. Os escrúpulos são eliminados em pouco tempo. A Alemanha é um dos muitos países na União Européia em que até recentemente a propina era dedutível do imposto de renda, enquanto, na teoria, os Estados Unidos sempre consideraram a propina um crime. A Transparência Internacional é um grupo de pressão anticorrupção com sede em Berlim. Haverá outros grupos desse tipo, além de novas "zonas de propina zero" ou "ilhas de integridade" com o compromisso público de todos que neles trabalham de nunca receber ou pagar propina.

A lenta morte da democracia

Que sentido há em votar quando não se acredita nas palavras de um programa político? Que sentido faz assistir a uma entrevista na tevê com o presidente quando não se pode confiar no que ele diz? O sufrágio está saindo de moda, os jovens estão batendo em retirada aos milhares. Sete referendos foram anulados na Itália no verão de 1997 porque não houve número suficiente de votantes. Menos da metade dos Estados Unidos se dá ao trabalho de ir votar. Uma recente edição britânica do programa de tevê Big Brother recebeu mais votos do que Tony Blair. Devemos esperar que mais países sigam o exemplo da Austrália, onde o voto é obrigatório. Também, que urnas eletrônicas tornem-se um método aceitável e de baixo custo para os referendos, com esse mesmo canal sendo utilizado para realizar pesquisas de opinião instantâneas sobre um amplo leque de assuntos, influenciando as políticas públicas.

Tribalismo na liderança política

Quando a fé na ideologia e nos partidos morre, a confiança no indivíduo é tudo que resta. Líderes, mais que políticas, dominarão o futuro, e surgirão novos "anciãos da tribo". Os laços emocionais com uma pessoa ou um grupo terão mais força do que promessas de campanha.

Assim, Nelson Mandela, um homem que foi mantido na prisão como subversivo por 27 anos, até 1990, tornou-se presidente da África do Sul. Ele exortou o país a mudar, e o país mudou. Mas onde encontrar outro Mandela para o terceiro milênio? Confiança e respeito serão as bases da política do amanhã. Pessoas como Mandela continuarão atuando como protagonistas no palco mundial, e receberão em troca o reconhecimento internacional. Seu legado para o futuro será a liderança mundial baseada não em nacionalidade, menos ainda em partidarismo, e tampouco em cargos políticos, mas no reconhecimento internacional, por parte de bilhões de pessoas, de que ali está (finalmente) alguém que vale a pena seguir.

Mas esta será uma batalha árdua no início. Menos de 20% das pessoas na Grã-Bretanha acham que ainda existem líderes dignos de respeito, e a mesma tendência pode ser vista em outras partes.

Morte da teoria política

A velha política baseada em esquerda e direita está morta. A política do passado juntava num mesmo pacote justiça social e compaixão com liberalismo moral, bem como livre mercado com moralidade pública e responsabilidade pessoal. Mas as ideologias de esquerda finalmente morreram, com o colapso do bloco soviético, enquanto os governos de direita, não-intervencionistas, dos anos 70 e 80, se desmantelaram em confronto com os enormes desafios sociais criados pela urbanização. O discurso de direita tinha pouco a dizer para quem estava vivendo em condições infernais de criminalidade e de precariedade habitacional, enquanto o controle estatal da esquerda não conseguia produzir riqueza.

Em toda a Europa, os partidos políticos penderam para a direita, especialmente no Sul e no Leste. Espanha, Portugal, Itália e Grécia são os países nos quais a esquerda sofreu modificações mais agudas, junto com países como Polônia, Hungria, Estônia, República Tcheca e outros. Notáveis exceções são o Partido Socialista francês e os social-democratas na Alemanha. Tanto a França como a Alemanha correm o risco de ficar para trás diante da dura realidade da globalização.

A NOVA POLÍTICA

A política partidária dá lugar a temas isolados

No futuro, os temas pontuais serão o carro-chefe da política.

A velha política partidária	*Novos temas*
Visão mundial	Pauta setorizada
Sistemática	Campanha
História	Novas causas
Tradição	Radical
Esquerda/Direita	Às vezes irracional
Exemplos de temas isolados	
Meio ambiente	Europa/mundo
Direitos dos animais	Grã-Bretanha

Aborto	Estados Unidos
Revolução genética	Alemanha
Ouro do Holocausto	Estados Unidos/Suíça
Questão agrária	Brasil
Trabalho infantil	Estados Unidos/Europa

Política de temas isolados

Numa recente eleição no Reino Unido, foi bastante significativo o fato de dois novos partidos terem lançado centenas de candidatos – dedicados a um único tema isolado. Foram eles o Partido do Referendo, exigindo levar a plebiscito a adesão à UE, e o Partido Pró-vida. Nenhum dos dois possuía um programa abrangente, um projeto para o país como um todo. Estavam interessados num tema isolado. O problema é que não se pode administrar um país durante muito tempo baseado num amontoado de temas isolados. Se isso for feito, em pouco tempo torna-se evidente a ausência de rumo, a inexistência de um projeto.

Se é assim, o que a política de "temas isolados" significa para os eleitores? Significa que os programas, no futuro, tendem a ser listas não controversas de políticas de centro somadas a um conjunto de outros temas isolados "populistas", como a questão ambiental. Uma política pragmática significa que os governos tenderão a mudar de rumo ou a apresentar novas propostas no período entre eleições em função da forte pressão dos lobbies. Devemos esperar que as pesquisas de opinião (mais baratas que os referendos) pesem mais do que o debate parlamentar, e que haja mais referendos sobre temas importantes.

O aborto é uma grande questão nos Estados Unidos

O aborto é um exemplo de tema isolado cada vez mais em voga: pró-liberdade x pró-vida. Já se passou um quarto de século desde o famoso caso Roe x Wade, quando a Suprema Corte decretou que o aborto era um direito constitucional. Desde então, foram instituídas diversas limitações legais. O movimento antiaborto nos Estados Unidos é hoje maior do que o movimento dos direitos civis nos anos 60. Dezenas de milhares de pessoas já foram presas, indiciadas ou mantidas sob custódia, enquanto muitos militantes pró-aborto têm sido ameaçados, agredidos e mortos. Num estado americano, em 1996, aconteciam dois incidentes graves a cada semana: uma clínica bombardeada, uma ameaça de morte, uma bala numa vidraça. De 1977 a 1993, foram registrados mais de mil casos de atentados a bomba, seqüestros ou incêndios criminosos.

Uma série de assassinatos levou o Congresso a aprovar a Lei de Acesso às Clínicas em 1994, com pena de até 10 anos de reclusão e multas de até 250 mil dólares. Apesar de os ataques terem diminuído sensivelmente, os ânimos continuam mais acirrados do que nunca. Temas isolados são mais poderosos do que leis federais. Prova disso é o caso de uma grande nação que autorizou o aborto mas que viu essa prática ser quase proibida na vida real. Num estado, no auge dos protestos, era difícil encontrar um médico disposto a realizar abortos. Então, o aborto nos casos de nascimento parcial foi proibido – mostrando que grupos de pressão sobre temas isolados são capazes de mudar, e de fato mudam, leis federais. O presidente Bush está tão sujeito a isso quanto esteve Clinton.

Os grupos de temas isolados multiplicam-se rapidamente

No mundo inteiro, o Greenpeace conta com 3 milhões de membros em 32 países, e um orçamento de 146 milhões de dólares. Na Grã-Bretanha, o Friends of the Earth e o Greenpeace têm juntos mais membros do que o Partido Trabalhista, que teve uma vitória arrasadora em 2001. A cada ano, o Greenpeace ganha 10 mil novos membros no Reino Unido e soma 4 milhões de libras ao seu orçamento nacional. Trata-se de apenas mais um grupo de tema isolado. Não obstante, o Greenpeace está encolhendo nos Estados Unidos, com uma queda na participação em 1991 que fez o grupo passar de 1,2 milhão para os menos de 400 mil no final da década de 1990. Centenas de empresas atualmente abraçam a causa ambiental, e tem havido uma reação contra o ativismo mais exacerbado. Devemos esperar que cada vez mais grupos tradicionais, como a Audubon Society e o Sierra Club, continuem a crescer.

O meio ambiente é o tema isolado nº 1 do futuro

O meio ambiente será o tema isolado dominante do futuro, alimentando-se dos temores pós-ano 2000, segundo os quais o terceiro milênio será o último. Vez por outra, acontece algum acidente mais grave que atrai a atenção de todos. O desastre com a Union Carbide matou 2 mil na Índia em 1984 e atingiu outras dezenas de milhares, depois que uma de suas instalações deixou escapar gases tóxicos.

Dois anos mais tarde, Chernobyl despejou toneladas de gases e resíduos radioativos na atmosfera, criando uma enorme área condenada na Ucrânia e espalhando tanta radioatividade na Europa Ocidental que em 1997 os fazendeiros galeses de certas áreas ainda estavam proibidos de vender carneiro devido ao risco para quem consumisse a carne. Depois, foi a vez do vazamento de petróleo da Exxon Valdez no Alasca, além de outros na Europa, somando-se ao pânico mundial a doença da vaca louca na Grã-Bretanha, depois de o gado ter ingerido ração com carne infectada por príons. Finalmente, é a vez do aquecimento global.

Um tema isolado pode destruir seu negócio

O conselho de praticamente toda grande empresa pode esperar pelo enfrentamento com ativistas de temas pontuais na reunião anual de acionistas, seja a Shell, a Nestlé, a Lloyds, a Costains, a Esso, a Texaco ou a Prudential. Os CEOs de hoje precisam aprender a lidar com pessoas que descem penduradas do teto, ou que se põem a correr nuas pelos corredores, gritando e fazendo perguntas embaraçosas. Empreiteiras construtoras de estradas, fabricantes de armas, empresas petrolíferas e de extração de água mineral são apenas algumas na linha de tiro, junto com empresas que investem em operações responsáveis por emissão de carbono na atmosfera, trabalho infantil na Índia, pesquisas médicas com utilização de animais de laboratório, alimentos geneticamente modificados – a lista é quase interminável.

Greenpeace e Shell: Exemplo do que virá

A polêmica provocada pelo afundamento da plataforma de petróleo Brent Spar no mar do Norte é um importante alerta para toda instituição. Trata-se de um caso exemplar porque erros clamorosos foram cometidos de ambos os lados. Erros semelhantes foram cometidos por outras empresas desde então. Houve danos duradouros para a Shell e pesados prejuízos para toda a indústria petrolífera, tanto de imagem como de aumento nos custos desse tipo de operação. Também houve danos para o Greenpeace, e um custo para o meio ambiente e para os consumidores. O afundamento da Brent Spar seria malvisto de um jeito ou de outro – uma enorme estrutura com substâncias nocivas seria depositada sobre o leito do oceano, onde iria gradualmente se deteriorar liberando resíduos tóxicos. Mas o Greenpeace apurou mal os dados sobre a quantidade de óleo e outras substâncias perigosas presentes na plataforma. Foi feito um grande estardalhaço na mídia e houve uma forte reação da população, especialmente na Alemanha, onde os produtos da Shell sofreram um grande boicote. O primeiro-ministro britânico John Major havia declarado anteriormente que o governo apoiaria o afundamento no mar por ser perfeitamente seguro, além de um meio muito mais satisfatório do que o aterramento em se tratando de uma plataforma marinha. Por fim, o governo cedeu e disse que agora queria que ela fosse trazida para terra. O grupo de tema isolado tinha se revelado mais poderoso do que o governo.

Então, o Greenpeace se deu conta de seu erro. O volume de petróleo a bordo era menor do que o temido. Mas o dano tinha sido feito e, apesar de um pedido público de desculpas, a Shell foi obrigada a dar prosseguimento ao aterramento da plataforma, apesar de a maioria dos especialistas, e até o Greenpeace, agora concordar que essa era a pior solução para o meio ambiente.

Tudo isso mostrou o poder dos grupos de temas isolados, um pequeno número de ativistas – e o segredo era ter o controle da mídia. No que dizia respeito à ocupação da Brent Spar, o Greenpeace tinha uma enorme vantagem. Os noticiários de televisão sempre dão prioridade às matérias com imagens, e o Greenpeace possuía o monopólio delas. Eles tinham câmeras e links de satélite a bordo da plataforma e não permitiram que outras equipes subissem a bordo. Tudo que saía de lá era controlado por eles.

As cenas são tão espetaculares como as dos filmes. O Greenpeace alugou um helicóptero para transportar suprimentos de uma embarcação próxima até a plataforma. Foram feitas imagens espetaculares de jatos d'água sendo lançados por bombeiros, atingindo o helicóptero que passava voando dezenas de metros acima deles. A aeronave balançou e girou. Dez segundos de imagens desse tipo estigmatizaram a Shell como uma brutamontes sem coração e consagraram os ativistas como heróis estudantis. E, seja como for, o que a Shell tinha a esconder? A impressão foi péssima e, a partir daquele momento, a batalha estava perdida.

Ética corporativa é um grande negócio

Empresas como a Body Shop continuarão surgindo e desaparecendo, aproveitando a maré e os ventos no terreno da ética com produtos projetados para agradar o público que dá importância a esse tema, enquanto outras empresas se aproximarão rapidamente dos grupos ativistas para angariar simpatia e apoio.

Os fundos de investimento no setor da ética já são 8% dos fundos administrados nos Estados Unidos, e continuarão crescendo, fomentando intensos debates futuros sobre suas definições e gerando escândalos a intervalos regulares, com a descoberta de que empresas "éticas" violaram as regras tácitas. Estar listado ou não como uma empresa "ética" será suficiente para que um CEO seja incensado ou demitido. Dentre os investidores em fundos de pensão de pessoa física no Reino Unido, 75% hoje declaram preferir que seu fundo de pensão adote uma política de investimento voltada para a ética, mesmo que isso signifique um retorno menor. Na realidade, os retornos têm sido excelentes.

Todos os demais grupos de investimentos serão forçados a perceber isso. O investimento na ética é hoje a prioridade – mesmo quando isso é ruim para o bolso dos investidores. E isso significa pressões em todas as grandes empresas para provar que suas atividades merecem o investimento "ético".

O tema isolado pode ser fulminante, ameaçando dominar num piscar de olhos todas as demais prioridades do conselho de administração. Toda empresa deveria manter uma equipe de alerta. Assinar newsletters. Associar-se às organizações pertinentes, enviar representantes da empresa para congressos anuais. Ouvir com atenção o que é dito informalmente durante o intervalo do café, e os comentários sobre o que foi discutido. Estar prevenido é absolutamente vital. Toda grande empresa deveria fazer regularmente um "checape" de temas isolados. O segredo da sobrevivência está em estabelecer-se com segurança no "terreno moral elevado" sob todos os aspectos, com valores empresariais claros e um sistema de controle, sanções e punições públicas compreendido por todos.

McDonald's ganha processo por calúnia e difamação mas perde na imagem

Veja o que aconteceu com o McDonald's. A maior rede de hambúrgueres do mundo foi atacada em panfletos que faziam sérias acusações. Os autores eram um homem e uma mulher praticamente sem um tostão, mas extremamente motivados. O McDonald's decidiu transformá-los num exemplo – acusações desse tipo tinham sido feitas em outros países por diversos grupos. O caso se tornou o processo por calúnia e difamação mais longo da história da Grã-Bretanha. O problema é que a lei não permite a repetição por escrito da difamação – a não ser num tribunal. E o que é dito no tribunal pode ser impresso indefinidamente nos autos do processo. Portanto, o caso só fez piorar, e muito, a situação. O casal foi condenado a pagar apenas 60 mil libras (valor de que eles não dispunham) quando o juiz constatou que algumas das acusações eram verdadeiras. Certa vez, vândalos atacaram o McDonald's na Índia depois de ter sido revelado que as batatas fritas "vegetarianas" estavam contaminadas com microscópicas quantidades de produtos derivados de carne.

Ouro do Holocausto

Mais de 50 anos depois do fim da Segunda Guerra Mundial, quem teria imaginado que o ouro nazista poderia representar um golpe tão duro sobre a Suíça? Depois de intensos protestos e acusações de acobertamento, os bancos suíços relaxaram a tradição de sigilo absoluto e publicaram uma lista de milhares de contas desativadas desde os anos de guerra, a maioria das quais tinha grande chance de estar relacionada a pessoas que morreram no Holocausto. Infelizmente, foram cometidos aqui os mesmos erros já cometidos pela Shell. Em vez de uma decisão rápida para se fazer o que eles acabariam sendo obrigados a fazer mais tarde, os bancos hesitaram e pareceram não dar importância ao caso. Não conseguiram ver como esse tema era delicado e pungente nos Estados Unidos, e só começaram a agir quando suas sucursais americanas começaram a emitir alertas de que estavam perdendo mercado por causa do "escândalo".

As brigas entre o meio ambiente e o comércio aumentarão

A Organização Mundial do Comércio já está sendo acionada para solucionar conflitos oriundos das diferenças nacionais entre seus parâmetros ambientais. Os exemplos incluem a disputa entre os Estados Unidos e a Venezuela referentes à exportação de petróleo com alto índice de enxofre. Outro exemplo é a disputa dos Estados Unidos com a Índia, a Malásia e o Paquistão, referente à exportação de camarão pescado mediante o emprego de equipamento "prejudicial ao meio ambiente". Os Estados Unidos têm visto com preocupação a maior permissividade dos parâmetros adotados pelo México, temendo que as empresas americanas transfiram sua produção para lá para reduzir os custos com meio ambiente, prejudicando desse modo o setor nos Estados Unidos. Já existem ameaças por parte de alguns países de aumentar a taxa de importação de produtos feitos em países com parâmetros inadequados, protegendo desse modo os produtores locais.

O contra-argumento é que as normas ecológicas estimulam a competitividade e a criativadade entre as empresas, gerando produtos de melhor qualidade para um mercado cada vez mais exigente. Na teoria, essas empresas deveriam se manter na dianteira, controlando a poluição e a degradação e conquistando novos nichos de mercado. Na prática, é muito mais tentador para alguns setores transferir sua produção para lugares onde seja mais fácil e barato trabalhar. Seja como for, o mercado ambientalmente correto está crescendo e já é estimado em 1 trilhão de dólares ao ano, cifra que deverá aumentar substancialmente por volta do ano 2010, com os créditos de carbono.

O megalixo americano

Os Estados Unidos são líderes mundiais de consumo e de produção de resíduos

- 35% dos carros do planeta para apenas 4% da população mundial
- 19% do lixo do planeta – 1,5 quilo por dia por pessoa

- Quase três quartos de tonelada por pessoa a cada ano
- 30% do lixo são embalagens

A cada ano isso significa:

- 15 bilhões de fraldas descartáveis
- 2 bilhões de lâminas de barbear
- 1,7 bilhão de canetas
- 22,5 bilhões de toneladas de plástico
- (100 milhões de toneladas de plástico são exportadas para a Ásia e aterradas lá)

Por outro lado, a Europa está determinada a reciclar 90% de seu lixo de embalagens em 10 anos. As oficinas tradicionais de conserto de aparelhos desapareceram, mas estão sendo substituídas por um número crescente de centros de troca de produtos de segunda mão. Um dos problemas é que o custo da mão-de-obra de conserto é muito alto, comparado ao custo de produção, que é baixo graças à mecanização e à mão-de-obra barata. Essa é uma área na qual todo mundo pode tomar uma atitude, em casa e no trabalho, com suas decisões de compra, consumo e quando e o que jogar fora. Não é necessário muito esforço, por exemplo, para organizar um sistema de reciclagem de papel no trabalho – partindo-se, é claro, do princípio de que sua empresa ainda esteja utilizando papel.

MEGAQUESTÕES AMBIENTAIS

Aquecimento global

Megaquestões como o aquecimento global e a poluição atmosférica estarão em primeiro lugar na ordem do dia. O aquecimento global será, com certeza, a questão mais importante da primeira metade do próximo século. Já não há nenhuma dúvida de que o dióxido de carbono está subindo rapidamente na atmosfera do planeta. A demanda energética do planeta cresce 2% a cada ano. Espera-se que no ano 2010 os países em desenvolvimento produzam mais gases do efeito-estufa do que os países desenvolvidos. Por volta de 2020, o consumo mundial de energia deverá ser o triplo, devido, principalmente, ao crescimento acelerado das economias asiáticas. No mundo inteiro, será necessário um investimento de 3 bilhões de dólares para assegurar isso. Esses números supõem que a população aumente em 50%, com um aumento de 100% tanto da renda mundial como da demanda energética. Mesmo que não se atinja esses números, no caso da demanda energética, até 2020, é extremamente provável que isso aconteça até 2035. Tudo isso aponta para uma coisa: insustentabilidade. Com apenas 4% da população mundial, os Estados Unidos produzem 20% dos gases do efeito-estufa. O que acontecerá quando cada país em desenvolvimento quiser levar o estilo de vida americano?

O Protocolo de Kyoto, assinado em 2001 por mais de 190 países – menos os Estados Unidos – para limitar a emissão mundial de carbono, criará enormes tensões internacionais por volta de 2010. Devemos esperar que cada nova grande inundação ou estiagem fora de época seja atribuída ao aquecimento global. Podemos esperar sérios problemas com governos refratários que não ratificarão acordos internacionais, ou deixarão de cumpri-los. Esperemos a revolta dos países mais pobres quando se virem pressionados pelos países ricos a conter sua revolução industrial. Devemos esperar o surgimento de gigantescos mercados mundiais de carbono nos quais os países ricos continuarão com suas emissões e só cumprirão as metas persuadindo (e financiando) os países pobres para reduzirem suas emissões. Podemos esperar que os Estados Unidos acabem se alinhando aos tratados internacionais depois de ameaças de isolamento global e de violentos protestos. Esperemos grandes pesquisas de tecnologias de absorção de carbono, incluindo árvores modificadas de crescimento acelerado – o que trará mais apreensão referente aos riscos ambientais.

Devemos esperar uma enorme (e relutante) mudança de opinião sobre a energia nuclear, que é a única tecnologia capaz de produzir energia ilimitada com emissão zero de carbono. Por volta de 2010, podemos esperar que se proponha que a energia nuclear seja usada para absorver carbono, retirando-o da atmosfera. Mas a inclinação para a energia nuclear pode mudar de uma hora para outra depois de um acidente como o de Chernobyl.

Grupos extremistas ficarão indignados com passageiros freqüentes de vôos comerciais por abusarem dos recursos naturais com viagens de negócio "egoístas", quando os mesmos objetivos poderiam ser alcançados utilizando-se as mais recentes tecnologias de comunicação. Devemos esperar que aeroportos e passageiros sejam alvo de ativistas. Esperemos que empresas plantem árvores como parte de sua iniciativa de "economia de carbono".

Podemos esperar protestos da indústria contra os impostos verdes sobre o trabalho, com a alegação de que a não ser que o controle ambiental seja aplicado de modo uniforme no mundo inteiro, os países onde esse controle é mais rígido irão simplesmente assistir à debandada dos postos de trabalho para países onde esse controle é mais permissivo. No que diz respeito às negociações, o poder sempre será diretamente proporcional ao PIB de cada país, por isso, países com PIBs maiores acabarão dominando o novo sistema global. Poderíamos perfeitamente acabar com algumas centenas de acordos globais.

Preocupações crescentes com o Sol e as praias nas férias

O buraco na camada de ozônio continuará alimentando no turista o medo dos cânceres de pele, como o melanoma maligno, cuja ocorrência duplicou em 10 anos. A luz do Sol será apontada como a causa de uma série de problemas, incluindo a catarata e a doença de Hodgkin (um tipo de câncer). Cosméticos dermatológicos enfatizarão cada vez mais a proteção contra os raios UV. Os protetores solares hoje são tão fortes que seu uso praticamente impede um "bronzeado natural". As advertências à saúde são sérias e suas implicações assustadoras. Esses "agentes bronzeadores" vêm com folhetos advertindo que "todo bronzeamento é um sinal de dano à pele".

Devemos esperar que a pele bronzeada comece a sair de moda e que a palidez volte a ser um sinal de classe, como era no século XIX, quando o bronzeado significava que a pessoa trabalhava debaixo do Sol. Férias na praia em países quentes ficarão sob suspeita para um número cada vez maior de pessoas.

Podemos esperar um crescimento do número de férias dedicadas a atividades culturais, aventuras, cursos, atividades físicas, com o aumento do número de pessoas que tirarão diversos intervalos curtos a cada ano, além de um período de férias mais longo. Atividades com riscos, emoção e aventura abrirão novos mercados turísticos, incluindo países que oferecem os extremos do calor e do frio, desde os Emirados Árabes até a Groenlândia ou a Islândia.

O legado do comunismo

Os países do bloco comunista se tornaram os maiores poluidores do mundo, e esse custo continua subindo. O Azerbaijão é um pequeno país com apenas 7,5 milhões de pessoas, e, não obstante, no início do ano 2002 mais de 4 milhões de toneladas de resíduos extremamente tóxicos haviam sido acumulados em seu território. Os extraordinários recursos biológicos do mar Cáspio, incluindo o esturjão, foram quase totalmente destruídos – afetando quatro países. Durante os anos 80, 15 mil toneladas de petróleo e derivados, 20 mil toneladas de minerais ácidos, 800 toneladas de resíduos de ferro e 500 toneladas de fenóis foram despejadas no mar. A poluição atmosférica é terrível, além da degradação da água, da erosão do solo e da salinização.

Novas fontes de energia

Podemos esperar um maior desenvolvimento das fontes renováveis de energia. No início dos anos 2000, a pesquisa na área dos recursos renováveis respondia por menos de 30% dos 5 bilhões de dólares gastos na pesquisa com a energia nuclear a cada ano. Devemos esperar um enorme crescimento na energia eólica, sobretudo em países com fartura de ventos, como a Grã-Bretanha, onde até 20% da energia poderia ser gerada dessa forma. Se os mesmos níveis de subsídio que vão para a energia nuclear fossem aplicados à energia dos ventos, das ondas e do Sol, haveria uma grande aceleração no seu desenvolvimento. Os Estados Unidos almejam ter 1 milhão de telhados cobertos de painéis solares até 2010, mas isso não será suficiente para reduzir significativamente a demanda.

Podemos esperar uma grande discussão a respeito de grandiosos projetos para aproveitar o sistema de marés dos canais de Wash e de Bristol, no Reino Unido. Este último tem a segunda maior variação de marés do mundo. Devemos esperar grandiosos projetos para gerar energia elétrica em áreas desérticas a partir de painéis solares, e novos métodos para levar energia através de grandes distâncias com um mínimo de perda. Esperemos que a produção de energia aconteça em toda parte – até mesmo na carroceria dos caminhões. Sainsburry, a loja de alimentos, já possui um caminhão frigorífico experimental cujas baterias de refrigeração são alimentadas pelos painéis solares instalados no teto da carroceria.

Devemos esperar experiências limitadas, por volta de 2008, com satélites movidos a energia solar (SPS), megaestruturas no espaço projetadas para recolher a luz do Sol e convertê-la num feixe de microondas, direcionado para a Terra. Essa tecnologia se mostrará cara e preocupante do ponto de vista ambiental. Painéis de até 260 quilômetros quadrados seriam necessários para abastecer uma grande cidade, com o risco de serem danificados pelo lixo espacial e grande perigo para todo ser vivo que cruzasse a trajetória do feixe. As microondas são, sob certo aspecto, idênticas à luz: nada mais que uma determinada faixa do espectro eletromagnético. A energia eletromagnética de um feixe de microondas teria a mesma intensidade que um feixe de luz de mesma potência.

O lixo será queimado para produzir energia quando não puder ser reciclado. Um dos principais alvos são pneus de automóveis. Somente os Estados Unidos jogam fora 250 milhões todo ano. Ao serem aquecidos, obtém-se uma pasta viscosa, de cheiro forte, a partir da qual podem ser obtidos outros produtos. Mas eles também podem ser queimados em usinas de força, como já acontece na Califórnia.

Devemos esperar que sejam desenvolvidos novos materiais que serão tão revolucionários como o plástico em meados do século XX. O plástico mudou nossa vida, quer estejamos falando do náilon ou do poliéster nas roupas, dos sacos de plástico para compras, das embalagens de alimentos ou do painel dos veículos. Podemos esperar novas e extraordinárias fibras para a fabricação de roupas e para a indústria da moda, e até mesmo produtos mais resistentes e mais leves, como a fibra de carbono.

Esperemos carros com carroceria de alumínio, à prova de ferrugem. Carros cuja carroceria terá de 30 a 60% de plásticos e outros compostos, por exemplo, fibra de vidro. Motores automotivos com tecnologia cerâmica para aumentar a eficiência, melhorar o consumo de combustível e diminuir o desgaste.

A mudança de atitude em relação aos carros será mais rápida

Sérias restrições ao uso de automóveis nas grandes cidades farão parte do modo de vida, levando a um controle permanente visando proteger a saúde pública. O uso de carros para pequenos deslocamentos se tornará cada vez mais raro para um número cada vez maior de pessoas. Os shoppings nos bairros mais afastados da cidade já estão saindo de moda entre os planejadores urbanos e os governos em certas partes da Europa, enquanto áreas destinadas a pedestres continuam ganhando terreno nos centros urbanos. Abrir mais ruas e estradas apenas aumenta o tráfego. Os megaengarrafamentos de cidades como a Cidade do México, Mumbai e Cairo continuarão pondo em dúvida o futuro dos automóveis.

Em julho de 1994, pessoas estavam morrendo em Londres devido à fumaça composta sobretudo pelos gases do escapamento. Naquele verão, fiz um vôo para a Noruega – e, estando a 35 mil pés, com o céu totalmente limpo, não era possível ver o chão em nenhum ponto. Na Noruega, as pessoas também estavam morrendo. Uma semana mais tarde, eu estava de volta, e fomos de carro, minha família e eu, para a ponta mais distante das ilhas britânicas, na direção noroeste, até uma ilha escocesa onde sopra um constante vento oeste, e onde o ar é normalmente puríssimo depois de atravessar os 5 mil quilômetros de oceano Atlântico. O ar estava tão poluído que mal conseguíamos respirar. O mesmo cenário se repetia por quase toda a Europa.

E o que dizer da Índia? O ar em Mumbai e em Calcutá durante muitos dias é tão poluído que, comparado a ele, a poluição européia fica parecendo o mais puro ar da montanha. Pense nisso: se as pessoas na China tiverem tantos carros para cada 100 habitantes no ano 2050 quanto temos no Ocidente, só na China haverá mais carros em 2050 do que havia em todo o planeta em 2002. Se todos forem movidos a combustível fóssil, não haverá óleo não refinado bastante para mantê-los rodando, nem vento ou ar fresco suficiente para dispersar a gigantesca massa gasosa de poluentes.

Em 1993, 96% das vendas de carros chineses eram feitas para departamentos do governo. A China ainda tinha apenas dois veículos para cada mil famílias. O mercado total naquele exato momento era de apenas 400 mil veículos por ano. No total, são 10 milhões para 1,2 bilhão de pessoas. Estima-se que suba para 25 milhões em 2015 e 150 milhões em 2030.

Por outro lado, a capacidade produtiva global no setor automobilístico é gigantesca. Se todas as empresas desse setor no mundo trabalhassem no máximo da capacidade, elas produziriam 68 milhões de veículos por ano (incluindo-se pequenas picapes e vans). Não obstante, em 1997 fabricava-se apenas 50 milhões – 73% da capacidade. Na Europa Ocidental, a indústria operou com 67% da capacidade, o Japão com 50% e a América do Norte com 79%. A situação vai piorar.

O resultado será o excesso de carros baratos e uma forte recessão na manufatura nos Estados Unidos e na Europa. Devemos esperar greves, manifestações de protesto e medidas políticas. Quando a

Renault ameaçou fechar sua fábrica Vilvorde na Bélgica, dezenas de milhares de pessoas tomaram as ruas de Bruxelas. Assistiremos a uma sucessão de fechamentos e racionalização da produção.

No longo prazo, as restrições ao uso de automóveis deverão afetar as vendas no comércio varejista, as viagens de trem e as decisões sobre onde morar. Elas darão novo impulso à vida na comunidade local com a reversão da tendência a se construir megalojas afastadas da cidade, e farão diminuir as longas viagens diárias entre a casa e o trabalho, favorecendo a opção por morar perto do trabalho em cidades menores ou por trabalhar em casa.

As pessoas poderão tomar iniciativas para dar sua contribuição pessoal para esse problema. Por exemplo, a casa da minha família permite que se vá a pé até a escola das crianças, ao comércio e às estações de trem; ao mesmo tempo, a maior parte do meu trabalho pode ser feita em casa mesmo. Temos nossa meta em relação ao carbono, investindo em áreas de reflorestamento para ajudar a contrabalançar as emissões domésticas que fazemos.

Edifícios também se tornarão alvos

Cerca de 50% da emissão de gases do aquecimento global nas grandes cidades vêm das casas. Devemos esperar que as casas nos países ricos se tornem alvos no quesito eficiência, com boilers de alto desempenho e melhorias no material de isolamento – por lei. Apenas 25% das emissões se devem a viagens, o restante se deve à indústria.

Poluição transcontinental

Nas próximas duas décadas, se a tendência atual continuar, começaremos a ver a fumaça transcontinental: seções inteiras da superfície do planeta nas quais o ar acima do solo é nocivo para a maioria e letal para alguns. A poluição atmosférica mata pelo agravamento da asma, da bronquite e por uma série de outros problemas pulmonares, e por aumentar diretamente o risco de ataques cardíacos devido à exposição ao monóxido de carbono. Numa cidade como Calcutá, isso pode significar até 25 mil mortes a mais por ano. Pensando em regiões ou continentes inteiros, o resultado é inimaginável.

Uma amostra do que está por vir pôde ser vista em setembro de 1997, quando uma densa nuvem de poluição se formou sobre uma área de 2,6 milhões de quilômetros quadrados no Sudeste da Ásia. Em Cingapura, a qualidade do ar se deteriorou a ponto de a respiração se tornar o equivalente a fumar 20 cigarros por dia. O presidente Suharto, da Indonésia, foi obrigado a pedir desculpas pela queima de florestas, uma forma de desmatamento para fins de agricultura, que tinha contribuído enormemente para o quadro, enquanto a Malásia classificou essa fumaça de desastre nacional, e as escolas foram fechadas em toda Sarawak. O próprio desmatamento foi uma conseqüência da escassez de terras e do aumento populacional. Algumas estimativas indicam que os incêndios liberaram tanto dióxido de carbono quanto a Europa produz num ano. O escapamento dos automóveis também foi um fator relevante.

A população total afetada de alguma forma foi de pelo menos 300 milhões de pessoas. Se 50 milhões foram afetadas gravemente, as mortes podem ter atingido um patamar acima de mil por semana, ou pelo menos 10 mil pessoas. A isso deve-se acrescentar os efeitos em quem sobreviveu. E isso é só o começo.

Mas, e quanto ao impacto de uma nuvem de poluição maior e mais persistente mantendo-se continuamente sobre toda a China, o Camboja, a Índia, as Filipinas, a Austrália, a Nova Zelândia, a Costa Oeste dos Estados Unidos, o México e partes da Europa? Dezenas de milhares de mortes, e projeções de que, dentro de 15 anos, tais nuvens de poluição terão sua freqüência quadruplicada.

Estamos nos envenenando: os seres humanos estão alterando profundamente o equilíbrio dos gases na atmosfera. No início, os países em desenvolvimento continuarão sacrificando a qualidade do ar em prol do crescimento econômico. Mas, nessa mesma geração, a poluição pode se tornar economicamente perigosa, em grande parte pela perda da confiança entre investidores internacionais. A pressão será para que se purifique o ambiente, que se restaure a imagem de vida urbana "civilizada".

Os impostos sobre emissão de carbono aumentarão a tensão e os conflitos internacionais, e provocarão até mesmo guerras, se não forem aplicados de forma justa – mas isso será praticamente impossível. Para ser justas, as cotas de carbono teriam de ser uma quantidade fixa por pessoa por ano, talvez vendidas num mercado livre como um imposto sobre todo o consumo de carbono, com subsídios para os mais pobres e vulneráveis. Mas isso significa que moradores de áreas rurais não poderão mais cortar suas próprias árvores para obter lenha, e irá condenar os países mais pobres a viver sem emitir praticamente nenhum carbono para todo o sempre. Enquanto isso, os países mais ricos continuarão a explorar as limitadas reservas de carbono do planeta, tendo nas mãos a maior parte dos passes livres que dão direito a poluir a atmosfera respirada por todos os demais países. Portanto, enquanto os Estados Unidos queimam combustível nos carros e nos sistemas de calefação, Bangladesh se afoga debaixo de enchentes cada vez mais destruidoras. Os países ricos irão se gabar que estão reduzindo o aumento no consumo total, mas continuarão sendo os maiores usuários dos recursos ambientais não-renováveis. A diminuição das florestas tropicais agravará o efeito de longo prazo, dificultando ainda mais as correções futuras sobre o meio ambiente.

As previsões meteorológicas serão mais precisas

Se não conseguimos controlar a atmosfera com facilidade, pelo menos podemos tentar prever seu comportamento de modo mais eficaz. Devemos esperar um aumento progressivo da precisão das previsões de médio e longo prazo. O fator limitante não é o poder ou a velocidade de processamento, mas a falta de dados para comparação. Registros precisos de fatores como temperatura do mar, pressão e temperatura atmosférica só foram recolhidos nas últimas décadas, um simples piscar de olhos em termos planetários. Ainda será preciso outra década até que tenhamos avanços significativos nas previsões. Não obstante, o aquecimento global deverá aumentar ainda mais nossa estimativa de instabilidade nos padrões climáticos.

Descoberta de combustíveis limpos de baixo custo

O único combustível limpo que conhecemos é o hidrogênio, porque o único gás que ele produz é o vapor d'água. Ônibus movidos a hidrogênio já circulam aqui em Chicago e em Vancouver, enquanto a Daimler-Benz e a Ballard Power Systems estão investindo 300 milhões de dólares na tecnologia da célula de combustível. Mas o hidrogênio é um gás de baixa energia e tem de ser produzido mediante a quebra da molécula da água. A queima de combustível para qualquer outro fim que não seja o aquecimento implica, necessariamente, um enorme desperdício, porque a perda na forma de calor é muito grande. A fonte de energia mais eficiente para automóveis seria o uso de hidrogênio para abastecer baterias elétricas. Isso parece inofensivo para a atmosfera, mas não é. Afinal, de onde sairá o hidrogênio?

A resposta é que o hidrogênio é produzido em usinas de força que queimam carvão, gás e óleo para gerar eletricidade, empregada então para decompor a água em hidrogênio e oxigênio. A luz do Sol pode ser usada para gerar eletricidade e produzir hidrogênio, mas ela não existe em abundância, a não ser que cubramos todos os desertos com painéis solares – o que por si só já alteraria profundamente o clima. A energia hidrelétrica é limitada e as turbinas eólicas jamais serão suficientes para o mundo de amanhã.

A energia nuclear é uma indústria que ressuscitará

Um gráfico mostrando cada nova usina nuclear inaugurada mostra que depois de se atingir o pico, no final dos anos 80, houve uma queda para perto de zero. Isso significa que, em 2030, a se manterem as tendências atuais, mal haverá um único reator nuclear em operação para a produção de energia em escala industrial. Devemos esperar assistir a outro desastre nuclear como o de Chernobyl em algum momento nas primeiras três décadas do século XXI, à medida que essas usinas forem envelhecendo e se tornando menos confiáveis. Também podemos esperar uma crescente preocupação com o destino final dos resíduos perigosos. O maior negócio relacionado à energia nuclear nas próximas décadas será o de remoção e armazenamento do refugo.

Os riscos nucleares preocuparão os ativistas do terceiro milênio, que não se esquecerão de que o plutônio é 30 mil vezes mais perigoso que o cianeto, uma única partícula sendo capaz de provocar câncer caso penetre no pulmão. Apesar disso, as pressões para se reduzir o uso de carbono tornarão a energia nuclear bastante atraente para alguns.

A linha do tempo nuclear

- 1932: Fissão do átomo em Londres.
- 1947: A Grã-Bretanha constrói o primeiro reator nuclear.
- 1958: Obtenção da fusão.
- 1958: Explosão secreta na URSS mata centenas.
- 1977: Os Estados Unidos param de construir reatores híbridos.
- 1979: Vazamento em Three Mile Island – risco de derretimento do núcleo.
- 1979: 65 mil protestam em Washington, D.C.
- 1981: Indian Point (Estados Unidos) fecha após vazamento.
- 1986: O acidente em Chernobyl espalha radiação por toda a Europa.

Apenas 40 anos de história. O caso de amor com a energia nuclear começou em 1947 e terminou em Chernobyl.

Devemos esperar avanços nas pesquisas da "fusão a frio" e novas descobertas. Isso trará de volta a controvérsia nuclear num mundo cada vez mais carente de energia.

Co-geração de eletricidade

Um subproduto extremamente abundante e desperdiçado na geração de eletricidade é o calor, que representa desperdício ainda maior quando se considera que a eletricidade é muitas vezes usada para gerar calor. Podemos esperar muitos mais geradores de pequena escala fornecendo calor, além de eletricidade, para grandes edifícios ou alojamentos, alguns dos quais produzirão mais do que a demanda, sendo vendidos para a rede federal a preços mais competitivos que os das grandes usinas.

Maior preocupação com campos e ruídos eletromagnéticos

Devemos esperar maior preocupação com a queda na expectativa de vida devido ao efeito das pequenas doses de exposição à radiação eletromagnética, seja no caso das torres de alta tensão, dos telefones celulares ou de outros aparelhos. Já existe a suspeita de associação com o câncer. Podemos esperar o aumento de indícios de que a radiação dos telefones celulares afeta as funções cerebrais, assim como o funcionamento das células – e seguido por medidas legais cabíveis –, embora os riscos individuais advindos do uso normal devam permanecer bastante baixos.

O ruído é um fator de poluição, e aparelhos anti-ruído serão aperfeiçoados. O efeito anti-ruído produz o oposto exato de cada onda sonora para, com isso, anular o som. Devemos esperar que a tecnologia anti-ruído se torne padrão no interior dos carros e aviões, e também nas casas situadas em regiões barulhentas.

Reciclando o modo de vida

A cada ano assina-se mais tratados sobre meio ambiente – até hoje, eles já somam mais de 100, e são, em geral, eficazes. Por exemplo, a produção de CFC (clorofluorcarboneto) foi praticamente extinta depois do acordo mundial para proteger a camada de ozônio. E a reciclagem se tornou um hábito em muitos países, de tal modo que muitos jornais hoje se gabam de utilizar mais de 40% de papel reciclado em suas impressões.

Podemos esperar que a reciclagem se torne uma indústria multibilionária e altamente especializada, beneficiando-se de subsídios e da aprovação popular. Haverá a proliferação da separação do lixo em muitos países, além da coleta de vidro, plásticos, papelão, aço, alumínio e papel de jornal nos estacionamentos e shoppings. A coleta de lixo doméstico se tornará uma área de alta tecnologia, com a embalagem e a separação de diferentes tipos de lixo. Devemos esperar que os ferros-velhos se transformem em áreas de recuperação total, com normas estipulando desperdício zero.

Empresas de coleta de lixo ganharão popularidade com fundos de investimento "éticos" e se tornarão lucrativas, graças principalmente aos milhões de horas de trabalho gratuito proporcionadas por uma população simpática à causa, que fará a limpeza, separação e recolhimento de bilhões de itens todo ano, "fazendo sua parte" pelo meio ambiente.

A guerra e o meio ambiente

O problema é que os conflitos armados são responsáveis por rombos gigantescos em qualquer programa ambiental, como vimos na invasão do Kuwait pelo Iraque. Não só se produziu uma catastrófica poluição ambiental com os bombardeios e a queima das instalações de petróleo, como os danos ao meio ambiente continuaram após o fim da guerra. O bombardeio americano atingiu usinas de dessalinização, esgotos, grandes usinas de tratamento, sistemas de irrigação e de drenagem, além dos mais óbvios alvos militares. A destruição de estações de força e fábricas levou ao aumento da queima de madeira como combustível.

A REVOLUÇÃO GENÉTICA

Outro tema isolado mas de enorme abrangência é a biotecnologia. No futuro, vamos ouvir falar cada vez mais de genética. Nós consideramos a revolução dos computadores algo extremamente importante, mas a biotecnologia é, por diversos motivos, muito mais importante. Os computadores podem mudar o modo como vivemos, mas a biotecnologia tem o poder de mudar a própria base da vida na Terra. Ela também é um método muito eficiente de se produzir substâncias de enorme complexidade, sejam compostos biológicos, medicamentos ou substâncias químicas para a manufatura. Conforme já vimos, a saúde é uma das áreas de maior dispêndio nos países desenvolvidos, respondendo por até 18% do PIB, e a genética irá dominar essa área. Em comparação, a nanotecnologia será motivo de uma grande decepção, exceto na área da informática.

A revolução genética pode ser capaz de levar a um rápido aumento na expectativa de vida. Muitos pesquisadores de ponta da área de biotecnologia acreditam que seremos capazes de retardar o relógio biológico. Isso já foi observado em vermes nematódeos que vivem duas vezes mais tempo quando o gene DAF 2 é desligado.

Corte e emenda

Hoje já dominamos a tecnologia para pegar os genes de qualquer organismo e inseri-los em outro – só para ver o que acontece. Genes humanos já foram postos em camundongos, vacas, ovelhas, coelhos, ratos e peixes, para citarmos apenas alguns. O Projeto Genoma Humano já mapeou em detalhe todo o código genético da raça humana. O resultado serão novos exames para muitas das 4 mil doenças genéticas e para milhares de outras nas quais os genes desempenham importante papel coadjuvante.

As pessoas verão o exame genético se tornar parte rotineira do seguro de vida e dos cálculos previdenciários, enquanto muitas empresas tentarão conhecer a genética de certos candidatos a emprego.

Por exemplo, existe um gene que torna muito provável que os empregados desenvolvam uma doença pulmonar caso sejam expostos a altos níveis de poeira no ar. É muito mais barato examinar e cortar os portadores desse gene do que limpar o ar da fábrica.

Já nasceu um camundongo com uma centena de genes humanos (cerca de 0,1% do genoma humano), enquanto um grande número de porcos "humanizados" já foi produzido para fornecer corações e outros órgãos – o que provavelmente não é seguro devido aos riscos de se transferir vírus suínos para os seres humanos. Células-tronco adultas retiradas da medula já foram usadas para se criar células hepáticas, renais, cerebrais e de outros tecidos. Um trabalho semelhante está sendo feito com células-tronco de embriões – algo muito mais polêmico. Devemos esperar que a tecnologia de células-tronco adultas opere milagres para os diabéticos. A reposição de cartilagem permitirá o tratamento perfeito para quem sofre de artrite: os cientistas já fizeram rins perfeitos e minísculos implantando células embrionárias retiradas de fetos de 6 a 8 semanas em camundongos. Se tivessem usado porcos, o resultado poderia ter sido um órgão transplantável, mas que levantaria muitas questões éticas.

Genes do veneno do escorpião já foram adicionados ao repolho para matar lagartas – mas o que poderia acontecer aos seres humanos? Já foram produzidas batatas com um gene inseticida retirado de um micróbio encontrado no solo – imunes ao inseto que as atacavam. Novos tipos de milho e de outras culturas estão à venda, alguns produzindo fungicidas ou inseticidas em sua própria seiva. Essas culturas "ecológicas" não precisam de agrotóxicos, mas elas são ecológicas por dentro? E há também tomates e bananas à prova de amassados e bananas que em breve trarão vacinas ou outras substâncias com fins medicinais.

Produtos verdes crescerão mais rápido

Em 1996, os agricultores americanos plantaram pouco mais de 400 mil hectares de soja geneticamente modificada e 4 milhões de hectares em 1997. Essa soja foi intencionalmente misturada à soja "natural" e utilizada na alimentação do mundo inteiro sem a devida identificação nos rótulos. Os consumidores americanos e grande parte dos consumidores europeus simplesmente não têm como tomar a decisão de não ingerir soja geneticamente modificada, a não ser pelo boicote de todos os produtos derivados de soja.

Podemos esperar pesquisas genéticas para produzir árvores de crescimento ultra-rápido que não podem se reproduzir a não ser pelas mudas preparadas numa estufa. Elas serão, em parte, a resposta ao aumento do dióxido de carbono. A árvore ideal em termos de crescimento e de aproveitamento terá uma densa folhagem verde-escuro em ramos acentuadamente curtos e finos (menor desperdício), com troncos altos e retilíneos. Florestas desse tipo serão bastante semelhantes às florestas de coníferas de hoje em dia. Não existe a possibilidade de crescer nenhuma vegetação debaixo dela. Nem de que ela abrigue uma fauna.

Podemos esperar sebes e outras plantas de crescimento ultralento cujo crescimento normal poderá ser reativado quando necessário pela adição de fertilizantes especiais, poupando aos jardineiros o trabalho de podar e aparar. Esperemos programas de recuperação de espécies de animais extintos ou quase extintos nos zoológicos, ou de animais raros que não se reproduzem em cativeiro. Os genes originais de todas as procedências possíveis serão misturados, quando necessário, àqueles de espécies semelhantes para se recuperar tanto quanto possível do original. As fontes para isso incluirão amostras de tecido congeladas e culturas de células.

Também podemos esperar ver novas drogas inteligentes, algumas produzidas por engenharia genética, com a promessa de melhorar o funcionamento do cérebro, a memória e a velocidade de processamento. Essas drogas já estão sendo testadas em seres humanos e alguns estudos mostram avanços extraordinários. O deprenyl é um exemplo, não só com potencial de ajudar na doença de Alzheimer, mas também aumentando a expectativa de vida de ratos em até 40%. Devemos esperar ver o abuso desse tipo de drogas por parte de estudantes em preparação para exames ou sob pressão criativa, mais ou menos do mesmo modo que atletas abusam de esteróides anabolizantes.

Podemos esperar uma rápida adaptação de muitas espécies de animais selvagens às megalópoles, incluindo o surgimento de novos super-ratos tão grandes quanto pequenos gatos. Porém, tudo isso como parte de um processo de seleção natural, e não resultado de experiências em laboratório. Animais geneticamente projetados já existem. Mais de 1 milhão de mutantes foram feitos somente nos laboratórios do Reino Unido durante o período de 2000 a 2002, cada um dos quais era uma mistura única de outras duas, três ou mais espécies diferentes, por exemplo, ovelhas transgênicas programadas para produzir substâncias humanas no leite. Em seguida, veremos a tentativa de "humanizar" vacas para que produzam leite com baixo teor de gordura. A meta final serão vacas que produzam leite humano para lactentes.

Tudo isso suscita profundas questões éticas e de segurança – incluindo a questão do bem-estar dos animais. Por exemplo, um grupo de porcos "humanizados" cresceu rapidamente, apresentando baixo teor de gordura na carne, mas eles ficaram cegos, impotentes e foram vitimados por uma grave artrite, de modo que praticamente não conseguiam se manter de pé. Algumas pessoas vão se recusar a comer animais "humanizados", outras serão contra seu sacrifício para a obtenção de órgãos para transplante. A engenharia genética apresenta profundos desafios e questões ainda sem respostas.

A indústria biotecnológica vai explodir e se estabelecer

A maior parte dos pequenos negócios de biotecnologia vai se esforçar para justificar os gigantescos investimentos feitos durante a virada do século, sendo que falsas esperanças serão criadas por manchetes sensacionalistas. Muitos vão fechar, se fundir ou ser comprados por indústrias farmacêuticas tradicionais ansiosas por absorver seu conhecimento, enquanto outros sobreviverão apenas como subempreiteiras. Não obstante, imensas fortunas recompensarão as empresas que criarem produtos biotecnológicos exclusivos, com clara aplicação na saúde, na indústria ou na produção de alimentos. Devemos esperar êxitos espetaculares como a Amgen, que surgiu do nada e, em uma década, passou a valer 17 bilhões de dólares. Todo otimismo deve ser relativizado pelo fato de apenas 20% de todos os testes com drogas resultarem em produtos comercializáveis, e de a terapia genética ter sérios efeitos colaterais que podem levar a processos na justiça.

Clonagem humana

E chegou a vez da clonagem. A clonagem de animais já é possível há muito tempo, tendo-se realizado primeiramente experiências com rãs nos anos 50. A clonagem de mamíferos é relativamente recente. O primeiro método é a gemação artificial: até 128 coelhos idênticos podem ser produzidos de uma só vez por esse método, mas não sem riscos. Quando a técnica foi tentada em vacas, os bezerros tiveram de ser retirados por cesariana porque atingiram o dobro do tamanho normal antes do nascimento.

A gemação é fácil: basta pegar um aglomerado de células pouco depois de o óvulo ter sido fertilizado e usar uma sonda para separá-las. Se isso for feito com suficiente antecedência, cada um dos aglomerados de células continua se desenvolvendo até produzir um animal completo. A maioria dos mamíferos já foi clonada desse modo. Os cientistas alegam (como sempre fazem) que jamais funcionaria com seres humanos. Mas isso é bobagem: com os 2 mil pares de gêmeos idênticos que nascem diariamente no mundo inteiro, é evidente que esse tipo de clonagem funcionaria extremamente bem em seres humanos, com uma boa estimativa de segurança na obtenção de bebês saudáveis.

Na década de 1980, conheci um importante cientista britânico que afirmava já ter tido êxito na obtenção dos primeiros clones humanos, apesar de eles não terem sobrevivido por muito tempo. Ele esperava aproveitá-los para conseguir "peças sobressalentes" para as pessoas no futuro. Esperava que, ao implantar um e congelar o outro, o gêmeo mais velho poderia utilizar o irmão ou irmã congelada como uma fábrica. Se o gêmeo mais velho precisasse, por exemplo, de tecido da medula, o gêmeo mais novo seria descongelado, implantado e sacrificado, digamos, 24 semanas depois. Uma opção era deixar o gêmeo nascer e só então ser usado como doador, sem risco para sua vida.

Tais idéias podem parecer bizarras, mas o dr. Jerry Hall, de Washington, anunciou em 1993 que ele também tinha tido sucesso com a clonagem de embriões humanos por gemação. Então, um importante estudioso do campo da ética na Grã-Bretanha disse que a clonagem com fins de "peças sobressalentes" poderia ser uma ótima idéia, desde que o feto fosse sacrificado num estágio suficientemente primitivo. Essa postura amoral foi apenas um exemplo do que estava por vir.

Mais clones humanos

E foi a vez da Dolly: uma ovelha clonada obtida por uma técnica bastante diversa. Os genes da célula de uma ovelha adulta foram combinados com o óvulo de uma ovelha não fertilizada. O resultado foi o nascimento de uma ovelha que era gêmea idêntica do animal adulto. Em 48 horas, o presidente Clinton anunciou uma reunião de emergência, preocupado que o método pudesse ser utilizado em seres humanos, e outros governos também reagiram com preocupação. Clinton propôs que se proibisse o nascimento de clones, mas que as experiências com a transferência de núcleos celulares prosseguissem. Em outras palavras, os clones podiam ser produzidos, mas, ato contínuo, teriam de ser destruídos. Eu prevejo, portanto, que, a não ser que as leis americanas se tornem mais rígidas, clones humanos serão feitos nos Estados Unidos, ou utilizando-se técnicas lá desenvolvidas, mas nascerão em outros lugares. Alguns cientistas estão afirmando que já obtiveram embriões clonados viáveis. Até que venham a nascer, será uma questão de tempo, e já pode ter acontecido, se quisermos dar crédito às alegações recentes.

Mercado de clones

Existe aí, sem dúvida, um enorme mercado. Meu site recebe sem parar perguntas de pessoas querendo saber de mim se elas podem ser clonadas, embora eu seja frontalmente contrário à idéia. "Diane" me disse que queria clonar o pai que estava morrendo, oferecendo o próprio útero para a experiência: "Pretendo fazer com que ele continue vivendo neste mundo." Ela queria dar à luz o próprio pai.

Outra mulher com problemas de fertilidade queria usar as próprias células para produzir um bebê, em vez de recorrer à doação de esperma e óvulos. Um estudante escreveu que "seria muito legal" ser clonado. Seis por cento da população americana acham que a clonagem humana é aceitável. Entretanto, o nascimento dos primeiros clones provocará uma forte reação de um número cada vez maior de pessoas que já consideram que a ciência está fugindo ao controle.

A clonagem fará enorme sucesso entre alguns grupos de pessoas com muito dinheiro: a última palavra em filhos com *pedigree*. Supermodelos poderiam ganhar fortunas vendendo suas próprias células para corretores de clonagem, que ofereceriam a casais sem filhos a criança de seus sonhos mediante a obtenção de um clone e sua implantação num útero adotivo. No futuro, macacas "humanizadas" poderão ser usadas como barrigas de aluguel. Os cientistas já são capazes de manter um feto vivo no final da gestação dentro de um útero inteiramente artificial.

Para efeito do dia-a-dia, a tecnologia de clonagem significará que casais estéreis poderão ter um gêmeo do pai ou da mãe como seu filho recém-nascido, ou que os pais poderão "recriar" um filho morto. Essas serão as justificativas apresentadas para se investir na tecnologia. Porém, há enormes riscos psicológicos e de saúde para a criança. Mesmo que ela seja saudável, qual será o impacto emocional de se crescer sabendo que você é gêmeo do seu pai ou da sua mãe? E quanto às pressões dos pais para "reviver" seu próprio potencial genético – por exemplo, para ver quão musical ele, ou ela, poderia ter sido se tivesse estudado música?

Bebês projetados

Nós já temos a tecnologia para fazer crianças sob encomenda, usando a mesma tecnologia aplicada em animais. A perfeição física e mental é um sonho para muitos. Para aqueles cujos genes já estiverem determinados, a cirurgia plástica continuará oferecendo extraordinárias mudanças no rosto, nas orelhas, no pescoço, nos seios, nas nádegas e nas coxas, e se tornará cada vez mais comum graças à tentativa, por parte de uma geração interessada em desafiar a morte, de se deter o processo de envelhecimento.

A clonagem levanta possibilidades interessantes: as mulheres já não precisam dos homens e podem criar uma sociedade inteiramente feminina. Então, por exemplo, uma única mulher, utilizando seu próprio óvulo e uma célula da epiderme, pode dar à luz sua própria gêmea, e, com o passar do tempo, essa gêmea poderia se autoclonar, repetindo-se esse processo por muitas gerações exclusivamente femininas. Ou poderíamos criar uma sociedade inteiramente masculina, assim que fêmeas de animais forem suficientemente "humanizadas" para carregar seres humanos no útero.

Clonar os mortos também será possível. A Dolly foi clonada utilizando-se células congeladas; portanto, qualquer ser humano poderia, teoricamente, ser trazido de volta do túmulo como um bebê, desde que suas células tenham sido devidamente congeladas antes da morte, ou pouco tempo depois. Células vivas podem ser encontradas no cadáver humano sem qualquer dano depois de até uma semana, portanto, a coleta poderia ser adiada por algum tempo após a morte. Outra forma de clonar os mortos é a partir de células mantidas em cultura, em vez de congeladas. Tais culturas podem ser mantidas indefinidamente. Isso significa que uma criança morrendo de câncer poderia ser "recuperada", permitindo aos pais dar à luz um gêmeo idêntico.

É claro, o modo mais fácil de mudar a raça humana é o método mais antigo de todos: esterilização em massa ou genocídio dos indesejáveis. Cerca de 60 mil esterilizações forçadas de mulheres com "características físicas e mentais indesejadas" foram efetuadas na Suécia de 1935 a 1976, com práticas semelhantes em menor escala na Dinamarca, Noruega, Finlândia e Suíça. Enquanto isso, 20% de toda a população mundial já foram proibidos por lei de ter filhos quando o Estado decidiu que seus genes não eram dignos de serem reproduzidos – na China. Bem menos draconianos, mas tão significativos quanto, serão os amplamente disseminados exame e destruição de embriões ou fetos porque os pais concluíram que os genes estão "abaixo do padrão ótimo". Tais exames já são rotineiros em clínicas de fertilização in vitro.

Então, o que tudo isso significa para o futuro mais remoto? O terceiro milênio verá seres humanos começando a assumir o controle sobre o próprio processo da vida, reprojetando plantas, árvores, hortaliças, animais e até a si mesmos. Todos os dias, novos genes são descobertos e se compreende cada vez mais a respeito do que cada um faz. Em 2010, teremos uma idéia bastante clara sobre o que acontecerá se determinados genes forem desativados ou ativados. O século XXI será conhecido como a era da genética.

Os genes são a última palavra em miniaturização. Para produzir insulina, um laboratório convencional ocuparia uma vasta área e sua construção custaria vários bilhões, necessitando de um número elevadíssimo de pessoal. Não obstante, toda essa unidade de produção pode ser comprimida em algo do tamanho não de uma casa, nem de um único cômodo, nem mesmo de um simples frasco ou tubo de ensaio, mas do citoplasma de uma única célula.

Uma vez que uma única bactéria recebe o gene humano da insulina, ela prossegue se dividindo e crescendo indefinidamente, se alimentando e produzindo insulina. A produção de insulina fica tão simples quanto a fermentação da cerveja, a não ser pelo fato de estarmos utilizando bactérias em vez de levedura, e o produto ser insulina, em vez de álcool. Todo produto químico complexo que pudermos imaginar será produzido pela tecnologia genética em grandes cubas de fermentação. Drogas, vacinas, precursores de novos plásticos, novos combustíveis – tudo. Substâncias mais complexas podem ser produzidas em insetos geneticamente modificados, ou no leite de mamíferos como vacas e ovelhas.

E, é claro, órgãos inteiros também, embora, nesse caso, seja necessário produzi-los dentro de corpos humanóides com coração, pulmões, fígado e rins. No futuro, veremos seres humanos criados em algum lugar do mundo que estarão crescendo, mas estarão tecnicamente mortos porque não terão cérebro, e possivelmente também não terão braços nem pernas, criados exclusivamente como fábricas de órgãos. Devemos esperar muitas discussões éticas sobre a influência da reação subjetiva das pessoas na tecnologia genética, o que decidirá não o que é certo (algo complexo demais para ser discutido) mas simplesmente o que parece aceitável para a maioria.

Biocomputadores

A biotecnologia será usada em novas gerações de máquinas inteligentes e chips de computador serão ligados a tecidos vivos. Pessoas com lesões neurológicas obterão a ajuda de computadores para controlar os músculos, ou melhorar a visão ou a audição. No futuro, também seremos capazes de ligar chips diretamente no cérebro humano, como já foi feito em camundongos, talvez até melhorando o poder de processamento, a memória e, inclusive, a comunicação – permitindo, por exemplo, a recepção direta de dados transmitidos por ondas de rádio.

Macacos humanos

Não vai demorar muito até que macacos humanos sejam produzidos. Talvez seus embriões já existam. A tecnologia já foi comprovada. É fácil criar seres híbridos. O "ovode", por exemplo, a combinação da ovelha com o bode, feita mediante a união de dois aglomerados de células de embriões diferentes logo após a fertilização.

Mas quantos genes humanos um animal teria de ter para conquistar direitos humanos? Um amigo meu que é advogado diz que o fator crítico seria uma criatura com mais de 50% de genes humanos, mas isso não procede. Nossa diferença genética para os primatas inferiores é de apenas 3%; para a ameba, por volta de 14%. Portanto, quem puser 1,5% de genes humanos numa célula de macaco a partir da qual se fizer um clone, é melhor ficar atento. Simplesmente 0,3% de genes humanos inseridos num macaco pode ser mais que suficiente para que ele se torne capaz de falar.

Macacos podem ir para o céu?

Teólogos, filósofos e juristas têm de pensar agora qual será sua reação quando um híbrido desse tipo for apresentado ao mundo. Algo que acontecerá com toda certeza. Seria um monstro a ser destruído? Teria o direito humano à vida? Seria comestível? Seria moralmente responsável diante dos tribunais? Poderia ser julgado por homicídio? Teria permissão para se casar e procriar com "seres humanos normais" ou para se acasalar com outros animais? Teria necessidade de salvação? Teria alma?

E muito antes que as manchetes anunciem sua existência, veremos líderes religiosos diante de novos desafios, que serão impostos pelo movimento de direitos dos animais, para se eliminar a distinção ética entre animais e pessoas. Tudo isso poderia provocar uma crise generalizada da fé, suscitada pelo ensinamento tradicional de que o homem foi criado "à imagem e semelhança de Deus". Ora, então, qual seria essa imagem? Os macacos são 97% feitos à imagem e semelhança de Deus? Toda forma de vida seria uma manifestação da imagem e semelhança de Deus em algum grau maior ou menor?

Podemos ser confrontados por essas questões mais cedo do que imaginamos. Historicamente, na área de biotecnologia é possível identificar uma tendência fundamental: diferentemente da informática, em cujo setor os especialistas anunciam os próximos avanços com estardalhaço e na qual a maioria das pessoas tem algum grau de compreensão do ritmo de progresso, a biotecnologia é, deliberadamente, mantida sob um manto de discrição por quem melhor a conhece. A atmosfera é de sigilo e de negação pura e simples, por um único motivo: medo. A informática não suscita nenhum grande dilema moral e não ameaça a segurança da vida na Terra. A biotecnologia faz isso. A produção de computadores suscita poucas questões referentes à saúde e à segurança, e nenhuma questão ética, e, em contraste, essas coisas acontecem diariamente na área da biotecnologia.

Os engenheiros de computadores podem trabalhar livremente. Eles contam com o incentivo intelectual de poder levar a tecnologia aos seus limites sem se preocupar com processos na justiça ou ataques na mídia. Os especialistas em biotecnologia respiram um ar bem diferente. São bastante sensíveis à natureza delicada de seu trabalho. Temem a reação do público mal informado e fogem dos holofotes. Mantêm silêncio sobre suas experiências e em alguns casos (por exemplo, o cientista de clonagem britânico nos anos 80) não chegam jamais a publicar sua pesquisa. As comissões de ética tendem a ser dominadas pelos membros desse setor que defendem um mínimo de normas, em vez de normas em excesso.

Guerra microbiana

Hoje temos a tecnologia para criar vírus humanos extremamente perigosos para uso em pesquisas médicas ou para fins militares. Em 2010, poderemos ter a capacidade de produzir vírus cujo alvo seletivo serão órgãos humanos ou grupos raciais específicos. Esse expurgo étnico *high-tech* irá provocar a indignação do mundo inteiro, mas será difícil detê-lo. A máquina de expurgo étnico dos pobres poderia ser um programa de vacinação infantil, o qual, entre outras coisas, conteria um vírus com uma cápsula externa semelhante ao do espermatozóide humano. O resultado seria a produção de anticorpos contra o espermatozóide, e a infertilidade de toda uma geração futura. Devemos esperar intensos esforços para conter ou extinguir a pesquisa biotecnológica para fins militares no mundo.

O Islã se posiciona

Quando 400 intelectuais muçulmanos se reuniram em Jacarta, eles declararam num comunicado conjunto que mudanças revolucinárias proporcionadas pela ciência e pela tecnologia "reduziram o homem a um ser material espiritualmente falido, sem limitações morais".

Esse sentimento anticiência é generalizado. Dos adultos britânicos, 83% dizem que a ciência moderna cria tantos problemas quantos soluciona. No entanto, 81% também acham que temos sorte de viver numa época em que o desenvolvimento científico avança tão aceleradamente. A conseqüência lógica da primeira constatação é que os gastos com a ciência não se limitam a melhorar a qualidade de vida, mas também a deterioram. Portanto, qual seria o sentido do progresso científico, antes praticamente venerado? Essa é uma mudança fundamental no otimismo de meados até o final do século XX, com os primeiros sinais de uma rejeição do terceiro milênio à lógica e à razão.

Com isso, os cientistas estão se tornando cada vez mais um grupo isolado, reunido em seu mundo restrito pela crença absurda de que a ciência traz melhorias para a população. Muitos cientistas ficam perplexos com aquilo que eles vêem como a irracionalidade hostil de tantas pessoas ignorantes e preconceituosas que seriam capazes de destruir seu trabalho se tivessem oportunidade.

Os cientistas já estão ficando cada vez mais na defensiva, retraindo-se no ambiente mais seguro dos fóruns e congressos da categoria, bastiões da abertura intelectual e da investigação. É por isso que tão poucos pesquisadores hoje se sentem à vontade com comissões de ética controladas por leigos que "simplesmente não entendem".

Esperem que a tecnologia e o capital estrangeiro levem a culpa

Devemos esperar que muitas pessoas nos países em desenvolvimento cheguem ao seu limite de tolerância com relação às novas tecnologias e às ingerências internacionais. Com o aumento dos problemas sociais e do desemprego, muitos irão se perguntar se mais tecnologia e mais investimento estrangeiro farão bem ao país.

Quem é o dono de uma espécie?

O mundo irá enfrentar em breve novos e profundos dilemas trazidos pela biotecnologia. Está correto permitir que uma empresa seja proprietária de toda uma espécie? Seria correto criar uma espécie que, por sua carga genética, está condenada a sofrer? Ambas as questões foram levantadas com a criação do "oncorrato", desenvolvido para apresentar um câncer mortal 90 dias após o nascimento. O oncorrato foi criado nos Estados Unidos para testar tratamentos de câncer e constitui uma patente comercial protegida por lei.

Patentes sobre genes humanos

Está correto que empresas sejam proprietárias de genes humanos? Um homem nos Estados Unidos desenvolveu câncer e doou células para pesquisa. Os genes foram usados para desenvolver um teste diagnóstico e o processo foi patenteado. O homem ficou furioso. "O dono dos meus genes sou eu", declarou. Ele enfrentou a empresa e a luta chegou até a Suprema Corte. Ele perdeu o caso. Os seres humanos já não têm mais direito sobre seus próprios genes nos Estados Unidos.

Todos precisamos, com urgência, da tecnologia genética para alimentar o mundo e prevenir doenças – mas também precisamos perguntar que tipo de mundo estamos criando, agora que temos a capacidade de alterar a própria base da vida.

OUTRA "GRANDE IDÉIA"

Um amontoado de temas isolados não forma uma doutrina política. O vácuo na política continuará existindo. Desde o colapso do comunismo existe esse vácuo. O comunismo definia tudo. Enquanto o bloco oriental se manteve de pé, o outro lado da estrutura política prosseguiu fazendo sentido. Mas onde estão o idealismo e a energia na vida política de hoje? Em lugar nenhum. E das profundezas desse enorme abismo vazio veremos surgir novas coisas.

Lição do comunismo

Karl Marx nasceu na Prússia em 1818 e morreu em Londres em 1883. Ele escreveu o *Manifesto Comunista* em 1847, o qual foi publicado em 1848. Marx teve suas idéias e as aplicou num programa para toda a humanidade. Ele foi um produto do seu tempo: alguém que protestava contra a Revolução Industrial, a qual concentrou enorme riqueza e poder nas mãos de tão poucos, escravizando milhões em condições precárias de trabalho.

O comunismo se baseava num conjunto de temas isolados, como a superindustrialização, o controle do trabalho, a distribuição da riqueza. Não obstante, a revolução comunista só começou mais de 50 anos depois. Lênin nasceu em 1870 e formulou sua própria versão do pensamento marxista nos primeiros anos do século XX, publicando *O que deve ser feito?* em 1902. A "Grande Idéia" surgiu depois da morte de quem a pensou primeiro.

A "Grande Idéia" de amanhã

Devemos assistir ao surgimento de outra "Grande Idéia", radicalmente diferente de todo sistema macropolítico visto no século XX. Esse novo "ismo" irá tirar proveito da energia acumulada e do desejo de mudança gerado pelas revoluções do século 20: Informação, Comunicação, Automação e Globalização. Quanto mais demorar a surgir, maior e mais profundo será o vácuo já formado, e maior a velocidade com a qual ele irá tomar o planeta de assalto. As próprias quatro revoluções do século XX irão garantir que quando a nova "Grande Idéia" chegar, o impacto sobre a política e as ações de governo se dê com uma velocidade espantosa.

Em que consistirá essa nova "Grande Idéia"?

Escute a voz dos ativistas de temas isolados de hoje e você começará a ter uma noção de alguns dos elementos que estarão contidos na "Grande Idéia". Ela provavelmente será:

- Baseada numa série de textos.
- Respaldada por uma personalidade carismática, ou mais de uma.
- Capaz de captar o estado de espírito da população.
- Profundamente gratificante para milhões de pessoas que sentem falta de uma direção.
- Capaz de mobilizar nações e exércitos.
- O espírito da Nova Era no terceiro milênio.
- Radicalmente diferente da antiga esquerda e direita.
- Um movimento de massa difícil de analisar e descrever.
- Capaz de se adaptar e se reinterpretar continuamente.
- Capaz de mudar com grande rapidez.
- De efeito duradouro.
- Extremamente difícil de ser entendida pelos políticos da "lógica" antiga.

O que acontece quando juntamos o pós-modernismo, a Nova Era e a religião organizada – todas elas forças que estão crescendo no mundo inteiro? Temos o início de uma nova ordem mundial. Um governo global para uma aldeia global. Nessa aldeia global cada vez menor onde Estados soberanos são enfraquecidos pelas forças globais, é impensável que governos tradicionais sobrevivam.

DESAFIOS ADMINISTRATIVOS

A reação contra os valores do século XX

- Você está realmente pronto para uma significativa mudança do terceiro milênio na "cultura" de mercado, na forma como as pessoas pensam e se comportam – por exemplo, para a possibilidade de férias debaixo de muito Sol saírem de moda?

Perda de poder governamental

- Você está bem integrado à União Européia em Bruxelas como sempre esteve a Nova York, Washington, Bonn, Londres e Paris?
- Sua empresa influencia a formulação de políticas da União Européia ou de outros blocos de comércio regional?
- Você está integrado a outras redes como a Organização Mundial do Comércio ou as Nações Unidas?

A influência das organizações sem fins lucrativos

- Você está pronto para que as organizações sem fins lucrativos puxem o seu tapete com preços mais baixos, independência dos dividendos de acionistas e com subsídios setoriais voluntários, incluindo vantagens tributárias?
- Está preparado para que todo o conceito de "lucro razoável" ganhe lugar de destaque sob os holofotes, com cada vez mais críticas dizendo que os grandes lucros são anti-sociais?
- Sua empresa tem um programa de ação comunitária para ajudar a contrabalançar algumas dessas pressões?

Suborno e corrupção

- Qual é a orientação oficial e a extra-oficial com relação ao pagamento de propinas ou intermediários para fazer as coisas andarem nos países em que essas práticas são consideradas normais?
- Todo o quadro da empresa adere à sua política?
- A política ou a prática precisa ser revista diante do humor extremamente volátil da opinião pública nos países ricos?
- Você está preparado para que a prática atual seja impiedosamente atacada por seus concorrentes ou outros terceiros na mídia mundial?

Ativismo de temas isolados

- Você conta com uma forma eficaz de monitorar os temas isolados relacionados à sua área profissional?
- Com que sistema de alerta prévio você pode contar?
- Você já tem declarações prontas para serem feitas em curtíssimo prazo sobre um amplo leque de bombas-relógio na forma de temas isolados, qualquer um dos quais pode ser alvo de uma atenção pública extremamente negativa em pouquíssimo tempo?
- Você tem um *think-tank* que analisa a atividade da empresa à luz dos movimentos ativistas mais palpitantes?
- Você possui um setor de comunicação de reação rápida capaz de responder de forma imediata, segura e bem embasada a uma notícia de última hora, dentro de 10 a 20 minutos, 24 horas por dia, representando toda a empresa de forma sólida?
- Você já promoveu algum "treinamento" de reação a uma matéria bombástica?
- Quando foi a última vez que fez isso?
- Você tem uma unidade interna de rádio ISDN?
- Ela está onde deveria estar?
- Você precisa de uma unidade dessas em cada QG regional/ sucursal?

Temas isolados nas políticas corporativas

- Os temas isolados foram adequadamente incorporados à política corporativa, e.g., consumo de energia, reciclagem de lixo, degradação ambiental, tabagismo, respeito à terceira idade, racismo, assédio sexual, investimentos éticos, triagem genética, direitos dos animais?

DESAFIOS PESSOAIS

Temas isolados

- Que temas isolados são mais importantes para você?
- Que atitudes você pode tomar como pessoa física para aplicar essa idéia em casa ou no trabalho, e.g., cuidar do meio ambiente?
- Que atitudes você pode tomar para reciclar seu lixo?
- Que atitudes você pode tomar para tornar o seu estilo de vida menos dependente do carro?

Revolução genética

- Se a sua companhia de seguro insistir na triagem genética, você tem certeza de que quer ficar sabendo do resultado?
- De que modo essa informação pode mudar seu modo de encarar a vida?
- Você quer comer alimentos geneticamente modificados?
- Caso não queira, você tem olhado os rótulos – quando há rótulos?

CAPÍTULO 6

Ética

Uma nova moral

Vimos um mundo cada vez mais fugaz, urbano, tribal, universal e radical – mas qual o efeito de tudo isso sobre as pessoas? É esse o tipo de mundo no qual queremos viver? Em que ponto decidimos o que é certo e o que é errado? Conforme vimos, sempre que pensamos nas tendências que se desenham para o futuro somos obrigados a pensar nesses temas mais "amenos" à luz dessas tendências.

A ÚLTIMA FACE DO FUTURO É ÉTICA

A última face do futuro, portanto, é ética: aquilo que diz respeito a quem somos e o que queremos ser, como deveríamos nos comportar, nossos valores e nossas convicções. Sob alguns aspectos, essa face é a mais importante. É fundamental para nossa existência. É a resposta para muitas das apreensões sobre o futuro que abordamos nos capítulos anteriores. Nossos valores nos ajudam a atravessar as mudanças mais radicais quando o mundo inteiro parece estar fora de controle. Eles nos proporcionam contexto e sentido.

Nossos valores são o fundamento da sociedade urbana, oferecendo respostas aos problemas de degradação social, relacionamentos desfeitos e vícios arraigados. Esses mesmos valores são capazes de converter a barbárie nefasta da guerra civil e de outros conflitos em forças do bem, da estabilidade e da união. Os valores proporcionam uma estrutura para a globalização construtiva, para a renovação do pensamento político e dos horizontes científicos. Os valores são a base da vida pessoal e da vida coletiva. Sem valores pessoais, tornamo-nos robóticos, criaturas instintivas, desprovidas da noção de sentido, propósito, direção e moralidade. Sem valores em comum, a interação pessoal, a vida em sociedade, a comunicação e a atividade comercial se tornam praticamente impossíveis. Os valores nos definem, eles sustentam a estrutura dentro da qual a sociedade opera. Valores pessoais e coletivos muitas vezes diferem dos valores corporativos e globalizados, geralmente determinados por interesses bem mais restritos, como o retorno de capital ou a sobrevivência da empresa. E os valores são, muitas vezes, forjados durante momentos definidores.

Momentos definidores

São aqueles pontos da história a partir dos quais não há mais volta: "Nunca mais." Eles acontecem quando os países reagem a um trauma. Seus efeitos duram uma geração. Eles determinam os valores éticos daquela geração. Com o crescente avanço das comunicações e o maior acesso aos acontecimentos traumáticos na mídia, haverá cada vez mais momentos de crise milênio afora. Nosso novo código de ética será baseado nas lições tiradas a partir desses momentos de crise.

A Segunda Guerra Mundial foi um grande momento de definição. Nunca mais deve haver outra guerra mundial. Nunca mais uma bomba nuclear deve explodir num momento de hostilidade. Nunca mais milhões de pessoas devem ser recolhidas a campos de concentração.

A Guerra do Vietnã também foi um grande momento de crise. Cerca de 50 mil cidadãos americanos foram mortos. Uma geração depois, a sombra do Vietnã paira sobre cada decisão política americana. Ela foi decisiva para o não envolvimento dos Estados Unidos na Bósnia e em Kosovo.

Os ataques terroristas contra o Pentágono e as torres gêmeas do World Trade Center em 11 de setembro de 2001 foi outro momento de crise, não apenas para os Estados Unidos, mas para muitos outros países. Foi um sinal de alarme. Outro desses momentos foi o consenso da ONU em torno do fato de ser desejável desarmar o Iraque de Saddam Hussein, e a profunda dissensão sobre a forma como isso deveria ser feito. Outro foi o colapso da Enron e os sucessivos escândalos corporativos, fazendo repensar todo o sistema de governança corporativa, de responsabilidade corporativo-social, de opções de ações, de planos excessivos de remuneração, de conflitos de interesse, de transparência, de confiança, etc.

As leis definem a ética

A aprovação de leis também pode transformar em "momentos definidores" e ditar a ética, além de ser uma expressão deles. Num mundo que tem, em geral, rejeitado valores absolutos, as leis são nossa forma de compreender os valores relativos. Não obstante, o próprio sistema legal, em alguns países, é caótico – especialmente nos Estados Unidos.

A loucura dos processos nos Estados Unidos

Podemos esperar uma crise no sistema legal americano. Amplas reformas estarão em andamento em 2010. Cada pequeno aspecto da vida americana envolve advogados de uma forma que espanta e choca quem vive em outros países. Os processos triplicaram em 30 anos. Leis custam dinheiro, assim como os processos cíveis. Os Estados Unidos vão se tornar inviáveis financeiramente no mundo inteiro em setores comerciais importantes se não forem feitas mudanças radicais.

Por exemplo, as leis trabalhistas. Por que se dar o trabalho de abrir um negócio nos Estados Unidos se isso significa correr o risco de um litígio caríssimo? Cinco em cada seis executivos já declaram que o temor dos processos afeta cada vez mais suas decisões. O número de casos de discriminação nos tribunais federais dobrou entre

1993 e 1996, chegando a 23 mil. O número de advogados com essa especialidade triplicou. Ações coletivas podem render grandes retornos para escritórios de advocacia. Quando a Publix, a rede de supermercado cujos proprietários são os empregados, ganhou uma ação coletiva em nome dos 140 mil empregados no valor de 81,5 milhões de dólares, o escritório de advocacia embolsou 18 milhões.

Devemos esperar mais mediações e arbitragens de litígios, guerras de preços e concorrência da parte de não-advogados na execução de alguns serviços, juízes em vez de júris estipulando o total das perdas e danos e os novos limites das ações cíveis. O ativismo do consumidor tornará provável que outros países se aproximem do sistema americano, enquanto os Estados Unidos preparam reformas.

Temas isolados e ética andam de mãos dadas

Os temas isolados apontam o problema, mas a ética nos diz que posição tomar. Devemos esperar mais debates acalorados e exames de consciência sobre temas como a venda de armas, ao mesmo tempo que se tentará definir exatamente o que é uma arma. Você incluiria nessa categoria o maquinário e as ferramentas usadas para fabricar armas, por exemplo? Uma empresa globalizada pode se ver numa situação de inúmeros conflitos nessa área: valores morais dos acionistas, a percepção pública dos países fabricantes e compradores e as opiniões dos empregados da fábrica. Também pode-se esperar as mais diferentes atitudes da parte do governo, mesmo dentro de uma mesma geração – indo desde a aprovação, passando pela não-intervenção, pela oposição aberta, até a abertura de um processo legal.

O politicamente correto e a patrulha ideológica

O politicamente correto terá mais poder no próximo milênio e os grupos de temas isolados tentarão controlar nosso vocabulário.

É difícil expressar certas idéias se muitas palavras foram banidas. "Portador de deficiência mental" em vez de "deficiente mental", "cidadãos de terceira idade" em vez de "velhos" ou "idosos", "portador de deficiência visual" em vez de "cego". Haverá cada vez mais conflitos entre aqueles que fazem campanha contra a discriminação, para quem todos deveriam ser considerados iguais, e ativistas a quem interessa que o máximo de atenção e simpatia seja despertado para efeito de financiamento.

Uma infinidade de instituições de caridade hoje se vê diante de uma difícil escolha: ser politicamente correto e falido ou clamorosamente incorreto e cheio de verba. Assim, uma instituição que trabalhe com câncer, para ser politicamente correta, deve dizer "portadores de câncer", e não "pessoas que sofrem de câncer", porque este último implica que todas as pessoas com câncer sofrem. E, no entanto, o sofrimento é o que desperta compaixão.

A defesa das liberdades civis

As pessoas hoje podem ter suas casas invadidas pela polícia ou pelo serviço secreto, e ter seu telefone, quarto ou escritório grampeado simplesmente porque um político ou delegado diz que isso precisa ser feito. Muitos países não exigem um mandado: a polícia pode retê-lo por sete dias sem mandado ou explicação. Você pode ser preso por ter participado de um protesto pacífico. Se se mantiver calado durante a prisão, um júri pode ser chamado para concluir que você tinha algo a esconder. Você não tem nenhum direito sobre as informações que o governo mantém a seu respeito. A Grã-Bretanha e os Estados Unidos têm uma democracia branda, mas, num país com um ditador linha-dura, leis como essas seriam pesadamente opressivas.

Devemos esperar ver as liberdades civis na ordem do dia de muitos países, sobretudo com o crescente poder de rastreamento das pessoas através das redes eletrônicas. Os direitos humanos continuarão sendo um tema de destaque, sobretudo na negociação de acordos comerciais com países em desenvolvimento. Haverá muitos escrúpulos de consciência na hora de decidir se o governo deve ou não fechar grandes contratos de compra ou venda com regimes "hediondos" – e muitas discussões sobre como essas questões devem ser decididas.

Devemos esperar que os freqüentes questionamentos referentes aos direitos humanos por parte dos Estados Unidos contra países como a China continuem caindo no vazio até os primeiros anos do terceiro milênio. A China acredita que o maior direito humano é poder comer em vez de passar fome, e dar aos cidadãos um padrão de vida razoável, e acredita que está sendo bem-sucedida nisso, ao mesmo tempo que, na condição de uma sociedade em desenvolvimento, mostra-se mais aberta do que foi durante décadas.

Os direitos e os deveres humanos

Podemos esperar ouvir muito mais sobre os deveres humanos, com responsabilidades e direitos tornando-se pilares de igual valor nos códigos de ética mundiais. A Declaração Universal dos Direitos Humanos, promulgada em 1948, foi um dos frutos da Segunda Guerra Mundial. Devemos esperar uma declaração similar das Responsabilidades Humanas. O InterAction Council, grupo internacional de estadistas comprometidos com a responsabilidade planetária, declarou: "Num mundo transformado pela globalização, padrões éticos em comum para a convivência têm se mostrado um imperativo, não só para o comportamento dos indivíduos, mas também das empresas, dos políticos, das autoridades e das nações."

Uma nova motivação

Apesar de muitos ainda lutarem para sobreviver, com ambos os cônjuges trabalhando fora e a população adulta trabalhando quase até o dia de sua morte, um número cada vez maior de pessoas em muitos países está vivendo tão bem que já não precisa mais trabalhar para comer. Na Grã-Bretanha, 55% da população com 40 anos querem trabalhar menos horas e ganhar menos dinheiro. A maioria dessas pessoas valoriza mais o tempo que passa com a família do que a renda. Essa é uma grande mudança de atitude desde a época de Margaret Thatcher, nos anos 80, e tendências semelhantes estão crescendo nos Estados Unidos. Um exemplo foi a decisão da executiva americana mais bem-sucedida do país de se demitir como presidente e CEO da Pepsi, emprego que, segundo comentários, renderia 2 milhões de dólares por ano, para se dedicar ao papel de mãe – aos 43 anos de idade! Três anos antes, o presidente da Coca-Cola no Reino Unido fizera o mesmo. Pessoas na faixa dos 50 estão aceitando generosos pacotes de aposentadoria antecipada e assumindo atividades filantrópicas com proventos modestos. Muitos figurões na faixa dos 40 já ganharam o suficiente para parar de trabalhar caso moderem o nível de consumo e morem numa casa menor. A mobilidade social no sentido descendente é cada vez mais comum e vai ficar ainda mais. Menos horas, menos ambição, mais satisfação pessoal e novas prioridades, como aquelas que aparecem nos programas de voluntariado.

Reação contra a velocidade e as mudanças constantes

A velocidade e as constantes mudanças farão aumentar o valor das coisas que não mudam e, portanto, por definição, são antigas. Antiguidades, prédios tombados, áreas de preservação. Pedaços das cidades se tornarão ilhas onde o tempo irá parar e as coisas irão se manter as mesmas para sempre, cercadas por um furacão de novos empreendimentos de cimento e concreto eternamente sendo demolidos e reerguidos. Árvores ancestrais – ou até mesmo aquelas com 100 anos – serão cada vez mais veneradas, junto com pântanos e matas. Casas antigas, cada vez mais inadequadas para uma era de edifícios inteligentes, de baixo consumo de energia e digitalizados, prosseguirão fazendo sucesso para quem tiver condições financeiras de bancar sua manutenção e o custo de adaptá-las para as normas habitacionais do terceiro milênio relativas à perda de calor e à redução do consumo de carbono.

Construindo um mundo melhor

Construir um mundo melhor será um tema dominante no futuro: a cidadania nas empresas irá atrair enorme atenção, assim como os trabalhadores terão cada vez mais necessidade de sentir que estão fazendo algo que vale a pena. Muitas pessoas estão se dando conta de que a vida é mais do que vender coisas. A vida é mais do que gerenciar. A vida é mais do que trabalhar. Na verdade, a Vida é mais que a própria vida. O que vou deixar como legado quando morrer? Como meus filhos vão lembrar de mim quando eu tiver ido embora? Certa vez participei de um seminário com executivos sênior numa grande instituição financeira. Entre os presentes, estava um executivo de Nova York. "Estou arrasado", ele disse. "Preciso estar em casa com meu filho de 14 anos que está a ponto de ser reprovado em matemática".

E contou uma conversa que teve com o filho a respeito de trabalho:

– Você nunca vai progredir se não aprender matemática.

– E para que devo aprender?

– Para vencer na vida.

– Bobagem.

– Não vai conseguir um excelente emprego como o meu.

– Nem vou dizer onde enfiar esse emprego. Olha só o que ele causou para a mamãe e para mim. Emprego assim, estou fora. Prefiro ser varredor de rua.

O pai ficou chocado, não só com a atitude negativa do filho em relação à escola, mas com o tanto de rancor que seu filho tinha acumulado quando ele saía cedo de casa para trabalhar, voltando tarde, ou em viagens intermináveis. Ali estava uma voz pós-milênio reagindo contra os valores pré-milênio, a crença de que mais é melhor e progresso significa dinheiro, e dinheiro, felicidade. Mas pode não ser assim. A pobreza traz sofrimento, mas a riqueza também pode trazer.

Tudo o que nos resta são os relacionamentos

As colunas sobre relacionamentos nas revistas estão repletas de conselhos sobre como levar uma vida feliz a dois. Num mundo fragmentado, cada vez mais caótico e acelerado, relacionamentos duradouros serão cada vez mais importantes. Um sinal de sucesso no futuro será viver feliz com a mesma pessoa por um longo período. Isso pode significar que você fez uma ótima escolha de parceiro ou parceira, ou que você reunia atributos extremamente desejáveis para atrair alguém tão especial, ou que você é um excelente parceiro. O que há de tão interessante numa sucessão de casamentos que não dão certo, em relacionamentos informais ou em casos passageiros?

O ser humano tem uma necessidade básica de segurança, de algumas coisas que não mudam no fundo do nosso ser. A maioria das pessoas não consegue conviver bem com mudanças completas e contínuas em todas as áreas da vida sem correr o risco de desorganização e fracasso emocional, sobretudo quando cada vez mais recursos se voltam para assuntos cotidianos. A mudança é uma das principais causas de estresse: seja mudar de casa, emprego, ter um filho, se casar ou se divorciar. As estatísticas mostram que empregados casados são mais saudáveis e freqüentemente mais bem-sucedidos, o que também vale para seus filhos. Esse tipo de dado irá se sedimentar progressivamente, até gerar novas convenções sociais.

Devemos esperar toda uma nova indústria dos relacionamentos migrar do correio de jornais e revistas e dos centros de terapia de casais para programas governamentais e empresariais de apoio e aconselhamento. Um corpo funcional com relacionamentos felizes e estáveis representa economia para o governo e os empregadores, graças ao aumento da produtividade e a diminuição das despesas com benefícios sociais.

O CONFLITO DE CRENÇAS

À luz de tudo que já vimos, não é de surpreender que nos primeiros estágios do novo milênio haja uma ânsia cada vez mais intensa por espiritualidade. Nos anos 60, o grande debate era entre quem acreditava em Deus e quem era ateu. O ateísmo praticamente morreu em muitos países ocidentais de forte laicismo. Hoje, o grande debate não é entre acreditar ou deixar de acreditar, mas no que você acredita. No mundo inteiro, aumenta o fundamentalismo de todos os tipos, com um número crescente de devotos que seguem com todo fervor determinada religião. Parte dessa adesão em massa aos mais diversos credos (muitas religiões estão crescendo) é a responsável pelo advento de uma nova moral do terceiro milênio.

Fé em qualquer coisa, e em qualquer um. Fé que faz um membro secundário da família real britânica agachar-se sob uma pirâmide de plástico por acreditar que ela é uma fonte de energia. Fé que faz homens e mulheres comuns abraçarem árvores nos parques municipais. Fé que faz pessoas inteligentes estudarem páginas inteiras de conselhos pessoais baseados na posição dos astros. Existe uma pequena porção do mundo ocidental que não toma uma decisão importante se Marte não estiver no melhor alinhamento com Júpiter, seja comprar uma casa, vender ações ou aceitar um novo emprego. A fé está em todo lugar.

Tem havido uma rejeição ampla e indiscriminada do modelo racional, lógico, científico do mundo, que reduz toda a existência a sistemas fixos, predeterminados e mecânicos. Assim, médicos estão tendo de aprender a lidar a duras penas com uma nova geração de pacientes com doenças graves que dispensam os medicamentos modernos e preferem remédios alternativos, que, segundo muitos médicos, não têm eficácia comprovada, não foram testados e têm pouca ou nenhuma base científica. Os remédios modernos que eles rejeitam em favor de medicamentos de antigas tradições muitas vezes passaram por anos de rigorosos testes em diferentes países com a experiência acumulada de milhares de pacientes a cada ano.

Mais de 17 milhões de pessoas só na Grã-Bretanha hoje usam remédios e terapias alternativas, sendo as mais populares a aromaterapia e a homeopatia. Portanto, alguns pacientes do terceiro milênio confiam mais, no que diz respeito à saúde, num estilo de vida alternativo do que no que é cientificamente comprovado. Devemos esperar que as leis endureçam, exigindo que as empresas comprovem a alegação de que promovem melhorias na saúde. Isso irá intensificar o choque cultural entre quem acredita que a metodologia científica não é um parâmetro confiável como "medicina da pessoa integral" e quem defende com unhas e dentes os dados científicos "objetivos". Mas até mesmo o médico mais tarimbado admite que a fé no profissional de saúde ou no tratamento é essencial para o processo.

Crescimento do islamismo e do cristianismo

As grandes religiões do mundo continuam crescendo aceleradamente. Enquanto a população mundial cresce a uma taxa de 1,7% ao ano, o islamismo tem crescido a uma taxa de 2,9%, com 1 bilhão de devotos, representando, em 1997, 20% do planeta. O cristianismo também tem crescido a 2,7% ao ano, com 1,7 bilhão de devotos e 33% da população mundial. Um crescimento explosivo tem sido visto em muitos dos países mais pobres, com uma redescoberta e reafirmação, nos países mais ricos, da importância da fé cristã em nível intelectual.

A Igreja está crescendo aceleradamente em todos os ex-países comunistas, assim como na China, onde milhões têm encontrado a fé desde os anos 50, a despeito de uma história de intensa perseguição. Na Coréia, há pelo menos uma paróquia com mais de 1 milhão de devotos. Na Argentina, no decorrer da última década, Igrejas têm brotado do nada para reunir muitos milhares de pessoas, e o mesmo tem acontecido pela maior parte da América Latina. A África tem assistido a um extraordinário crescimento do comparecimento às igrejas. Essa renovação da energia espiritual terá um impacto duradouro que já está se iniciando, embora estejamos ainda nos primeiros estágios.

Até mesmo na Grã-Bretanha, país onde a exibição pública de fervor religioso costumava ser malvista, os políticos nas duas últimas eleições travaram um duelo para mostrar em público qual era mais cristão. Muitos deles fazem questão de anunciar que freqüentam a igreja e que sua fé foi a responsável por sua filiação partidária. Nos anos 80, esse tipo de discurso não os teria beneficiado em nada, mas hoje muitos políticos percebem uma vantagem eleitoral no fato de serem vistos como cristãos convictos, num mundo cada vez mais dominado pela vulgaridade. Essa identificação pública com a tradicional fé cristã é muito significativa numa era quando tantos já haviam descartado o impacto da Igreja.

Os políticos são populistas, e especialistas na detecção de mudanças no humor da população. Eles perceberam nitidamente que o humor do país estava mudando de um ceticismo coletivo em relação à fé para uma recente carência dela, e um profundo respeito por quem já professava alguma.

O país, certamente, tem mudado. Entre 1994 e 2001, estima-se que 1 milhão de adultos britânicos, incluindo eu próprio, participaram de um curso de 12 noites de duração (a maioria com hospedagem durante os finais de semana) com o objetivo de apresentar a eles os fundamentos da fé cristã. Esses cursos de iniciação varreram o país depois da experiência piloto numa grande igreja anglicana no centro de Londres: Holy Trinity Brompton. No mesmo período, não era incomum ver até 70 mil pessoas reunidas ao ar livre em Londres para rezar pelo país, caminhando pelas ruas com faixas coloridas em Marchas por Jesus. Esse fenômeno liderado por Londres se espalhou rapidamente com marchas anuais simultâneas acontecendo em dezenas de cidades. Num dia de junho de 1996, cerca de 12 milhões de pessoas marcharam em mais de 100 países, abarcando todos os fusos horários.

E há também as conferências cristãs anuais com uma semana de duração e hospedagem, freqüentadas hoje por bem mais de 250 mil pessoas na Grã-Bretanha, que gastam milhões todo ano para ouvir os melhores orientadores e percorrer dinamicamente uma série de denominações religiosas que elas nunca conheceriam em suas paróquias de origem. Tudo isso é surpreendente para quem passa de carro pelas igrejas espalhadas pela cidade, ou entra nos templos sombrios freqüentados por meia dúzia de idosos. Ainda há um desequilíbrio demográfico, o que significa que, apesar do forte aumento da freqüência de jovens, isso ainda não está contrabalançando a perda com a morte dos mais velhos. Mas algo está mudando.

Política religiosa

No decorrer da próxima década veremos o surgimento de movimentos políticos impulsionados pela religião, por exemplo, o fundamentalismo hinduísta na Índia e o fundamentalismo budista no Sri Lanka e no Extremo Oriente. Isso já vem acontecendo há bastante tempo no Oriente Médio com o islamismo. Em 1980, o século XV islâmico anunciou a revolução iraniana; os líderes religiosos afegãos declararam guerra aos infiéis russos, e extremistas religiosos assassinaram Anwar Sadat, presidente do Egito. O movimento político islâmico está agora se expandindo em todas as direções.

A Caxemira é uma região onde os militantes islâmicos são muito fortes, enquanto 15 mil turcos protestaram contra os planos do governo de limitar a influência islâmica sobre a educação. Canhões de água e cassetetes foram usados para dispersar os manifestantes enfurecidos.

Nos anos 70 e 80, havia cartazes por toda a Grã-Bretanha dizendo coisas como "Não aos Conservadores, Trabalhistas e Liberais, sim ao Partido Socialista dos Trabalhadores" – o Socialist Workers Party era e ainda é de extrema esquerda. Hoje, esses cartazes diriam mais provavelmente "Não para todo mundo, sim para o islã".

Enquanto isso, os Estados árabes continuam vivendo sob contínua tensão. Enquanto o Irã parece estar adotando posturas mais brandas e o fundamentalismo recua no Egito e em outros países da região, tentativas de reprimir o fanatismo religioso no Egito têm custado pelo menos mil vidas desde 1992. Embora o radicalismo dos códigos morais e de vestuário esteja sendo contestado e substituído por uma forma mais moderada de fundamentalismo, seria um erro grave pensar que a política islâmica está em decadência. O presidente do Irã, Muhammed Khatami, pode parecer, na superfície, o arauto de uma nova e moderada forma de governo islâmico, apoiada por impressionantes 66 milhões de eleitores, mas a instabilidade continua.

Em 1996, os Estados Unidos aprovaram a Lei de Sanções ao Irã e à Líbia, punindo toda empresa que investisse mais de 40 milhões de dólares em petróleo iraniano ou líbio. A tensão entre os Estados Unidos e essa região continuou com o anúncio das sanções contra o Iraque, as quais, para alguns, podem ter resultado na morte de mais de meio milhão de crianças. Um passo positivo na percepção dos britânicos seria a suspensão da sentença de morte anunciada pelo Aiatolá Khomeini contra o escritor britânico Salman Rushdie, por ter supostamente blasfemado contra Alá em seu livro. O fato é que a mentalidade nacional e tribal dos árabes é muito diferente da do mundo ocidental.

Devemos esperar enormes esforços para promover cada vez maior compreensão entre países islâmicos e os de tradição judaico-cristã. Podemos esperar esforços semelhantes para se obter um acordo duradouro entre Israel e os palestinos, numa busca mais ampla por estabilidade global.

Política cristã

Os cristãos também estão se tornando politicamente agressivos, não só através de campanhas de temas isolados como o aborto e a eutanásia, mas da organização de novos partidos como o Partido Democrata Cristão. O papa continua conclamando os católicos à ação – por exemplo, contra o aborto. Ele continua tendo enorme poder de pressão – arrastando multidões que vão de 50 mil pessoas num estádio de beisebol de Baltimore até mais de 1 milhão em enormes encontros a céu aberto em outros países.

O reverendo Pat Robertson, defensor dos direitos religiosos, é um exemplo típico de muitos que virão. Outro é Patrick Buchanan. Quando Buchanan concorreu à presidência, muita gente ficou confusa. Pró-armas e contra o aborto, pró-direitos dos trabalhadores e portador de um rótulo moralista cristão – tanto de esquerda como de direita. Ele não fazia sentido à luz de nenhum sistema de pensamento antigo. Mas Buchanan era um arauto do futuro: um homem movido por uma série de temas polêmicos que faziam perfeito sentido para ele e muitos outros. O presidente Bush não escondeu a força da sua própria fé cristã.

Jack Kemp, indicado a vice-presidente pelo Partido Republicano, discursou na conferência da Coalizão Cristã "A Estrada da Vitória", em setembro de 1996: "Eu não poderia estar aqui hoje como candidato a vice-presidente se não fosse pelas orações dos homens e mulheres aqui presentes e de todo o país. Como é possível ser cristão e não se envolver...? Não estamos tentando construir a Cidade de Deus na Terra... Mas temos de trabalhar na Terra por paz, esperança, ordem e igualdade na Cidade dos Homens."

Devemos esperar ainda mais contrastes, sobretudo na disputa sobre as escolas nos Estados Unidos – onde a oração na escola será abolida, mas escolas cristãs continuarão proliferando. Podemos esperar ver os Estados Unidos divididos por novas parcerias entre a fé e o governo, usando a Igreja como uma válvula de escape para a recuperação de drogados e uma série de outros programas sociais financiados pelo Estado.

Quer você seja um seguidor de Jesus, como eu, de Maomé, de Buda, ou dos astros, quer você seja um judeu religioso, acredite em carma ou reencarnação, ou em alguma outra energia, ou não acredite em nada, a espiritualidade será um tema central que determinará valores, políticas e movimentos populares, uma influência preponderante para os próximos 50 ou 100 anos.

CENSURA

Censura e mídia

O islã faz absoluta questão de que o Corão não seja difamado. O cristianismo tem sido mais brando, mas está ficando cada vez menos. Veio daí o maior protesto de toda a história do cinema contra o lançamento, em agosto de 1988, do filme *A Última Tentação de Cristo*, na Universal City, Califórnia.

Os protestos foram repudiados com a declaração: "Nenhuma seita ou grupo tem o poder de delimitar as fronteiras da liberdade individual de abordar questões religiosas e filosóficas." Não obstante, a mesma empresa já havia decidido anteriormente não filmar *Versos satânicos,* de Salman Rushdie. Essa postura de dois pesos e duas medidas não será sustentável no futuro.

A mídia tende sempre a forçar os limites e, portanto, costuma ser o primeiro alvo dos ataques. Assim, ativistas dos direitos dos animais atacaram a Disney em 1990, exigindo que idéias "nocivas aos lobos" fossem retiradas de *White Anger*. A Disney também foi obrigada a imprimir uma declaração de que "não há, na América do Norte, registro de que um lobo saudável, ou uma matilha de lobos, tenha atacado pessoas". Até mesmo o desenho animado *A Bela e a Fera* suscitou protestos semelhantes em defesa dos lobos. Religiosos batistas iniciaram um boicote à Disney por causa dos benefícios oferecidos aos parceiros de gays e por permitir que seus parques fossem utilizados para as manifestações do Dia do Orgulho Gay.

Devemos esperar inúmeras outras brigas entre grupos religiosos (sobretudo grupos cristãos nos Estados Unidos) e a mídia. Por uma série de motivos, existe um enorme abismo entre a indústria do entretenimento e a população em geral no que diz respeito à religião.

Embora 78% da população americana rezem pelo menos uma vez por semana e mais de 40% freqüentem cultos semanais, um estudo com 104 dos líderes mais influentes da tevê criativa nos

Estados Unidos constatou que 93% deles raramente ou nunca freqüentavam igrejas e 45% diziam não se filiar a absolutamente nenhuma confissão religiosa.

Ainda mais digno de nota: muitos daqueles que influenciam a cultura popular rejeitaram a Igreja em suas vidas. O mesmo estudo constatou que, apesar de 93% terem declarado não ter tido uma "criação religiosa", apenas 7% "participavam regularmente" de cultos em igrejas ou sinagogas. Assim, o choque cultural e de consciência irá continuar, não como uma conspiração deliberada contra a fé, mas como uma conseqüência inevitável desse enorme abismo nas visões de mundo.

Censura e Internet

Com a pornografia e o jogo respondendo juntos por algo entre 10 e 30% de todo o comércio pela Internet, a regulamentação da grande rede será um tema-chave. Não obstante, a Internet também ajuda a garantir a liberdade. Considere, por exemplo, as recentes vitórias dos partidos de oposição na Sérvia antes do colapso do regime de Milosevic. Um governo autoritário controlava jornais, rádios e televisões, e, mesmo assim, os estudantes conseguiram espalhar sua mensagem pela rede, atraindo o apoio internacional e, finalmente, conquistando o poder.

Censura e vinculação com comportamentos indesejados

Uma gigantesca batalha será travada na arena da liberdade de imprensa no próximo milênio. A tendência liberal na direção do relaxamento integral das restrições encontrará uma rival à altura na tendência conservadora de se tutelar o público. Os dois extremos deixarão a grande maioria do público confusa: ele irá querer mudanças que limitem o acesso das crianças a conteúdo classificado como adulto, porém desejará maior liberdade para adultos mais liberais. A era digital permitirá que ambas as reivindicações sejam atendidas – na teoria. Na prática, toda restrição será contornada por adultos e adolescentes mais velhos preguiçosos ou irresponsáveis. As restrições também serão solapadas pelos velocíssimos avanços da Internet, os quais garantirão que por muitos anos toda criança que tiver conhecimento suficiente tenha condições de acessar praticamente qualquer filme ou outro tipo de mídia que desejar. Devemos esperar que a questão da censura adquira cada vez maior relevância, sendo crescente a preocupação com os efeitos da superexposição sobre a geração em desenvolvimento. Então, sobrevirá uma forte reação contrária, liderada pela comunidade muçulmana e pelos grupos cristãos, em busca do acordo global mais abrangente possível.

Tais alianças religiosas enfrentarão a reação de grupos predominantemente seculares, para quem o conteúdo da mídia não passa, em sua maior parte, de pura fantasia, incapaz de afetar os comportamentos. Mais importante que isso, continuará sendo dito que estupros e atos de violência não guardam nenhuma relação com o que é mostrado pela mídia. A alegação contrária continuará se fortalecendo, afirmando que a mídia exerce uma pequena influência sobre praticamente todo mundo, uma significativa influência sobre uma pequena parcela e uma enorme influência sobre uma ínfima mas crucial minoria, responsável por crimes graves.

Nossa convivência com a televisão data apenas dos anos 50, e convivemos com a tevê livre de censura há menos de uma geração. A convivência da população com o videocassete tem ainda menos tempo. A sociedade ainda precisa encontrar uma fórmula de convivência com esses canais midiáticos, e o veredito levará até 2010 ou mais para ser dado, mas, quando vier, será radical, e contará com sólido apoio governamental em muitos continentes. Poderá haver enormes pressões econômicas sobre as emissoras da parte dos anunciantes, que estarão, eles mesmos, sob a pressão dos consumidores e dos investidores com preocupações éticas.

Nesse meio tempo, devemos esperar ouvir mais vozes como a de Janet Daly, que escreve no *Daily Telegraph*. Ela escreveu que mesmo que o vínculo nunca seja comprovado, "é errado basear uma forma de entretenimento no terror e na crueldade. Isso é tudo o que precisa ser dito, e apenas isso deveria ser suficiente".

Bem no meio de um movimento puritano, devemos esperar que potentes vozes liberais pleiteiem ainda mais liberdade, sob pena de um retorno à Idade das Trevas.

O mundo irá se tornar cada vez mais extremista

Eleições serão ganhas e perdidas por temas como esse. Todos queremos uma economia de mercado, mas, ao mesmo tempo, deve haver justiça, lealdade e igualdade de oportunidades num mundo onde haja compaixão e onde a saúde e a educação sejam para todos. Mas a vida é mais do que essas coisas isoladamente. Poderíamos ter tudo isso – como muitas pessoas, em grande medida, já têm em muitos países – e, não obstante, nos darmos conta de estarmos vivendo num inferno com forças tenebrosas (alguns diriam forças mercadológicas) que sufocam a alma da vida em sociedade, cercados por milhões de pessoas infelizes.

Não se pode negar a influência da mídia. Toda a indústria da propaganda se baseia no fato de que as mensagens da mídia mudam a atitude das pessoas. Devemos esperar um número crescente de casos nos quais será amplamente divulgada a relação entre os crimes violentos e a obsessão com um filme ou personagem televisivo. Podemos esperar que o coro dos que pedem por mais restrições se torne mais estridente, e que aumente o nível de frustração quando as pessoas se derem conta de que num mundo globalizado é necessário o consenso internacional para controlar canais particulares por satélite, assim como a tevê pela Internet.

A quem pertence a mídia

Devemos esperar cada vez mais protestos relacionados com o controle centralizado dos impérios midiáticos globalizados, capazes de dar vazão a um volume gigantesco de propaganda sobre temas específicos sempre que necessário. Pessoas como Rupert Murdoch serão alvo de pesadas críticas quando seus impérios de enorme sucesso controlarem cada vez mais canais midiáticos tradicionais.

Entretanto, essas vozes terão de enfrentar o argumento de que o extraordinário crescimento quantitativo de canais, somado à Internet, também contribui para diluir o poder. Com efeito, políticos e anunciantes terão de se esforçar mais do que nunca no mundo de amanhã para chamar a atenção do país em campanhas que teriam sido comparativamente fáceis na década de 1960.

Batalhas de software estarão no centro das futuras guerras midiáticas, protagonizadas por aparatos de decodificação. Que decodificador você possui? Que software você está utilizando? Que rede por cabo atende a sua cidade?

UMA NOVA RELIGIÃO MUNDIAL?

Devemos esperar que todas as principais religiões do mundo continuem reinventando a si mesmas, com seus ensinamentos tradicionais sendo reinterpretados numa época e numa cultura bastante diversas de qualquer uma já vista. As raízes da fé cristã têm permanecido praticamente inalteradas há 2 mil anos, mas suas formas de expressão, sua compreensão e sua prática têm variado enormemente. Por exemplo, no cristianismo, devemos esperar ver novas combinações entre radicais (tentativas de se criar relevância ultracultural, Igrejas jovens e outras experiências), tradicionalistas e místicos. A tradição traz para a nossa experiência presente os ecos espirituais remanescentes dos devotos dos séculos passados. A linguagem simbólica vai se tornar um meio preferencial de se expressar experiências profundas além das palavras corriqueiras. Um tipo de fé capaz de mudar vidas inteiras irá se espalhar, adaptando-se à cultura e, então, modificando-a significativamente.

Um mundo totalmente globalizado irá criar um "mercado" ou um vácuo para uma nova religião mundial, que irá se alimentar das aspirações do terceiro milênio. É bem possível que assistamos ao surgimento de um profeta reconhecido internacionalmente nas próximas décadas, com carisma, dinamismo e ensinamentos que cairão nas graças do mundo inteiro. A questão mais importante será sobre a verdade: ela existe? Enquanto as grandes religiões, como o judaísmo, o cristianismo e o islamismo têm suas raízes fincadas em acontecimentos históricos e proclamam a verdade eterna sobre um Deus imutável, oferecendo a exclusiva compreensão da sua natureza, as crenças da Nova Era no final do século XX beberam fartamente de alguns aspectos do hinduísmo, que enfatiza uma relação mais genérica com a questão da verdade, e uma estrutura ética mais fluida, sem valores absolutos.

É improvável que uma nova religião mundial seja apenas mais do mesmo; em outras palavras, não será apenas uma colcha de retalhos de crenças a serviço da convicção de que a verdade absoluta não existe.

Num mundo em constante mudança, a certeza sobre temas da maior gravidade, como o destino humano, será cada vez mais importante. Esse é o apelo do fundamentalismo. Portanto, devemos esperar que uma nova religião mundial se caracterize por uma doutrina dogmática e pela reivindicação de exclusividade e superioridade diante de todas as verdades anteriormente apreendidas acerca de Deus. Podemos esperar que o profeta de uma religião assim ofereça "a revelação final", as peças que faltavam para se alcançar o conhecimento perfeito que a humanidade até então não estava pronta para receber. Esse profeta prometerá que a humanidade atingiu a "maturidade" e só agora é capaz de receber a verdade. A alegação será de que todas as grandes religiões contribuíram com partes, mas não foram capazes de mostrar o quadro completo. Esse profeta poderá arrebanhar milhões de devotos de outras religiões, incluindo o cristianismo, atraindo-os para um novo movimento religioso.

UMA NOVA ORDEM MUNDIAL

Com tantos problemas no mundo, veremos surgir uma nova ordem mundial? Existe algum modo de congregar a autoridade de 222 governos e outros milhares de governos infranacionais no mundo inteiro? O Império Britânico foi construído sobre a crença de que um governo mundial poderia trazer enormes benefícios para a humanidade, antes de se dissolver numa comunidade de 51 nações. Em certo sentido, uma nova ordem mundial está se desenvolvendo naturalmente, como temos visto, por exemplo, na proliferação de tratados ambientais, e na guerra global contra o terrorismo. Não obstante, todo controle de natureza institucional é débil e debilitante.

Mais tratados internacionais criarão o controle global

Quanto mais tratados internacionais houver, mais se delineia um governo global informal. Devemos esperar mais tratados como o Protocolo de Kyoto (aquecimento global), o START (tratado de redução de armas estratégicas), a Convenção de Armas Químicas e o Tratado de Céu Aberto. Acordos semelhantes sobre uma ampla gama de assuntos atrairão mais de 170 países como signatários. A ONU foi criada para "poupar sucessivas gerações do flagelo da guerra" e "para reafirmar a fé nos direitos humanos fundamentais, na dignidade e no valor da pessoa humana".

O problema de fato é que, como vimos no conflito com o Iraque, os países membros da ONU não têm clareza do que eles querem que a ONU faça, e de que modo ela deve cumprir esse papel. A manutenção da paz se tornou politicamente, e praticamente, perigosa. Não é provável que o Conselho da ONU aprove outro Iraque, outra Somália ou outra Bósnia com entusiasmo, mas países que instituírem o cessar-fogo interno receberão generosos incentivos para construir a paz. A ONU ajudará nas eleições, no Judiciário, na educação, na saúde, na infra-estrutura de governo, na agricultura e no comércio.

Um dos papéis em que a ONU se sai melhor é na preparação das economias mais frágeis do mundo para o investimento estrangeiro e interno. O grande problema é que os 185 países da Assembléia Geral têm opiniões e interesses profundamente diversos. Cada um tem clareza sobre o que deseja fazer, mas não se chega a um consenso.

Devemos esperar que as seqüelas da Guerra do Iraque sejam profundas, com gigantescos esforços para se tentar reintegrar os Estados Unidos no ataque consensual dos assuntos mundiais. Podemos esperar que os Estados Unidos busquem o diálogo, ao mesmo tempo que se reservam o direito de agir independentemente nos assuntos de interesse nacional: posição que aumentará o descontentamento e o ressentimento no mundo inteiro. Mas a tendência é clara: a governança global será fundamental para que nosso futuro seja pacífico e próspero. O espírito de colaboração sem precedentes que emergiu desde o colapso do comunismo irá se aprofundar apesar das crises e dos reveses. Uma desafio global fundamental será encontrar uma solução para a questão da segurança, justiça e paz entre Israel e Palestina.

Código de conduta

Apesar das divergências de posicionamento em muitos assuntos, vai se delineando cada vez mais um consenso em torno de um código internacional de conduta. Com efeito, o comércio internacional é impossível sem esse código. O comércio mundial exige princípios básicos: integridade, honestidade, obrigações, respeito mútuo.

Tribunais internacionais

Não é possível haver comércio sem que exista a confiança de que ambas as partes honrarão o acordo. Esse jogo tem suas regras, e espera-se que elas sejam cumpridas por quem participa dele. O episódio Nick Leeson e o colapso do Barings Bank mostraram que havia duas versões do livro de regras: a oficial e a extra-oficial. Mas é preciso zelar pelas regras.

Códigos voluntários de atuação e auto-regulamentação não serão suficientes. Serão necessárias leis internacionais. Apesar de cada país poder reformar seus próprios sistemas legais, um outro nível se fará necessário, e será finalmente criado. Suas primeiras facetas já são visíveis: por exemplo, o julgamento de autoridades nacionais de um país por crimes de guerra num tribunal composto por representantes de outros países.

Devemos esperar um número crescente de países aderindo a um tribunal internacional, preparado para acolher casos que seriam praticamente inviáveis para um país solucionar sozinho. Atualmente, as tentativas de se criar leis internacionais para a aldeia global são interrompidas antes mesmo de começar, em muitos casos por problemas de extradição, a qual, normalmente, só se completa quando ambos os países aceitam que um crime foi cometido e existe o respeito recíproco dos respectivos sistemas jurídico.

Já existem tribunais regionais bem instalados, como na União Européia, por exemplo. Devemos esperar tribunais supra-regionais que lidarão com uma ampla variedade de crimes em 2010. A história mostra que a lei e a ordem são impostas mais rapidamente onde esses valores são mais escassos. Portanto, essas novas forças serão aceitas de comum acordo por alguns países por questão de absoluta urgência, devido à impotência que estiverem enfrentando.

O ciberespaço é um país que precisa ter um governo próprio

Uma área interessante serão as leis que organizarão a Internet e o ciberespaço. Já está se tornando óbvio pelas disputas sobre nomes de sites que os países estão perdendo o controle para um novo país, para um território completamente novo. Conforme vimos, comunidades inteiras estão desenvolvendo verdadeiras áreas de comércio, e o ciberespaço é praticamente isento de impostos.

Até o início de 1998, ninguém no mundo conseguia ter um nome aprovado (i.e., um endereço na web) sem que uma entidade americana o aprovasse. Protestos intermináveis eclodiram quando empresas de todas as partes do mundo com o mesmo nome começaram a brigar para usar sua marca na aldeia cibernética. Que empresa deveria ganhar a causa? A primeira a se registrar? Mas é injusto que uma pequena empresa ganhe direitos cibernéticos planetários sobre o nome que também pertence a uma multinacional conhecida no mundo inteiro? Os Estados Unidos deveriam permanecer para sempre com o poder de decisão? Tornou-se claro que seria bobagem dar tanto poder a um país, mas o que seria posto no seu lugar? De onde o cyberespaço seria administrado?

Atualmente, o cyberespaço é administrado por uma ditadura benévola, composta precipuamente por instituições americanas. Isso não pode e não vai durar, tampouco qualquer outra ditadura benévola composta por autoridades autoproclamadas e desprovidas de representatividade. Devemos esperar a busca pela democracia no cyberespaço, com o voto eletrônico de cada cybercidadão (usuário de e-mail) que se registrar para votar. Depois disso, veremos cybergovernos eleitos, com poderes legislativos respaldados por um imperativo moral. É claro, esses poderes só terão efeito dentro do mundo virtual.

GOVERNO GLOBAL

Em resumo, portanto, devemos esperar o advento de diversas formas de governo global, alinhando-se durante as próximas décadas para formar os primeiros estágios de uma nova ordem mundial, com atores oriundos de todos os grupos discutidos até aqui. Nos primórdios isso será difícil de observar, mas a tecnologia de amanhã poderá dar uma força extraordinária a esse movimento. Estruturas globalizadas para controlar um mundo globalizado – apesar de a cada passo sua construção sofrer atrasos devido ao tribalismo e a outras forças radicais.

Devemos esperar períodos de intensa negociação para se definir a ética global em maiores detalhes, sejam tentativas de se criar uma proibição completa e irrestrita da clonagem humana, uma resposta ao terrorismo internacional ou ao genocídio étnico, limites aos monopólios mundiais, ou tratados mundiais sobre escravidão, trabalho infantil, práticas trabalhistas e outros assuntos que dizem respeito à responsabilidade e aos direitos humanos. Muitos temas serão polarizados entre países desenvolvidos e em desenvolvimento. Todos esses debates serão cada vez mais influenciados por releituras pós-milenaristas nos países mais ricos, feitas numa geração que não se deixa mais impressionar pela velocidade, pela urbanização, pela riqueza material e pela globalização. Uma geração que está, ela própria, se tornando radical, ética e interessada na espiritualidade.

DESAFIOS ADMINISTRATIVOS

De onde vem sua ética?

- Quais são as questões éticas mais importantes que sua empresa deverá enfrentar na próxima década?
- Qual a origem da ética da sua empresa? A visão dos acionistas? O conselho de administração? O presidente? Cada região ou departamento? Bate-papos informais com colegas em conferências?
- Você tem um fórum, comitê ou *think-tank* para discutir ética?
- Como você decide quando a ética da empresa precisa mudar acompanhando os tempos, por exemplo, na área da governança corporativa?

Qual o seu grau de proteção contra ações cíveis?

- Ações coletivas são extremamente dispendiosas e podem tolher a liberdade de ação de uma grande empresa por cinco anos ou mais, com efeitos nocivos para a avaliação da empresa e o preço das ações.

- Qual o seu grau de proteção contra ações coletivas?
- Qual o grau de sensibilidade do seu departamento jurídico com relação aos grupos hostis que podem atacar sua empresa no terceiro milênio?

Politicamente correto

- Quem decide a política corporativa relativa ao politicamente correto, e.g., na linguagem, termos sexistas como "homem de negócios", ou essas coisas são decididas de forma aleatória e imprevisível em centenas de níveis diferentes?
- Você é culturalmente sensível aos pontos nos quais isso realmente importa e nos quais isso é indiferente?
- Você já resolveu conflitos típicos da globalização nos quais uma abordagem global pode ser desastrosa, digamos, tendo a Arábia Saudita de um lado e os Estados Unidos de outro?

Motivação

- Até que ponto você é capaz de motivar empregados que já não querem mais ganhar tanto dinheiro?
- Como você vai fazer para segurar os melhores profissionais que não precisam de você e querem trabalhar traçando eles mesmos as próprias regras, talvez propondo um contrato de meio expediente ou mais flexível, talvez até por menos dinheiro?
- Sua política de pessoal está equipada para essa crescente revolução social?
- Você já caiu na armadilha de incentivar uma cultura na qual as pessoas que trabalham das 7h da manhã às 10h da noite são vistas como "melhores" do que aquelas que trabalham menos horas?
- De que modo você pode elevar o moral e aumentar a satisfação do empregado ajudando-o a sentir que, mesmo modestamente, ele está colaborando para um mundo melhor?

- De que modo você pode ajudar a criar uma atmosfera familiar, um grupo com vínculos mais fortes?
- E quanto ao equilíbrio entre trabalho, lazer e família na sua vida – você é um modelo digno de ser seguido?

Reação contra mudanças constantes

- Você está pronto para um mundo no qual as constantes mudanças são vistas como algo muito menos atraente do que a estabilidade e a constância?
- O que isso poderá causar na sua cultura corporativa?
- Como você pode ajudar as pessoas a encontrar segurança nas coisas que não mudam para ajudá-las a lidar com as mudanças que não podem ser evitadas?

Respeito pelos relacionamentos

- Qual é o grau de compreensão da sua empresa em relação a homens e mulheres recém-casados, ou que têm filhos pequenos, ou que estão lutando para salvar seus casamentos, ou que têm parentes doentes ou dependentes em casa?
- Até que ponto é provável que sua cultura corporativa contribua para a felicidade matrimonial e o bem-estar da criança – ou que contribua para rompimentos e dissabores?
- A política da sua empresa reflete a importância de uma vida familiar feliz na obtenção da maior produtividade possível dos seus empregados?

Espiritualidade

- Sua empresa é sensível à mudança das influências culturais em diversos países como resultado do ressurgimento da devoção religiosa?

DESAFIOS PESSOAIS

Desafios éticos tocam áreas sensíveis da nossa vida pessoal. Eis aqui algumas perguntas importantes que muitos executivos sênior estão se fazendo, diante de um mundo cada vez mais fugaz, urbano, tribal, globalizado, radical e caótico.

Atribuição de alta prioridade aos seus valores

- Como prosperar num mundo que é rápido, urbano, tribal, universal e radical?
- De que modo você quer que o futuro seja diferente do passado?
- Quanto tempo você tem dedicado àquilo que o motiva, àquilo que são seus verdadeiros valores?
- O que mantém a coesão da sua vida? Isso está se refletindo no seu local de trabalho ou existe o perigo de você deixar seus valores em segundo plano?
- Qual seu grau de motivação diante da situação atual no seu trabalho?
- Você trabalha para uma organização que reflete seus valores pessoais?
- Caso contrário, qual a importância deles para você?
- Você precisa procurar outro emprego?
- Quando é que os seus valores pessoais são mais importantes do que uma promoção, e.g., tempo para a família, honestidade e integridade, menos mobilidade social?

Mobilidade social ascendente ou descendente?

- Sua prioridade para os próximos cinco anos é a mobilidade ascendente, descendente ou a permanência no mesmo nível?
- Você já cogitou a oportunidade criativa de trabalhar de maneira diferente – por exemplo, com *job sharing*?

Coerência

- Seu estilo pessoal de gerência é coerente com seus valores?
- Seu estilo de vida é coerente com os seus valores?

Estabilidade

- Num mundo que está em constante transformação, que aspectos da sua vida vão se manter inalterados?

Relacionamentos

- A vida é mais do que o trabalho para você?
- Isso se reflete no modo como você leva a vida?
- Qual é o grau de equilíbrio na divisão que você faz do seu tempo e da sua energia?
- Como seus filhos se lembrarão de você quando tiver partido?
- Como você os está preparando para o futuro?
- Você é feliz nos seus relacionamentos?
- O que você pode fazer para melhorar a situação?

Propósito

- Qual é o propósito e o sentido da sua vida?
- De que modo você está ajudando a construir um mundo melhor?
- Você possui alguma noção de direção que não seja apenas abrir portas, aproveitar oportunidades e aproveitar o que a vida tem a oferecer?
- O que você quer realizar?
- Quais são as suas metas pessoais, e elas são realistas, viáveis. mensuráveis?
- Como você irá reconhecer seu próprio sucesso?

Espiritualidade

- O que a fé significa para você?
- Qual a importância da espiritualidade para você?
- Essa é uma área na qual você deseja investir?
- Quando o trabalho e o dinheiro tiverem acabado, o que restará?
- Você está se dando suficiente espaço, pessoalmente falando?
- Você pensa no seu destino como pessoa?
- Você dedica algum tempo a estar perto de pessoas cuja espiritualidade você respeita?

Posfácio

Rolando o cubo: Otimista ou pessimista?

Portanto, essas são as seis faces do futuro. Nas minhas palestras sobre o futuro mundo afora, as pessoas, muitas vezes, me perguntam se eu sou otimista ou pessimista. Sem dúvida, elas dizem, o futuro encerra muitos desafios perturbadores que devem preocupá-lo, não? A verdade é que tenho enorme entusiasmo pelo futuro e imenso prazer de estar vivendo nessa época da história. O potencial oferecido pela tecnologia é inebriante, e os desafios morais que enfrentamos, consideráveis. As escolhas são entre o bem e o mal. Conquistar um futuro brilhante proporcionado por Deus ou abandonar o grande desígnio da vida, a estrada para o caos e a destruição.

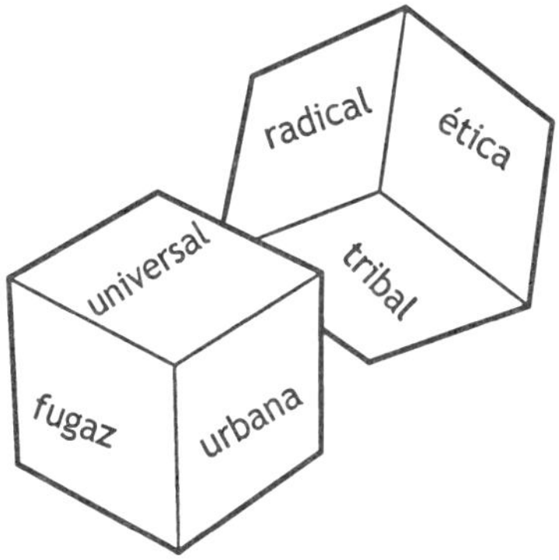

É impossível visualizar simultaneamente todas as seis faces do futuro, e umas são mais importantes que outras. Mas é vital que todas recebam nossa atenção de vez em quando. Algumas funcionam aos pares e são vistas lado a lado: fugaz e urbana, radical e ética. Tribal e universal são faces opostas e difíceis de serem vistas ao mesmo tempo.

O interessante sobre o cubo é que ele cria dois mundos diferentes. O mundo em que a maioria dos executivos vive é fugaz, urbano e universal. Uma aldeia globalizada que muda com extraordinária velocidade. Porém, existe um outro lado, um mundo que é tribal, radical e profundamente ético. Ele pode contar com menos pessoas, mas quantas pessoas tribais, radicais e éticas são necessárias para mudar a sociedade?

Quando faço essa pergunta para a nata da sociedade no mundo inteiro, eles quase sempre me dão a mesma resposta: muito poucas. Não é preciso muitos ativistas radicais na população para mudar seus valores, alterar a política governamental, fazer a diferença na forma como as grandes empresas se comportam. A maioria dos CEOs, presidentes de empresa, membros de conselho de administração e gerentes sênior diriam que provavelmente menos de 2% da população com visão tribal, radical e ética seriam suficientes para influenciar profundamente a sociedade.

Pode-se ter dúvidas sobre a porcentagem exata, mas uma coisa é certa: embora seja aceitável que as empresas se concentrem nos desafios mais óbvios e imediatos de um mundo rápido, urbano e universal, elas também precisam continuar a fazer rolar os cubos (em vez de jogá-los para o alto aleatoriamente), mas sempre revelando a face oculta.

Como alguém que também tem vontade de construir um mundo melhor, rever valores, clamar por justiça, igualdade e o uso solidário da tecnologia, para o bem de toda a humanidade, acho profundamente animador que as portas da influência estejam tão abertas. Eu gosto do mundo rápido, urbano e universal, mas me preocupo com as dificuldades que ele enfrenta. Nunca antes na história da humanidade tivemos tanta necessidade de ética quanto hoje, para nossa sobrevivência. Ou assumimos as rédeas do futuro, ou o futuro tomará as rédeas de nossas mãos.

DEZ CONCLUSÕES PARA GESTÃO

1 Preparação para o inesperado
O futuro nos apresentará circunstâncias inesperadas que poderão nos levar à vitória ou à derrota. Isso pede por planos de contingência e por flexibilidade.

2 Tempo de reação mais curto
Tudo tem de estar preparado para uma reação rápida de cima a baixo. Se você acha que as coisas estão mudando muito rápido, prepare-se para a duplicação e a triplicação da atual velocidade das mudanças.

3 Estruturas mais horizontais
A pirâmide não é capaz de enfrentar a vida pós-milênio. Horizontalize-se ou diminua de tamanho. Forme associações, franquias, parcerias, alianças corporativas. Descentralize e delegue poder.

4 Equipes e parceiros
O grau de especialização da vida no terceiro milênio é elevado demais para que tudo seja feito internamente na empresa. Equipes e parceiros podem manter tudo funcionando a contento.

5 A aldeia global
A globalização está apenas no início. A geração do novo milênio está crescendo numa aldeia global da qual conhecemos apenas as bases de sustentação. Um desafio crucial será diminuir geograficamente as linhas de gerenciamento usando a tecnologia. Quem não se adaptar às formas virtuais de comunicação simplesmente não irá sobreviver.

6 Tensão cultural
A globalização irá significar mais tensão cultural, não menos. O erro mais antigo que existe é imaginar que as pessoas pensam como nós só porque falam a mesma língua.

7 Investimento em tecnologia

Tecnologia da informação, biotecnologia – devemos usá-las, controlá-las, torná-las parte do jogo. Contrate pessoas que gostem de tecnologia, que sejam entusiasmadas por esse assunto, que tenham criatividade para se adaptar a essas novas ferramentas.

8 Criação de uma família

Nesse mundo fragmentado e fora dos eixos, as pessoas ainda passam mais tempo trabalhando para você do que se dedicando a qualquer outra atividade específica, portanto, cuide bem delas. Faça com que se sintam especiais. Torne-as parte da família, alguém com identidade própria, valores e vínculos fortes.

9 Propósito e sentido

Ajude sua equipe a sentir que eles estão construindo um mundo melhor. Quem quer passar o resto da vida fazendo algo que não acrescenta nada a ninguém, que não tem propósito ou sentido mais profundo?

10 Liderança será tudo

Não importa quantas comissões, estratégias ou planos paralelos sejam montados, sem uma liderança dinâmica e de visão não se consegue nada. Sendo assim, como saber se você é um bom líder? Como identificar um líder abaixo de você ou acima de você? Faça uma simples pergunta: as pessoas estão seguindo você? Quem elas estão seguindo?

Os líderes não lideram através do cargo, eles lideram ao inspirar confiança. Liderar através do medo de castigo invariavelmente termina em desastre, e o rancor e a revolta lançam as sementes da destruição. Liderar através da motivação e de uma visão dinâmica, invariavelmente, resulta em energia e progresso.

DEZ CONCLUSÕES PARA INDIVÍDUOS

1 Prepare-se para o inesperado

Todo o mundo em que você vive irá se transformar – a hora de se preparar é agora. Você já começou o processo lendo este livro e pondo em prática alguns de seus pontos. Você pode ajudar na definição e construção de um mundo melhor.

2 Planeje-se para reagir com rapidez

Algumas das melhores oportunidades podem surgir e desaparecer num piscar de olhos. Isso significa que você deve pensar nas coisas agora, e discutir as possibilidades com outras pessoas – por exemplo, com seu parceiro ou parceira. Lembre-se: tome as rédeas do futuro, ou o futuro tomará as rédeas de você.

3 Invista em tecnologia

Um dos melhores investimentos que você pode fazer é um poderoso computador pessoal com acesso de alta velocidade à Internet. Familiarize-se com tudo que as redes podem fazer por você e fique de olhos abertos – a sociedade digital está crescendo mais rápido do que você imagina.

4 Mantenha-se bem informado

Só quem estiver excepcionalmente bem informado estará preparado para o futuro. Mas, como conseguir isso sem agravar o excesso de informação? Leia um resumo semanal como a revista *Economist* e mais dois jornais diários de qualidade. Não deixe de passar os olhos regularmente por pelo menos duas grandes revistas de informática.

5 Amplie seus horizontes

Aproveite as oportunidades de treinamento em funções executivas – a simples experiência de se conhecer outras pessoas estimulará a renovação de idéias, tanto quanto o treinamento propriamente dito.

6 Pense lateralmente

A maioria das pessoas não enxerga o próprio potencial. No futuro, os empregadores vão precisar de algumas combinações bastante incomuns de habilidades e formação profissional. Portanto, mantenha a mente aberta sobre os mais diversos tipos de emprego que você poderia pleitear. Continue se valendo do que você já tem, mas nunca deixe de abrir seu leque de opções. O próximo degrau pode exigir um passo no sentido lateral.

7 Dedique tempo às pessoas

Em 10 ou 20 anos o mundo terá passado voando por você e tudo o que restará serão lembranças, dinheiro e relacionamentos. Mas, sem relacionamentos, não haverá com quem dividir as lembranças ou com quem aproveitar o que você acumulou. No final da vida, os relacionamentos são tudo o que você tem. Invista nas pessoas.

8 Seja você mesmo

Em meio a tantas pressões e acontecimentos conflitantes, seja você mesmo. Não permita que o sistema o transforme num clone conformado. Mantenha-se fiel a suas convicções e àquilo que você sabe que é verdadeiro. As pessoas o respeitarão por isso. Reserve algum tempo para refletir. Conheça melhor sua espiritualidade e sua fé.

9 Aproveite o presente

Você é a pessoa mais importante para o seu futuro. Só se vive uma vez. Pegue leve consigo mesmo. Aproveite cada dia. Capture o momento antes que ele desapareça. Hoje é o dia a ser aproveitado como uma oportunidade.

10 Celebre o passado

Celebre o passado, com seus altos e baixos, seus bons e maus momentos, suas vitórias e derrotas. Tudo isso contribuiu para definir o seu presente, tornou você a pessoa que você é, e o ajudará a compreender o seu futuro.

Assuma as rédeas do futuro –
ou o futuro tomará as rédeas de você.

Apêndice

Avalie seu FUTURO

Como avaliar sua empresa em termos das Seis Faces do Futuro? De que forma mensurar os seus pontos fortes e as suas vulnerabilidades no mundo de amanhã? Sou grato a David Stanley por sua ajuda criativa no desenvolvimento desse método simples de "Diagrama-estrela", que permite preparar sua empresa para o futuro. As seis faces do cubo, como vimos neste livro, têm pesos diferentes de acordo com o momento, o lugar e a área de atuação. Mas se achatarmos o cubo e obtivermos um círculo, teremos um Diagrama do Futuro que funcionará como ferramenta de avaliação.

A técnica é simples e rápida: marque em cada uma das seis linhas até que ponto você acha que sua empresa avançou nas seis áreas-chave FUGAZ, URBANA, TRIBAL, UNIVERSAL, RADICAL e ÉTICA. Ao unirmos os pontos, obtemos um formato específico. Todo setor de atuação possui seu formato preferencial – por exemplo, os bancos virtuais pela Internet são mais fortes com o formato de uma espada, e um fundo de investimento ético é mais forte com o formato de uma borboleta.

Quando você e sua equipe tiverem feito a avaliação do FUTURO da sua empresa – façam o mesmo com a concorrência. O estágio final é repetir a avaliação do futuro da sua empresa, mas desta vez como você gostaria que ela fosse daqui a cinco anos. Isso, então, irá ajudá-lo a identificar áreas onde são necessárias maiores mudanças, e permitirá uma análise mais detida das áreas-chave que deverão sofrer uma transição. É claro, isso permite apenas uma "sensação" empírica, e um estudo mais abrangente é uma tarefa maior, baseada numa sondagem abrangente, utilizando-se diversos questionários calibrados que permitirão identificar onde a empresa se encontra em cada uma das seções do diagrama.

Observe a seguir os perfis típicos de alguns setores – mostrados aqui como exemplos de trabalho. É claro, cada executivo de cada empresa terá uma visão a respeito da classificação em que ela se encaixará, mas as discussões suscitadas serão muito importantes para identificar os pontos fortes e fracos.

O DIAGRAMA BÁSICO

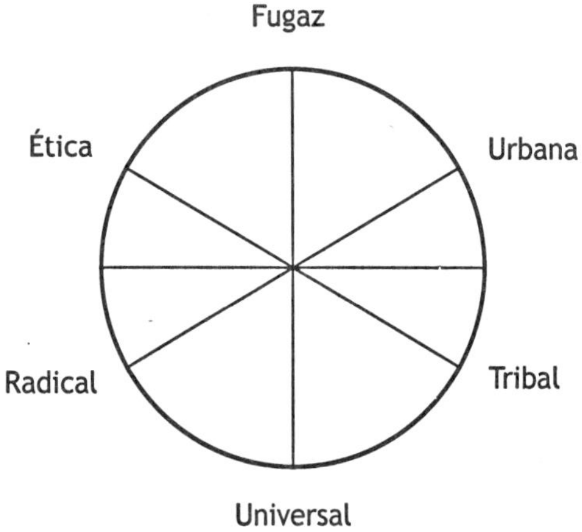

O típico e-bank bem-sucedido é forte nas faces fugaz e universal, mas fraco em praticamente todas as demais faces porque elas são menos importantes; quanto mais energia for dedicada a essas outras áreas, mais se corre o risco de afetar o negócio principal.

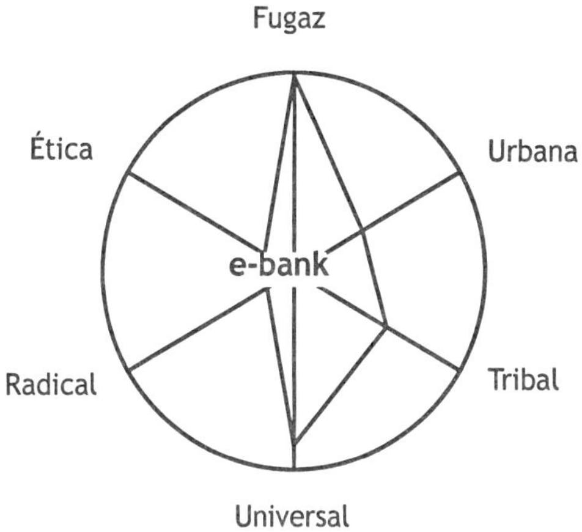

Por outro lado, um fundo de investimento ético normalmente se encontra sediado num país – em parte porque a ética varia muito com cada cultura. Portanto, sua pontuação na face tribal é elevada, assim como na face urbana, pois ele se beneficia de fatores como a população idosa. É claro, também é alta sua pontuação nas faces radical e ética, mas não na face fugaz, porque fundos éticos são, por natureza, cautelosos, ponderados, seguros e estáveis.

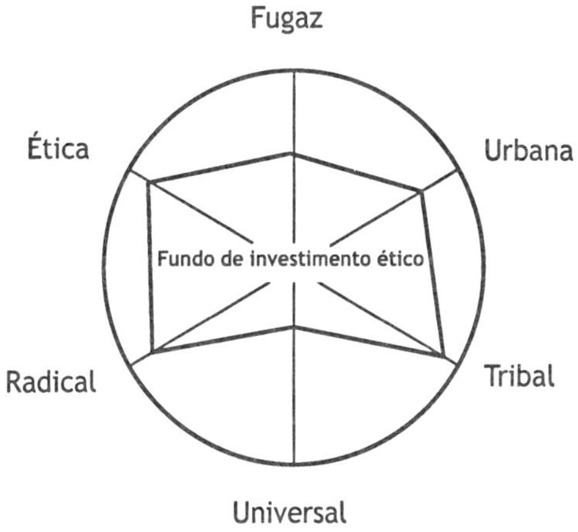

O atacadista de café está numa situação mais heterogênea, tendo normalmente de enfrentar uma série de questões complexas. O consumo de café atinge alta pontuação na face urbana como instituição social, sendo dependente de fatores demográficos e da moda. O café é também uma bebida tribal, já que normalmente é consumido em família, ou num grupo de amigos, ou por colegas de trabalho. O café é um negócio global – a segunda maior commodity do mundo, atrás apenas do petróleo; portanto, sua face universal tem pontuação elevada. Porém, o café pontua baixo (em geral) na face radical, uma vez que ativistas estão conseguindo causar danos à imagem do setor como explorador dos pobres. Ele também pontua baixo na face ética, já que o setor parece incapaz de formar uma estrutura ética clara em torno da sua atividade, o que agrava a vulnerabilidade da face radical.

Muito embora o processo inicial seja informal e possível de ser formulado rapidamente no contexto de um workshop, é possível submetê-lo a uma metodologia rigorosa. O primeiro passo é identificar quem, na empresa, são os responsáveis pela visão e por influenciar a todos, e então reuni-los.

VISÃO DE FUTURO

- Descreva onde você quer chegar, utilizando para isso o Diagrama do FUTURO.
- Crie a forma ideal da sua estrela – reconhecendo que não é possível ser o melhor em tudo.
- Compare com o formato da estrela de seus concorrentes.
- Faça um workshop com os principais tomadores de decisão e identifique cinco fatores-chave para o sucesso da empresa para cada uma das seis faces. Desses 30 temas, selecione os 10 mais importantes e divida-os em dois: de alto e de médio impacto.

SITUAÇÃO ATUAL

- Pesquisas eletrônicas com formadores de opinião e outros grupos-alvo são analisadas para verificar até que ponto a empresa é promissora diante dos desafios identificados, e.g., até que ponto somos capazes de incentivar a flexibilização do trabalho, permitindo que o empregado trabalhe em casa?
- Elas são então combinadas com outros dados recolhidos em diversas fontes para ajudar a estabelecer importantes áreas-alvo a serem atacadas, que poderão, por sua vez, fazer parte de um processo bem-sucedido de mudança gerencial.
- Divulgue os resultados do processo de avaliação do FUTURO e a nova visão emergente, mais a necessidade de ação.
- Continue lidando com dados quantificáveis e prossiga com o planejamento estratégico e as ações concretas.
- O resultado deverá ser uma mudança na formato de FUTURO da empresa.

Índice remissivo

Global Change

enquires@globalchange.com

Análise de tendências e desenvolvimento organizacional

A Global Change Ltd é uma empresa de consultoria empresarial que oferece análise e prognóstico de tendências globais, bem como assistência no processo de mudança corporativa e no desenvolvimento executivo. Foi fundada em 1996 pelo seu presidente, dr. Patrick Dixon.

Serviços prestados para multinacionais/organizações da Fortune 500

- Prognóstico global – Tendências vitais que afetam a sobrevivência corporativa: globalização, instabilidade econômica, mudanças mercadológicas, produção e distribuição, tecnologia, computadores, networking, escritórios virtuais, mudanças sociodemográficas, biotecnologia, ciência, medicina, serviços financeiros, tribalismo, mudanças políticas, temas isolados, mudanças de estilo de vida e ética global.
- Gestão da mudança – Desafios à gestão criados por acontecimentos cada vez mais acelerados: dinâmicas de grupo / *think-tanks* / conferências.
- Treinamento de executivos sênior – Ampliação da visão de mundo, gestão decisória, enfrentamento de necessidades cada vez mais prementes.
- Construção de visão de longo alcance em nível de conselho de administração – De cinco a 10 anos, ou mais.

- Pesquisa corporativa – Geração de relatórios ultra-rápidos personalizados para áreas específicas por equipes de especialistas, respaldados por tecnologias de ponta, incluindo agentes de inteligência (robôs virtuais), com análises abrangentes e resumos executivos.
- Consultoria em tecnologia da informação – Estratégia e implementação na Internet – maximizando a rentabilidade no ciberespaço num mercado que está mudando sete vezes mais rápido que os negócios tradicionais. Desenvolvimento de websites.

Apresentações multimídia de alto nível

- Profissionais de alto desempenho em apresentações com tecnologia de última geração
- O meio é a mensagem quando o assunto é o futuro
- Experimente hoje o mundo de amanhã
- Controle digital – Seqüências em vídeo de movimento total (FMV) – Simulações de realidade virtual
- Videoconferência – Animação computadorizada – multitelas
- Projeto e produção *in-house*, incluindo compressão de vídeo e edição digital

Unidade de assessoria de imprensa

- Comentários bem embasados e de alto impacto sobre temas globais e questões de ética
- Reação rápida – *Briefings* com histórico completo – Análise
- Televisão – rádio – estúdio
- Pesquisa e consultoria documental

Global Change Ltd

Para fazer uma reserva com o dr. Patrick Dixon, presidente
patrickdixon@globalchange.com

O dr. Patrick Dixon está disponível para reservas no mundo inteiro e para apresentações em videoconferência através do Leigh Bureau, o birô de conferencistas mais antigo dos Estados Unidos (telefone nos Estados Unidos: 1 908 253 8600). As discussões iniciais referentes a público-alvo, conteúdo e estilo devem ser feitas com essa instituição, ou você pode enviar um e-mail para o dr. Dixon. Cada apresentação é exclusiva, feita sob medida para atender às exigências específicas de cada cliente, utilizando a equipe de pesquisa da Global Change e a experiência internacional do dr. Dixon.

Lista de clientes recentes

ABN AMRO
Abu Dhabi Police Directorate (DAE)
Accenture – parceiros
AIC Carriers World – discurso de abertura
American Apparel Manufacturers' Association
American Management Association
American Society for Training and Development
Arthur Andersen – parceiros
Aviva
Banco da Irlanda
BASF
BBC
Britannia Building Society – equipe sênior
BT – BT Openworld
BUPA
Carlton Television
Clariden Bank – Conselho
Compaq – Conselho Executivo europeu
Concourse Group
Corenet Global
Credit Suisse Private Banking – grande cliente
Credit Suisse Investment Banking – Conselho Executivo/equipe sênior
CSC Consulting
Correios (Dinamarca)
Autoridade portuária de Dubai
EFMD (European Federation of Management Development)
Etisalat Telecom, United Arab Emirates – consultoria
European Coffee Federation
European Institute for Research Management (EIRMA)
European School of Management and Technology
Exxon Mobil
Food Business Forum – global (CIES)
Fortune – cúpula de CEOs
Freshfields – abertura para os parceiros globais
Georgia Technology Forum

Gillette – Conselho e equipe sênior
HEC
Hewlett-Packard
Hotel Ecoliere de Lausanne
Houston Energy Forum
HSBC
IBM – evento de cliente
IMG
Institute of Management
International Mutual Funds Institute
Zona franca de Jebel Ali (Dubai)
Kraft Jacobs Suchard
Knight Frank – conferência de parceiros
Linkage
Management Center Europe (MCE)
McCann Erikson – Conselho e equipe sênior
Microsoft – evento de cliente
Minsheng Bank, China (World Bank Technical Assistance Programme)
Morgan Stanley Dean Witter
Pinnacle Communications
Pom+
Correios (Reino Unido)
PricewaterhouseCoopers
Prudential
Qualcomm – equipe executiva sênior e 750 top executivos
Regulatory Affairs Professional Society (RAPS)
Richmond Events
Roche – eventos de clientes na Suíça e Reino Unido
Royal Bank of Scotland
SAir Group (SwissAir) – Conselho e equipe sênior
Saks Inc (incl Saks 5th Avenue) – consultoria
Sara Lee – Conselho e equipe sênior
Schweizerische Gesellschaft fur Organisation
Service Masters – equipe executiva
SEB group – Conselho e equipe sênior
Siemens
Skandia
Smith and Nephew
Strategos
Sulzer
Sumitomo Bank, Japão
Sustainability Forum – Zurique
Bolsa de Valores suíça – Conselho executivo
Tear Fund
Tetrapak – Conselho e equipe sênior
UBS (Private Banking, Retail Banking e Central Finance Divisions e Cyberbanking Stra Development para o Conselho Executivo do Grupo UBS pré-fusão)
Unaxis – Conselho e equipe sênior
Nações Unidas – UNAIDS e UNIDO
University of Salford Management School (Keil Centre)
Unisys
Urban land institute
VHA
Vontobel Bank (Suíça)
Winterthur Insurance
Wheaton College – Conselho e equipe sênior
Banco Mundial – equipe de assistência técnica para a China
ZFU
Zellweger Luwa AG – Conselho e equipe sênior

Conferências internacionais: Fórum Econômico Mundial (Davos), Southern African Economic Su Emirates International Forum, Internet Expo 1998 (Helsinque), European Federation of Management Development